中国新型农村社区治理研究

Study on the governance of the new rural communities in China

黄蕾 著

经济管理出版社
ECONOMY & MANAGEMENT PUBLISHING HOUSE

图书在版编目（CIP）数据

中国新型农村社区治理研究／黄蕾著．—北京：经济管理出版社，2020.6
ISBN 978-7-5096-7183-2

Ⅰ．①中⋯　Ⅱ．①黄⋯　Ⅲ．①农村社区—社区管理—研究—中国　Ⅳ．①D669.3

中国版本图书馆 CIP 数据核字（2020）第 098634 号

组稿编辑：杨　雪
责任编辑：杨　雪　杜奕彤
责任印制：黄章平
责任校对：陈　颖

出版发行：经济管理出版社
　　　　　（北京市海淀区北蜂窝 8 号中雅大厦 A 座 11 层　100038）
网　　址：www.E-mp.com.cn
电　　话：（010）51915602
印　　刷：三河市延风印装有限公司
经　　销：新华书店
开　　本：720mm×1000mm /16
印　　张：15.5
字　　数：254 千字
版　　次：2020 年 6 月第 1 版　2020 年 6 月第 1 次印刷
书　　号：ISBN 978-7-5096-7183-2
定　　价：65.00 元

·版权所有　翻印必究·
凡购本社图书，如有印装错误，由本社读者服务部负责调换。
联系地址：北京阜外月坛北小街 2 号
电话：（010）68022974　　邮编：100836

前 言

在社会主义现代化背景下,农村治理一直是我国社会治理的重中之重,也是我国社会治理的难题。党的十八大以来,在全面实施新型城镇化战略和全面建成小康社会的背景下,在全面深化改革、推进国家治理体系和治理能力现代化的总目标下,新型农村社区作为我国城镇化体系的末端,成为打破城乡二元结构、解决"三农"问题的重要抓手。大规模进行新型农村社区建设,是我国农村发生的一场深刻变革,也使农民的生产生活方式发生重大变化。近年来,我国新型农村社区建设处于快速发展阶段,经历了一个从无到有、由点到面的发展过程,取得了明显成效,但随着新型农村社区的快速发展,从长远目标和客观实际情况来看,也出现了一些亟待解决的矛盾和问题。因此,在理论上,如何坚持党和国家的新型农村社区建设思想,建构新型农村社区治理理论;在实践上,如何创新和发展新型农村社区治理,推进新型农村社区治理现代化,都是富有重大意义的研究课题。

本书以马列主义、毛泽东思想和中国特色社会主义理论体系以及党的十八大以来的改革发展精神为指导,以新型城镇化建设为背景,通过对新型农村社区治理的基础理论和历史变迁进行系统分析和认真总结,在对我国新型农村社区进行实证考察与案例分析的基础上,深入系统地探讨了当前我国新型农村社区治理存在的问题与对策,旨在构建新型农村社区治理理论,探讨新型农村社区良性治理的路径选择。本书对我国新型农村社区治理进行了全面、系统、深入的研究。首先,主要是从理论和实践两个方面对我国农村建设、新型农村社区治理进行了梳理。在理论上,从治理理论及新型农村社区治理的相关概念入手,通过对治理理论的兴起与发展、新型农村社区治理的内涵进行研究,界定了新型农村社区治理这一概念的基本内涵,并阐释了我国新型农村社区治理的主要内容,应包括新型农村社区治理目标、治理主体、治理方式、治理绩效四个维度,构筑了理论基础。在实践上,对新型农村社区治理的实践过程进行阐述,厘清了从中华人民共和国成立后农村社区的最初形式、改革开放以来的转型发展到社会主义新农村阶段的跨越提升，再到今天新型农村社区建设在全国各个农村地区的全面推进和广泛开展的脉络。其次，对我国新型农村社区治理进行了实证考察与案例分析。以河南省许昌市建安区二郎庙新型农村社区和青海省互助县小庄新型农村社区为样本，结合新型农村社区治理理论，调查了解和系统分析了新型农村社区治理的现状，总结取得的成效和积累的经验，并深入剖析了这两个新型农村社区在建设过程中暴露出的问题与不足，探究实现我国新型农村社区良性治理的路径，这既是对新型农村社区治理理论的理论验证，也是创新和完善我国新型农村社区治理的实践依据。最后，在新型农村社区治理理论指导下，本书分别从治理目标、治理主体、治理方式、治理绩效四个维度对我国新型农村社区治理进行了全面、系统、具体、深入的研究，并进一步详细探讨了二郎庙新型农村社区和小庄新型农村社区建设的经验和不足，从中总结出规律性的认识，对解决我国新型农村社区治理存在的问题提出了具有可行性的对策建议。这些对策建议，对我国新型农村社区建设和治理具有十分重要的指导意义。

在中国共产党的领导下，我国新型农村社区治理是一个多元参与共治的过程，它是在多个维度之下进行的综合性治理，需要政府等治理主体与社区居民的良性互动。确立新型农村社区治理目标，在于着力破除城乡二元结构以及实现城乡一体化和城乡公共服务均等化，从根本上改变新型农村社区居民的生产生活方式，使之共享社会主义现代化所带来的物质文明成果和精神文明成果。因此，提高新型农村社区治理水平，推进中国特色新型农村社区治理的现代化进程，就要明确新型农村社区治理目标，提高社区规划水平，发展朝阳绿色产业和打造宜居宜业美丽乡村，不断促进社区文明和谐，提升社区居民幸福感；就要完善新型农村社区治理主体，充分发挥社区基层党组织、乡镇政府、社区管委会、社区社会组织、社区企业以及社区居民等多元主体在社区建设和治理中的重要作用；就要改进新型农村社区治理方式，加强制度、法律、政策等在新型农村社区的落实和推进，注重民风民俗与伦理道德在社区治理中的重要作用；就要提升新型农村社区治理绩效，做好社区土地流转工作，加强基础设施和公共服务设施建设，营造社区美丽环境。

目 录

导论 ··· 1

第一章　新型农村社区治理的理论基础 ·················· 19
第一节　治理理论的兴起与发展 ···························· 19
第二节　新型农村社区的内涵与基本特征 ················ 28
第三节　新型农村社区治理的基本内涵、总体思路和价值导向 ··· 34
第四节　新型农村社区治理的指导思想、基本原则和主要内容 ··· 39

第二章　新型农村社区治理的实践历程 ·················· 56
第一节　中华人民共和国成立以前乡村建设的初步探索 ····· 57
第二节　中华人民共和国成立以后农村发生的彻底变革 ····· 60
第三节　改革开放后我国农村迎来的跨越发展 ············ 63
第四节　社会主义新农村建设是党解决"三农"问题的重大部署 ··· 65
第五节　新型农村社区建设是我国社会主义新农村建设的创新突破 ··· 69

第三章　新型农村社区治理研究的实例考察 ············ 73
第一节　河南省许昌市二郎庙新型农村社区案例分析 ······ 73
第二节　青海省互助县小庄新型农村社区案例分析 ········ 86

第四章　明确新型农村社区的治理目标 ·················· 96
第一节　提高新型农村社区规划水平 ······················ 96
第二节　发展朝阳绿色产业 ································ 110
第三节　打造宜居宜业美丽乡村 ··························· 122

第四节　促进新型农村社区文明和谐 ……………………… 129
　　第五节　提升新型农村社区居民幸福感 …………………… 133

第五章　完善新型农村社区的治理主体 …………………………… 141
　　第一节　发挥新型农村社区基层党组织的核心作用 ……… 142
　　第二节　推进乡镇政府治理能力现代化 …………………… 145
　　第三节　实现新型农村社区自治 …………………………… 154
　　第四节　发展新型农村社区社会组织 ……………………… 159
　　第五节　动员社区企业参与新型农村社区建设与治理 …… 163
　　第六节　发挥社区居民参与新型农村社区治理的主体作用 …… 166

第六章　改进新型农村社区治理方式 ……………………………… 171
　　第一节　加强新型农村社区治理的制度保障 ……………… 171
　　第二节　改善新型农村社区治理的法治环境 ……………… 175
　　第三节　加快新型农村社区治理的政策推进 ……………… 180
　　第四节　发挥民风民俗与传统伦理道德在社区治理中的
　　　　　　重要作用 …………………………………………… 184

第七章　提升新型农村社区治理绩效 ……………………………… 189
　　第一节　规范新型农村社区土地流转 ……………………… 189
　　第二节　改善新型农村社区基础设施 ……………………… 196
　　第三节　提升新型农村社区公共服务水平 ………………… 201
　　第四节　打造新型农村社区美丽环境 ……………………… 211

结　语　推进中国特色新型农村社区治理的现代化进程 ………… 215

附　录　我国新型农村社区治理调查问卷 ………………………… 218

参考文献 ……………………………………………………………… 223

后　记 ………………………………………………………………… 238

导 论

党的十八大报告明确提出："坚持走中国特色新型工业化、信息化、城镇化、农业现代化道路……使工业化和城镇化良性互动、城镇化和农业现代化相互协调，促进工业化、信息化、城镇化、农业现代化同步发展。"① 这是当前我国经济社会发展具体路径选择的一条纲领性意见，实践证明，这条纲领性意见对我国的现代化进程起了巨大推动作用。改革开放以来尤其是党的十八大以后，在我国广大农村地区，工业化、信息化和城镇化尤其是农业现代化的长足发展促使新型农村社区像雨后春笋一般纷纷涌现。

新型农村社区的广泛兴起是我国经济社会发展的一个必然结果，有其国家规划层面的理论依据。2014年3月，中共中央和国务院印发了《国家新型城镇化规划（2014—2020年）》（中发〔2014〕4号），这个规划制定的依据是党的十八大报告等一系列文件，它是指导我国新型城镇化发展道路的纲领性文件，具有宏观性、战略性和基础性。

对于今天农村经济社会发展全局而言，新型农村社区的发展和治理研究不仅是一个重大的理论问题，而且具有非常重要的实践价值。党的十八届三中全会明确提出："全面深化改革的总目标是完善和发展中国特色社会主义制度，推进国家治理体系和治理能力现代化"②，这个命题的一个重要内容就是积极推进新型农村社区治理体系和治理能力的现代化。我国拥有广大的农村，截止到2018年末，我国的城镇化率才仅仅达到59.58%，比2017年末提高1.06个百分点③，因此，农村社会治理既是我国社会治

---

① 胡锦涛. 坚定不移沿着中国特色社会主义道路前进 为全面建成小康社会而奋斗［N］. 人民日报，2012-11-09（2）.

② 中共中央编写组. 中共中央关于全面深化改革若干重大问题的决定［M］. 北京：人民出版社，2013：3.

③ 相关数据来源于中华人民共和国国家统计局网站2019年2月28日发布的《2018年国民经济和社会发展统计公报》。

理的基础，也是我国社会治理的重点。在这种情况下，新型农村社区建设与管理日趋成为中国农村经济社会发展的方向，所以我国农村社会发展治理的关键是新型农村社区治理。另外，在治理层次上，新型农村社区治理位列我国政府及非政府机构治理序列的末端，实际上是我国政府及非政府机构治理序列的"毛细血管"，因此，只有实现新型农村社区治理体系和治理能力现代化，才能从根本上推进国家治理体系和治理能力的现代化。

总体而言，新型农村社区建设从属于新型城镇化这样一个时代任务，研究这个任务离不开我国城镇化体系建设这个整体背景。按照《国家新型城镇化规划（2014—2020年）》和当前实际情况，我们可以将我国的城镇化体系分为七个层级[①]，其中新型农村社区是城镇化体系的末端，它的出现符合世界城市化发展方向，也符合我国农村经济社会发展的客观规律，代表了当前我国城乡一体化发展的必然趋势。新型农村社区是我国七级城镇化体系梯级递减而来的边界溢出效应的产物，它是我国农村经济社会发展过程中出现的新事物，既不同于传统农村社区建设，也不同于社会主义新农村建设，是我国农村发展史上又一次更高目标的社会转型。

一、选题缘由与研究价值

（一）选题缘由

我国是一个具有悠久农村发展历史的农业大国，随着全球范围内城市化的迅速推进，我国广大农村地区发生了一场深刻的变革。我们要清醒地认识到，这场变革对于新型农村社区的发展既是一个重大机遇，又是一种严峻挑战。因为，随着改革开放的不断推进，我国农村经济得到快速发展，农业结构发生巨大变化，农民思想观念得以不断更新。"楼上楼下，电灯电话"曾经是中国农村乌托邦般的美好设想，过上与城里人一样的幸福生活是改革开放以来我国广大农村地区几亿农民的梦想和愿望，目前这种对美好生活的憧憬已经随着我国城乡统筹的发展以及新型城镇化的推进渐渐成为现实。尤其是改革开放40年来，我国农村经济实现稳定发展，农民生活水平普遍得到提高，新型农村社区建设稳步推进，广大农民的生产

---

① 根据《国家新型城镇化规划（2014—2020年）》和媒体相继披露情况，我国当前城市化第一级是北京、广州、上海、深圳四个全球城市，第二级是天津、重庆、沈阳、南京、武汉、成都、西安、杭州、青岛、郑州、厦门11个国家中心城市，第三级是区域性中心城市，第四级是地区中心城市，第五级是县域中心城市，第六级是中心镇，第七级是新型农村社区。

方式、生活方式发生了根本变化。

但是，我们还必须看到，在我国部分农村地区，经济社会发展还很落后，农民生活条件还很艰苦，农业生态文明还很脆弱。伴随农村城市化进程的，是农村各个阶层矛盾凸显、落差拉大，尤其是新型农村社区这样一个新生事物的出现，从某种意义上已经引发，并且在某种程度上正在固化农村利益的重新分配，这使新型农村社区治理这样一个挑战性命题的意义更加突出。从某种意义上说，新型农村社区的出现就是我国农村经济社会正在发生的又一次革命性变革，它既承载了发生在农村地区的各种矛盾和冲突，又成为实现我国整个农村地区和谐稳定的重要基石。

新型农村社区是一个新生事物，它的出现将给政府及一些具有公共职能的非政府组织机构的宏观政策和微观管理带来一系列问题。我们看到，新型农村社区虽然已经不同于原来的村庄，但也并不完全趋同于既有的城市社区，特别是在广大农村地区，公共资源的相应配套建设还不够完善，管理机制、组织机制和社会保障机制还不够健全，经济社会形式的深刻变化所引发的各种深层次矛盾正在不断涌现，比如，越来越多的青壮年劳动力进城务工，农村"空心化""老龄化"问题日趋严重。在具体实践中，如何使上述问题得以避免？如何使已经产生的问题得以解决？这是当前新型农村社区发展，甚至是整个社会经济、文化快速发展给我们带来的一项重大任务和挑战。新型农村社区建设与治理是一项长期而又艰巨的任务，如何在新型农村社区建设中，让广大农民群众能够搬进来、留得住、住得好，还需要经过一段较长的时间不断地去探索和总结。

新生事物出现时，治理与适应是世界上所有国家和政府都必须面对的一个共同议题，它总是随着每个时期社会经济文化等各方面的发展而不断进行调整，社会治理的效果就取决于这种调整的有效性。在我国，这种不断的调整与整个国家和社会的和谐稳定，与人民群众的幸福安康，与全面建成小康社会的伟大目标息息相关。新型农村社区就是这种调整的产物，我们要深刻认识到新型农村社区治理的重要意义，突出新型农村社区治理的理论向度、实证效度、理论建构深度，以及实现社区治理主体多元有效共治的相互关联度，为全面建成小康社会谋篇布局。

（二）研究价值

开展新型农村社区治理研究具有深刻的理论价值和实践价值。

1. 理论价值

（1）在把握新型农村社区时代性的同时提高新型农村社区治理研究的科学性。新型农村社区是我国在迈向四个现代化的发展进程中农村地区出现的新鲜事物，它既不同于传统农村社区，也不同于自20世纪90年代始我国农村地区推进的社会主义新农村建设，是我国转型发展时期的产物。当前，我国的经济社会发展达到了一个更高的阶段，据国家统计局发布的数据，2016年，我国人均GDP已经达到53980元人民币，但是，按常住地划分，城镇居民人均可支配收入为33616元，我国农村居民人均可支配收入仅为12363元①，城乡之间居民收入差距较大。党和政府已经高度关注城乡二元对立所引发的紧张态势，并采取了有效措施，特别是倡导新型农村社区建设以消除城乡差别。因此，开展新型农村社区治理研究，符合时代性历史性特征，符合社会发展趋势。

但是，我国新型农村社区建设既没有国内现成经验可以参考，又没有国外发展经验可以借鉴，同时在地域广阔、人口众多的国家里进行这样一场深刻的变革，等于是进行一场巨大的社会运动，可我们又不能采用运动的形式推进。目前，理论界对于现阶段新型农村社区治理的科学化研究基本上还处于对中央政策的解读层面，真正具有前瞻性的研究成果并不是很多，所以，本书试图从宏观治理现代化的视角出发，基于新型城镇化的背景深入探讨新型农村社区的发展历程、基本特征以及治理经验，探索提升新型农村社区治理绩效的方法，从而为推进新型农村社区治理现代化提供理论上的参考。

（2）探索建构科学规范的、具有中国特色的新型农村社区治理理论，推动我国新型农村社区治理理论的内容拓展。目前，学术界关于新型农村社区治理的研究比较缺乏，这些研究要么是从某一点切入，缺乏整体性和系统性；要么缺乏具体的一手资料，显得比较单薄而没有说服力；抑或是广而言之、泛泛而谈，缺乏明确的目标和重点。在我国新型农村社区建设和治理研究中，如何弄清楚当下的现实情况和存在的问题，从大量的一手资料中发现新型农村社区建设和治理的规律，并对新型农村社区的治理目标、治理主体、治理方式、治理绩效进行深入分析，从而得出切合实际

---

① 相关数据来源于中华人民共和国国家统计局网站2017年2月8日发布的《2016年国民经济和社会发展统计公报》。

的、无论对于理论还是对于实践均具有较高价值的理论结论,对于新型农村社区建设与治理具有重要意义。

新型农村社区治理研究是一个实证性非常强的课题,尤其是这一研究牵涉到大量的走访调查、座谈了解以及问卷调查。为此,本书在对以上海市新航社区、广东省深圳市桃园居社区、河南省许昌市建安区二郎庙新型农村社区和青海省互助县小庄新型农村社区为代表的30多家社区进行了广泛的资料搜集和走访调查后,最终决定选取我国中部地区和西北地区的两个典型新型农村社区为研究样本开展研究。主要原因是,我国东部发达地区的部分农村已经随同城市进行了一体化发展,已经不具有农村社区的典型意义,部分未随同城市发展而单独建设的新型农村社区,其典型特征与中西部趋同,所以在样本的选取上,本书选取了河南省许昌市建安区二郎庙新型农村社区和青海省互助县小庄新型农村社区,具有比较大的代表性,对于整个中国广大新型农村社区而言,具有科学性和前瞻性。

2. 实践价值

目前,我国各地新型农村社区的建设和治理尚处于摸索阶段,缺乏科学规范的指导。本书采取问卷调查、实地调研等方式,在分析河南省许昌市建安区二郎庙新型农村社区和青海省互助县小庄新型农村社区两者建设现状的基础上,通过建立新型农村社区治理理论,发现新型农村社区治理过程中存在的问题,并运用合适有效的方式去解决问题,提出具体、合理的政策建议,在最大程度上实现新型农村社区治理的科学化、有序化,给正在不断摸索开展的地方实践工作提供了有力的理论支持和现实指导。

当前,我国人均GDP已经接近国际中等收入水平,处于全面建成小康社会的关键决胜期。农村地区是我国社会治理的基础,历史和现实国情使得我国农村社会建设既面临机遇又受到挑战。在这一复杂环境下,我们如何激发经济社会快速发展的动力,保持经济社会快速发展的活力就显得非常重要。在我国,城市化的发展已经如火如荼地开展,相比之下,广大农村社区才刚刚从新一轮经济发展的大潮中苏醒过来,在这种情况下,研究如何通过新型农村社区的发展为我国社会主义现代化建设不断输入新鲜血液,推动我国整个经济社会的健康快速发展具有深刻的现实意义。

二、国内外研究现状综述

(一) 国内研究现状综述

新型农村社区是一个新鲜事物,因此,关于新型农村社区研究的文献还不是很多。但是,与农村社区研究相关的文献有很多,比如城市社区研究、新农村建设研究,以及现有农村社区治理研究等方面的文献,不过这些研究文献仅仅能对新型农村社区研究提供参考。如果进一步缩小关注范围,有关新型农村社区治理的文献更是少见。为获取准确的统计源信息,本书做了如下检索,结果如下:

在中国期刊网上以"新型农村社区"为篇名进行检索,期刊范围不限,共搜得2000年至2017年6月发表的期刊论文727篇,其中CSSCI和北大中文核心期刊以上级别的文献有129篇。在中国博硕士学位论文全文数据库以"新型农村社区"为题名进行检索,期刊范围不限,共搜得2000年至2017年的博士学位论文2篇,硕士学位论文160篇。由以上搜索可见,学术界对"新型农村社区"相关的问题进行了一些研究。

在中国期刊网上以"农村社区治理"为篇名进行检索,期刊范围不限,共搜得2000年至2017年6月发表的期刊论文157篇,其中CSSCI和北大中文核心期刊以上级别的文献仅有54篇。在中国博硕士学位论文全文数据库以"农村社区治理"为篇名进行检索,期刊范围不限,共搜得2000年至2017年的博士学位论文1篇,硕士学位论文49篇。由以上搜索可见,学术界对"农村社区治理"相关的问题也进行了一些研究。

在中国期刊网上以"新型农村社区治理"为篇名进行检索,期刊范围不限,共搜得2000年至2017年6月发表的论文25篇,其中CSSCI和北大中文核心期刊以上级别的文献仅有6篇。在中国博硕士学位论文全文数据库以"新型农村社区治理"为篇名进行检索,期刊范围不限,共搜得2000年至2017年的博士学位论文0篇,硕士学位论文9篇。由以上搜索可见,关于"新型农村社区治理"的文献不多,表明对此问题学术界未进行过深入研究。

笔者对于检索到的文章进行了全方面阅读,尤其对检索到的"新型农村社区治理"的相关文献进行了深入阅读,并在阅读的基础上,梳理了我国农村社区治理特别是新型农村社区治理的历史实践和理论研究。

导 论

1. 国内关于社区、农村社区、新型农村社区等概念的研究

"社区"一词不是我国的原创词汇,它在我国第一次出现是20世纪30年代,由费孝通从"Community"一词翻译过来。在《社区建设之思考》一文中,费孝通曾经谈道:"'社区'是我……研究'地缘组织的人类共同体'时提出的一个名词……当时的社区实际上是一种特殊的社会组织。而现在……社区建设已经成为现代城市建设工作的一部分了。"① 从费孝通引进这个词汇的年代和对这个词义的理解可以看出,他的研究对象并不是当下我国新出现的新型农村社区,而是在中国延续了几千年的传统乡村社区以及后来出现的城市社区,这是由时代的特点所决定的。

费孝通引进"社区"这个词汇后的几十年,我国历经抗日战争、国内革命战争的磨难,建设问题是一个次要矛盾,"社区"建设尤其不为人关注。中华人民共和国成立以后,中国农村普遍推行集体所有制经济,社区建设已经成为一个陈旧的名词被抛弃。直到改革开放以后,随着经济的发展尤其是农村经济的发展,"社区"这个概念才再次被提出利用。

2006年10月,党的十六届六中全会在《关于构建社会主义和谐社会若干重大问题的决定》中第一次完整表述了"社区"概念,首次明确指出农村社区的发展方向,"积极推进农村社区建设,健全新型社区管理和服务体制,把社区建设成为管理有序、服务完善、文明祥和的社会生活共同体"。专家学者们随之进行了不同解读,同时加快了对农村社区相关理论的研究。如华中师范大学的徐勇教授就认为:"农村社区是有广阔地域,居民聚集程度不高,以村或镇为活动中心,以从事农业活动为主的社会生活共同体。"② 中南大学教授谷中原、吴晓林将农村社区定义为:"在乡镇地域占有特定地理空间的、以农业为根本产业的、由农村居民构成并通过互动方式形成稳定依赖关系的生活共同体。"③

由以上对社区的定义我们发现,21世纪以来对农村社区的研究已经由注重地域性渐渐转向注重功能性,并逐渐具有了实践性的倾向,其最终反映在"新型农村社区"这个名词上。按照喻新安、刘道兴(2013)的看法,"所谓新型农村社区,就是指打破原有的村庄界限,把两个或两个以上的自然村或行政村,经过统一规划,按照统一要求,在一定的期限内搬

---

① 费孝通. 社区建设之思考[N]. 中国社会报,2001-07-14.
② 徐勇. 在社会主义新农村建设中推进农村社区建设[J]. 江汉论坛,2007(4):12.
③ 谷中原,吴晓林. 农村社区建设与管理[M]. 北京:北京大学出版社,2012:11.

迁合并，统一建设新的居民住房和服务设施，统一规划和调整产业布局，组建成新的农民生产生活共同体（也称为'中心村'），形成农村新的居住模式、服务管理模式和产业格局"①。喻新安和刘道兴（2013）还分析了新型农村社区的基本特征：一是在新型农村社区内，社区居民的经济文化活动已经不同于过去；二是随着新型农村社区的发展，其成员的流动性不断增强；三是新型农村社区能够提供比较完善的社区公共服务，这些公共服务为旧式农村社区所不具备；四是新型农村社区更具集聚性特征，而社区的组织形式则具有不同特点。

总之，由于新型农村社区是社会主义新农村建设和新型城镇化道路的最新产物，所以在理论上还存在较大的争议，其发展必将经过实践的进一步检验。

2. 国内关于治理理论的研究

在我国，"治理"一词最早出现于《荀子》一书，《荀子·君道》中写道："明分职，序事业，材技官能，莫不治理，则公道达而私门塞矣，公义明而私事息矣。"② 这里的治理主要指的是"明分使群"、讲究秩序，只要职分明确、行业有序，"材技官能"等各行各业就会秩序井然。

后世关于"治理"的意义逐渐发生了变化，侧重于管理，如清代王士禛《池北偶谈·谈异六·风异》中说："帝王克勤天戒，凡有垂象，皆关治理。"这里的"治理"指的就是管理。

在历史演变中，"治理"还产生了另外一些意思，如晋袁宏《后汉纪·献帝纪三》中描述道："上曰：'玄在郡连年，若有治理，迨迁之，若无异劾，当有召罚。何缘无故徵乎？'"这里的"治理"指理政的成绩。清严有禧《漱华随笔·限田》中说："蒋德璟出揭驳之：'……由此思之，法非不善，而井田既湮，势固不能行也。'其言颇达治理。"这里的治理指治国理政的道理。

20 世纪 80 年代以来，关于治理理论的研究逐渐兴起并不断扩大范围与领域。俞可平是我国最早研究治理理论的学者，为学术界提供了大量可供参考与借鉴的学术研究成果，如《治理与善治》《民主与陀螺》《中国治理变迁 30 年》《中国治理评论》《敬畏民意——中国民主治理与政治改

---

① 喻新安，刘道兴. 新型农村社区建设探析[M]. 北京：社会科学文献出版社，2013：47-48.
② 谢丹. 荀子[M]. 书田，译注. 太原：书海出版社，2001：122-123.

革》《论国家治理现代化》等一系列著作。他认为"治理"指的是在一定范围内，多元主体通过协同合作对公共事务进行协调管理的动态过程①。在《治理与善治》这本书中，他研究了治理主体、治理方式、治理结构、治理机制多个方面，以及治理（Governance）和善治（Good Governance）的起源、内涵、意义和发展等，开创了我国现代治理理论的先河。

3. 国内对于农村治理、新型农村社区治理的研究

学界之于中国农村社会治理的系统关注始于马克斯·韦伯（Max Weber）"皇权止于郡县"的"中国命题"，该命题一提出就迅速引起了国内学界、国外汉学研究者的广泛学术兴趣。从费孝通、费正清（John King Fairbank）等的"士绅自治"，到周锡瑞（Joseph Esherick）、折晓叶等的"地方精英"；从"皇权—民众"二元研究框架，到"国家—士绅（地方精英）—民众"三维分析图式，学界之于中国农村社会治理之热忱至今热情不减。②

随着社会主义新农村的发展，治理理论开始与社会主义新农村理论相结合。最早将治理引入农村政治研究领域的是以徐勇、贺雪峰为代表的华中乡土派，开始尝试运用治理理论来研究乡村社会及村民自治。"乡村治理"③一词是华中派学者赋予村民自治的新说法，包含着由村民自治到乡村治理的升级和转变。随着改革开放的深入和农村社会改革的不断进行，今天的农村有着和过去全然不同的环境和条件，农村治理也变得越来越复杂，越来越具有挑战性。

在很长一段时间内，许多学者不注重实地考察研究，更注重理论和方法的研究而因此被称为学院派。但进入21世纪以后，我国乡村治理研究方式逐渐发生变化，他们开始走出书斋来到乡村，直接参与乡村治理实践，掌握了大量一手资料。其中，由以徐勇为代表的一大批学者组成的华中师范大学农村问题研究中心尤为突出，比如，徐勇带领一批知识分子在广东

---

① 俞可平. 论国家治理现代化[M]. 北京：社会科学文献出版社，2015：121.

② 马光川，林聚任. 从社会重构到社区培育：农村治理现代化的制度逻辑[J]. 南通大学学报（社会科学版），2015（1）：130-136.

③ 如徐勇认为，乡村治理主要指人们运用公共权力对乡村社会的治理过程和绩效，"乡村"主要指行政村，即乡镇之下的村委会，乡村治理可简化为"村治"（参见徐勇，徐增阳. 流动中的乡村治理[M]. 北京：中国社会科学出版社，2003：6）。贺雪峰认为，"村治即乡村治理，它是指乡村公共权力对社区公共事务的组织、管理与调控"[参见贺雪峰. 村治研究的意义与方法[J]. 青海师范大学学报（哲学社会科学版），1999（2）：31-36]。

参与了"南农实验"等。随着这种实践研究的兴起,以乡村调研为基础的一大批学术成果不断涌现,如徐勇、徐增阳主编的《乡土民主的成长——村民自治20年研究集萃》(华中师范大学出版社,2007),贺雪峰主编的"中国村治模式实证研究丛书"① 16种(山东人民出版社,2009)等。同时期的于建嵘在其《岳村政治——转型期中国乡村政治结构的变迁》一书中写道:他沿着当年毛泽东考察湖南农民运动的路线,进行了为期一年多的乡村社会调查,并最终以衡山县白果镇的岳村作为分析样本,进行了历史追究、制度分析和地方权威考察②。此后,这种深入农村乡野的调研方式逐渐被越来越多的学者关注和接受,以村民自治与基层治理为基本研究对象的成果更是不计其数。2004年11月,以贺雪峰为代表的一批专家学者在华中科技大学成立了"中国乡村治理研究中心",办有学术刊物《三农中国》《乡村中国评论》和学术网站《三农中国》,在国内具有较大影响。

党的十六届五中全会明确提出,社会主义新农村建设要按照"生产发展、生活宽裕、乡风文明、村容整洁、管理民主"的要求,从经济、政治、文化、社会和生态等方面进行发展与治理。此后,对乡村治理的研究逐渐规范深入,大量新的乡村治理理论成果开始涌现,如万小艳所著的《乡村治理与新农村建设:湖北秭归杨林桥社区建设与治理的实践探索》(知识产权出版社,2011)通过对农村社区建设与乡村治理模式的实证调查研究,提出了社区理事会这样一种新的、有效的社会组织载体;王振海等所著的《农村社区制度化治理》(中国海洋出版社,2005)深入全面分析了我国农村社区的治理制度建设和治理模式改进;王霄所著的《农村社区建设与管理》(中国社会出版社,2010)深入探讨了当前我国农村社区

---

① 此系列研究包括贺雪峰的《村治模式:若干案例研究》、吕德文的《涧村的圈子——一个客家村庄的村治模式》、郭亮的《走出祖荫——赣南村治模式研究》、陈辉的《古村不古——浙西衢州古村研究》、陈涛的《村将不村——鄂中村治模式研究》、丁卫的《复杂社会的简约治理——关中毛王村调查》、骆建建的《十字路口的小河村——苏北村治模式初探》、王小军的《转型之痛——赣中南路东村调查》、杨华的《绵延之维——湘南宗族性村落的意义世界》、陈柏峰等的《农民生活及其价值世界——皖北李圩村调查》、刘洋的《村庄的社会基础——一个豫东村庄的村治模式》、张世勇的《积极分子治村——徽州村治模式研究》、李德瑞的《山村的彷徨——鄂西北村治模式研究》、郭鹏群的《豫北村治模式初探——以河南安阳洹村调查为基础》、王习明的《川西平原的村社治理——四川罗江县井村调查》、李洪君等的《一个新型移民社区的村治模式——吉林枣子河调查》等 [参见赵秀玲.21世纪以来中国乡村治理研究概观[J].江苏师范大学学报(哲学社会科学版),2015(5):116-126]。

② 于建嵘.岳村政治——转型期中国乡村政治结构的变迁[M].北京:商务印书馆,2001:11.

存在的各种难题,并给出了建设性的意见;罗中枢、王卓所著的《公民社会与农村社区治理》(社会科学文献出版社,2010)以公民社会的视野审视农村社区治理;李增元所著的《村民自治到社区自治:农村基层民主治理的现代转型》(山东人民出版社,2014)运用马克思主义经典理论,在对村民自治制度的缘起、形成及发展路径进行深入分析的基础上,提出了农村基层民主治理由村民自治向社区自治转型的必然发展趋势。

党的十七大报告提出走中国特色城镇化道路,城镇化建设促使我国传统农民和乡村的社会结构发生了根本性变化,学者们的研究对象转向城镇化过程中农民市民化和新型农村社区建设等一系列问题。具有代表性的著作有喻新安、刘道兴主编的《新型农村社区建设探析》(社会科学文献出版社,2013)、陈萍的《具有中原地域特色的新型农村社区形象设计建设体系战略研究与实证分析》(中国水利水电出版社,2015)、黎昕的《新型农村社区建设研究》(华中科技大学出版社,2015)等。

虽然诸多专家学者对乡村建设和治理进行了多角度、全方位的深入研究和分析,但是,由于时代的局限性,他们还没有认识到新型农村社区这样一个新事物给中国农村发展乃至整个中国社会的发展所带来的挑战性意义。因此,进行新型农村社区治理研究仍然是一项具有重大意义的课题。

(二) 国外研究现状综述

1. 国外学者关于"社区"和"农村社区"概念及特征的研究

人类社会的发展既各具特色,又具有一些共同特征,中国意义上的"社区"和西方意义上的"社区"尽管不是同一概念,但是它们具有一些最为基本的形式和内容。严格说来,在费孝通将"社区"概念引入中国以前,"社区"概念在西方已经出现很久了,这主要缘于西方国家最先进入工业化和城市化。因此,关于社区及其治理的理论研究和实践研究,国外都要早于中国。

英国学者S. H. 梅因在其1816年出版的《东西方村落社区》一书中首先使用了"社区"一词。1887年,德国著名的社会学家和哲学家斐迪南·滕尼斯(Ferdinand Tonnies)首次提出了"社区"一词的概念,在其所著《共同体与社会》一书中,将"社区"定义为"基于一定的地域边界、责任边界,具有共同的纽带联系和社会认同感、归属感的封闭性社会生活共同体"①。斐迪南·滕尼斯的定义得到了英国著名社会学家麦基弗的认同,他在其著作《社区:一种社会学的研究》中,也强调了社区的共同体含义。

真正意义上的"社区"研究开始于20世纪初的芝加哥学派,其典型代表是美国芝加哥大学的著名社会学家Robert Ezra Park等,他们认为,所谓"社区",无非是"占据在一块被或多或少明确限定了的地域上的人群汇集",这个汇集"不仅仅是人的汇集,也是组织制度的汇集"②。美国著名学者埃弗里特·M.罗吉斯和拉伯尔·J.伯德格的著作《乡村社会变迁》对Robert Ezra Park等的"社区"概念予以响应,并充分表达了这样一个观点:"社区"是一个群体,它是由共同利益相互联系在一起的一个集体,这个集体因享有共同地域而产生凝聚力,这个集体可以划分为三种类型:散居型、集居型和条状形。③

但是,也有一些学者对《乡村社会变迁》中的划分方法持不同意见,比如一些美国社会学者把农村社区划分为乡镇社区、乡村社区、线型社区、庄园社区以及开放性社区五种类型④。还有一些英国学者则根据乡村社会组织结构等因素把乡村分为被保护的乡村社区、竞争性的乡村社区、家长范式的乡村社区和委托范式的乡村社区四种类型。⑤

最具典型意义的是美国学者林德夫妇,1924年他们来到印第安纳州的米德尔镇定居,亲身感受农村社区生活,五年后,他们发表了具有里程碑意义的 *Middle Town: A Study in Contemporary American Culture* 一书,这本书被誉为社区研究的"金字塔"。作为社区研究的经典著作,该书成为社会学实证研究的典型范例,书中描绘了美国的一个小镇在现代化过程中所面临的社会变迁,这对于当下中国农村正在进行的变迁具有深刻的借鉴意义。

---

① [德]滕尼斯.共同体与社会[M].林荣远,译.北京:商务印书馆,1999:78.
② [美]罗伯特·E.帕克,欧内斯特·W.伯吉斯.城市社会学[M].宋俊岭,等译.北京:华夏出版社,1987:110-111.
③ [美]埃弗里特·M.罗吉斯,拉伯尔·J.伯德格.乡村社会变迁[M].王晓毅,王地宁,译.杭州:浙江人民出版社,1988:164-170.
④ 丁元竹.社区的基本理论与方法[M].北京:北京师范大学出版社,2009:33.
⑤ Cater J., Jones T. Social Geography: An introduction to Contemporary Issues [M]. London: Edward arnold, 1989: 194-221. 转引自陈晓华,张小林.国外乡村社区变迁研究概述[J].皖西学院学报,2007(5):114-118.

2. 国外学者关于中国乡村治理的研究

令人惊奇的是,在西方,一部分学者对中国乡村治理研究怀抱着浓厚的兴趣,他们以外人独有的眼光和视角来打量中国乡村这片神秘的土地,如库尔普(D. H. Kulp)就写出《南部中国的乡村生活:家族主义的社会学》(1925),对中国南部乡村的家庭宗族关系进行了剖析;稍晚一点的,John Lossjing Buck 在其著作《中国农家经济》(1933)中对中国农村经济状况进行了全方位描述。

美国传教士明恩溥(Arthur H. Smith,1845~1932)因对中国农村观察的深刻与研究的深入而被誉为国外学者中研究中国乡村治理的第一人,他长期深入天津、山东等地调研中国乡村和农民生存情况,写出了大量有关中国乡村的著作。代表作有 Chinese Civilization(《中国的文明》,1885)、Chinese Characteristics(《中国人的特性》,1894)等,其所著 Village Life in China: A Study in Sociology(1899)(中译本为《中国乡村生活:社会学研究》,陈午晴、唐军译,电子工业出版社,2016 年)一书内容翔实,研究微观,以社会学的研究方法对晚清中国农村进行了深入细致研究,被赞为"很可能是世界范围内,公开标明使用社会学方法研究中国的第一本专著"。明恩溥所倡导的微观式研究在中国乡村治理研究中渐渐流行开来,尤其在以县、乡(镇)为例进行重点式和点击式的研究和探讨时,这种"以小见大"的研究方法为大多数学者所接受。

总体而言,国外学者对于中国乡村治理的研究主要聚集在两个方面。一方面是对于村民自治选举的研究,其代表人物是约翰·詹姆斯·肯尼迪、Kevien J. O'Brien 等人,相关著作有:美国学者约翰·詹姆斯·肯尼迪的《中国农村基层民主的面貌——关于村民委员会选举的一项实证研究》(2011)、美籍印度裔学者杜赞奇的《文化、权力与国家:1900—1942 年的华北农村》(1988)等。另一方面是对乡村治理的研究,较有代表性的研究有:芬兰学者琳达·雅克布森的《地方治理:村镇直选》(载《民主的长征——海外学者论中国政治发展》,中央编译出版社,2011 年)、日本学者田原史起的《中国农村的政治参与》(载《民主的长征——海外学者论中国政治发展》,中央编译出版社,2011 年)等。笔者所能找到的文献有 70 多本,但他们对中国社会的影响均很小,在这里就不再一一列举。①

由此可见,随着时代的发展,西方学者对中国的乡村治理研究越来越深入和广泛,他们的研究角度各有侧重,涉及经济学、政治学、人类学、历史学和社会学以及一些交叉学科,这种跨学科的研究方式能够取长补短,使研究更加深入和开阔,其中提出的一些新概念、新理论如"国家—社会"的研究框架"赢利型经纪""保护型经纪""内卷化"等学术概念直接引发了治理研究的新方法。

但是,由于中西方历史文化背景和生活方式的不同,西方学者对中国乡村治理的研究难免会出现一些偏离中国农村实际的情况。因此,我们不能盲目地推崇他们的学术论文和著作,要保持自己的批判性和创造性,在借鉴他们优秀成果的同时保持自己的理论创新,避免陷入本本主义。

三、基本思路与研究方法

(一) 基本思路

本书以现有马克思主义中国化理论成果为基础,是政治学、法学和社会学等多个学科相结合的成果。该书以我国中部地区河南省许昌市建安区二郎庙新型农村社区、西部地区青海省互助县小庄新型农村社区为研究样本,在实证研究与理论分析相结合的基础上,重点对新型农村社区治理存在的问题进行实践考察,旨在通过对新型农村社区治理困境的深入分析,为我国政府、社会组织、普通民众等提供意见和建议,从而提升我国新型农村社区治理水平,实现新型农村社区治理目标,确保我国农村经济社会的蓬勃发展与长治久安。

为此,本书首先对治理理论及新型农村社区相关概念、特征进行系统分析,从而导入我国新型农村社区治理这个重大问题,并由这个问题出发,对我国当前新型农村社区建设进行正确的判断和把握,提出新型农村社区良性治理路径,并积极探索实现中国特色的新型农村社区治理现代化。

其次,由于我国地域辽阔,各个地区之间的发展不平衡,必须要解决

---

① 赵秀玲. 21世纪以来中国乡村治理研究概观[J]. 江苏师范大学学报(哲学社会科学版), 2015 (5): 116-126.

好所选取样本的代表性问题，所以笔者做了大量的实践调查，在实证调查的基础上，选取中西部两个具有代表性的新型农村社区进行样本分析。根据样本分析，基于所得数据把握一些规律性的东西，从治理目标、治理主体、治理方式和治理绩效四个维度来分析新型农村社区良性治理。

最后，本书将根据理论研究和实践考察的结果，提出实现新型农村社区有序治理的建议和路径选择，为推进中国特色新型农村社区建设现代化进程提供理论支持。

（二）研究方法

本书在厘清治理和新型农村社区等相关概念基本内涵的基础上，从理论探讨和实证调研相结合的角度出发，以我国中部地区河南省许昌市建安区二郎庙新型农村社区和西部地区青海省互助县小庄新型农村社区为样本，以个别考察到一般抽象的方式，从新型农村社区治理理论维度来探究新型农村社区有效治理的途径和方法。由于新型农村社区问题具有复杂性和独特性，新型农村社区建设和治理没有统一的成功模式和经验可借鉴，这就决定了本研究的难度，也凸显了本书采取的研究方法的重要作用，这些方法主要有：

（1）文献研究方法。查阅分析二郎庙新型农村社区和小庄新型农村社区所属乡镇及县城的地方志、统计年鉴，党和国家关于农村发展和新型城镇化的制度、法规、政策等文献，为全面充分地研究新型农村社区的治理做好理论准备。

（2）理论研究与实证研究相结合的方法。本书运用现代治理理论、美丽乡村建设理论、新型城镇化理论、社区发展理论、基层政府治理理论等来研究分析我国新型农村社区的发展和治理情况。但这些是远远不够的，要想获得与本书相关的第一手资料，必须进行实地考察与调研。笔者通过实地问卷调查、入户调查、访谈调查等多种方式收集大量的相关资料与数据，通过实证研究来探讨分析新型农村社区治理路径。

（3）案例研究方法。本书选取我国中部地区河南省许昌市建安区二郎庙新型农村社区和西部地区青海省互助县小庄新型农村社区进行案例研究，并将对案例的调研分析上升到农村社区治理的普遍性上，从案例考察中发现新型农村社区治理的规律性，从而找到解决问题的途径。

（4）多学科交叉综合法。新型农村社区治理问题涉及多个学科和领域，横跨人文科学、社会科学和自然科学，这就需要对马克思主义理论、社会学、思想政治教育、哲学、社会心理学、民族学等多个领域的理论知识进行深度融合和综合创新。因此，本书采取多学科交叉研究的方法，对我国新型农村社区进行更加全面细致的研究和探讨。

四、基本框架和创新之处

（一）基本框架

本书共包括导论、正文和结语三个部分。导论部分主要交代选题缘由与研究价值、国内外研究现状综述、基本思路与研究方法、基本框架及创新之处。

本书正文一共有七章，第一章主要是建构新型农村社区治理的理论基础，对一般治理理论和新型农村社区治理理论进行分析和梳理，界定了治理、新型农村社区、新型农村社区治理等核心概念。本章内容是研究的理论起点，是对我国新型农村社区治理研究的理论深化。当下，我国新型农村社区治理研究不仅要立足于具有地域性和复杂性的基本环境，而且要契合于社会主义现代化进程和新型城镇化道路的总体趋势。因此，本章内容主要通过对国内外农村社区治理理论的梳理，客观理性地从治理目标、治理主体、治理方式和治理绩效等方面探索提出"新型农村社区治理"这一基本概念的合理性，并在对治理理论和社区治理理论分析的基础上，重点探讨新型农村社区治理的指导思想、总体思路、价值导向和主要内容。

第二章是对我国农村发展实践历程的梳理与回顾。从中国农村发展的历史中，梳理出社区—农村社区—新型农村社区这样一个发展路径，并分析在每个发展阶段农村所表现出来的不同特征。通过对比，指出新型农村社区相对于传统农村社区的独特内涵和基本特点，并重点强调新型农村社区的发展方向符合当前中国特色城镇化道路发展的实践历程和时代特征。

第三章是新型农村社区治理的实例考察与研究。本章采用案例研究方法，通过对我国中部地区河南省许昌市建安区二郎庙新型农村社区和西部地区青海省互助县小庄新型农村社区的实例分析，考察这两个社区建设与治理的主要内容和具体做法，探讨其在治理目标、治理主体、治理方式上存在的经验与不足，评估其治理绩效。同时，通过这一系列的实证研究，反过来促进这两个新型农村社区有序治理。

第四章至第七章分别从一个方面对新型农村社区治理中出现的问题进

行对策研究。第四章是探讨明确新型农村社区的治理目标。主要围绕社区科学规划、发展绿色朝阳产业、美丽乡村建设以及提升村民幸福感等多个方面,找出新型农村社区治理在治理目标上存在的问题,从而进一步实现新型农村社区科学规划与建设。

第五章是探讨完善新型农村社区治理主体。基于现代社会的多元化特征,新型农村社区治理需要培育多元治理主体,即由不同治理主体分别承担不同治理职责,从而共同实现治理目标。本章列举了乡镇政府、社区基层党组织、社区管理委员会、社区社会组织、社区企业和社区居民六个新型农村社区治理主体,分析每一个主体所发挥的不同治理功能与作用,寻找完善新型农村社区治理主体的方法。

第六章是探讨改进新型农村社区治理方式。新型农村社区治理方式是新型农村社区治理的一个重要方面。选择正确的治理方式,改进不适的治理方式,对于快速推进新型农村社区建设和现代城镇化建设具有十分重要的意义。本书主要从制度、法律、政策及民风民俗与伦理道德四个方面来评估和考核我国新型农村社区在治理方式上存在的问题,并制定出相应的对策。

第七章是探讨提升新型农村社区治理绩效。本章主要从新型农村社区土地流转、基础设施建设、公共服务建设和环境建设四个方面展开对新型农村社区治理绩效的分析和研究,填补目前一些新型农村社区研究存在的不足,以治理绩效指引未来新型农村社区的发展。

文章最后是结语部分,是对本书研究内容的总结和展望。结语重申要充分认识我国新型农村社区治理的长期性、复杂性与艰巨性,从多个方面对新型农村社区治理提供有效的对策与建议,努力构建中国特色新型农村社区治理理论,实现我国新型农村社区治理的现代化,不断推进中国特色新型农村社区治理的现代化进程。

(二) 创新之处

(1) 研究角度创新。虽然在某种程度上,当前学术界对农村社区进行了研究,但是对于新型农村社区的治理研究几乎还是一片空白,它既没有形成系统化的研究体系,又缺乏相应的文献和数据资料。本书以新型农村社区理论和治理理论为指导,将两者相结合去分析新型农村社区建设和治理过程中存在的问题,并以我国中部地区河南省许昌市建安区二郎庙新型农村社区和西部地区青海省互助县小庄新型农村社区为例,将案例分析与实证研究相结合对新型农村社区治理进行深入研究，因此提出的对策建议也具有一定的针对性和可操作性。

（2）对"新型农村社区治理"这一学术概念的基本内涵和主要内容进行了科学界定和系统分析，为我国新型农村社区建设指明了方向，充实了新型农村社区治理理论基础。对我们这样一个农业大国而言，只有建立科学合理的新型农村社区治理理论内容，才能在最大程度上实现新型农村社区的有效治理。

（3）提出了科学系统的新型农村社区治理对策。本书认为，新型农村社区治理是一个多主体互动的过程，一定要充分考虑我国新型农村社区治理的长期性、复杂性和艰巨性，主张从治理目标、治理主体、治理方式、治理绩效四个维度去系统地探讨和研究新型农村社区建设，只有这样，才能从根本上推动我国新型农村社区治理水平的不断提高。

第一章　新型农村社区治理的理论基础

我国幅员辽阔，人口众多，农村疆域广布，农民占我国人口绝大多数，农业产业一直居于基础性产业地位。在我国数千年的封建历史发展中，农村稳则国家稳，农民安则国家安，农业兴则国家兴，"三农"问题一直得到统治者的高度重视，农村治理一直是我国国家治理的重中之重。历史走到21世纪的今天，农业时代早已向工业时代甚至是信息化时代让路，但毋庸置疑的是，我国依然是一个农业大国，农村依然是我国最广阔的地域，农业依然是我国最薄弱的环节，农民依然是我国最广大的群体，而乡村建设和治理依然是我们必须面对的一个重要议题，所以就今天我们面临的现实而言，对农村问题的治理仍然是党和国家各项工作的重中之重。

第一节　治理理论的兴起与发展

治理既是一个古老的话语，又是一个长盛不衰的话题。从封建社会到中国特色社会主义建设，治理理论历经发展不断更新，已渗透到政治学、经济学、国际关系学和公共行政管理学等多个领域，为推进国家治理能力现代化和提高我国农村基层治理水平提供了重要的理论借鉴。

一、治理的内涵

治理理论源于西方，英语中对应汉语"治理"的是 Governance，最早源于拉丁文 Imperium 和古希腊语 ιακυβέρνηση，本意是控制、引导和操纵，主要应用于政治学领域，通常可以将其概括为统治（Government），长期以来，治理与统治一词交叉使用。"治理"一词的首次应用是在詹姆斯·马奇和约翰·奥尔森于1976年合著的《组织中的二重性与选择》一书中，该书其中一篇文章的标题为"大学治理"。20世纪80年代以后，"治理"一词被西方经济学家在经济学意义上赋予了新的含义。在当代，"治理"一词引起广泛关注、从企业管理层面引入国家管理层面是因为1989年世界银行发布的一份报告：《撒哈拉以南：从危机到可持续增长》（*Sub-Saharan Africa: from Crisis to Sustainable Growth*），这份报告主要描述世界银行通过贷款项目支持撒哈拉以南非洲国家的发展，表达了一个观点：非洲国家发展的根本问题在于"治理"，解决了治理危机问题就解决了发展的根本问题。其后，"治理"一词便超出经济学范畴，被广泛应用于政治学、社会学等领域。

20世纪90年代以后，西方各种治理理论不断涌现，西方学者纷纷对"治理"进行界定，在短时间内形成一股学术热潮，令人目不暇接，治理的语境范围也突破政治学，直指人文社会科学的大部分领域。关于"治理"的内涵，存在着多种不同的理解。

治理理论的主要创始人之一詹姆斯·罗西瑙在其代表作《没有政府的治理》和《21世纪的治理》中，把"治理"界定为一系列活动领域里的管理机制，"它们虽未得到正式授权，却能有效发挥作用，治理与统治有重大的区别，治理指的是一种由共同的目标支持的活动，这些活动的主体未必是政府，也无须靠国家的强制力来实现"①。

研究治理理论的另一权威人物格里·斯托克在对各种治理概念作了一番梳理后指出，各国学者们关于"治理"有五种主要的观点：①治理意味着一系列来自政府但又不限于政府的社会公共机构和行为者。②治理意味着在为社会和经济问题寻求解决方案的过程中存在着界限和责任方面的模糊性。③治理明确肯定了在涉及集体行为的各个社会公共机构之间存在着权力依赖。④治理意味着参与者最终将形成一个自主的网络。⑤治理意味着办好事情的能力并不仅限于政府的权力，不限于政府的发号施令或运用权威。②

在关于"治理"的众多定义中，最具权威性和代表性的是1995年全球治理委员会在《我们的全球伙伴关系》一书中对其所做的界定：治理是

---

① [美]詹姆斯·罗西瑙. 没有政府的治理——世界政治中的秩序与变革[M]. 张胜军，刘小林，等译. 南昌：江西人民出版社，2001：5.

② [英]格里·斯托克. 作为理论的治理：五个论点[J]. 国际社会科学杂志（中文版），1999（1）：19-30.

或公或私的个人和机构经营管理相同事务的诸多方式的总和,它是使相互冲突的利益或不同的利益得以调和并采取联合行动的持续过程。① 从全球治理委员会的定义来看,治理并非专指政府组织实施的活动,它也可能由非政府组织来组织实施;治理虽然包含有一些迫使人们自觉服从的制度规则,但也有很多非制度性的东西为人们所一致同意。

在我国,"治理"一词的使用可谓源远流长,它最早主要指君主治国理政的政治活动,最早出现于《荀子》。《荀子》以后,《汉书·赵广汉传》也提到过治理:"壹切治理,威名远闻。"《荀子》和《汉书》是我国治理理论的最早发源。"治理"作为政治词汇,在古代中华文化语境中,主要用一个"治"字来表达,有三个方面的含义②:第一,指统治与管理。如"治国无法则乱"(《吕氏春秋·察今》),"治大国若烹小鲜"(《老子·六十章》),"治国之道,必先富民"(《管子·治国》),"为无为,则无不治"(《老子·三章》),"修身、齐家、治国、平天下"(《礼记·大学》)。第二,指秩序安定,天下太平,与"乱"相对应。"国治而后天下平"(《礼记·大学》),"明于治乱"(《史记·屈原列传》)。第三,治理整顿与训练。"治其大乱"(《周礼·大宗伯》),"今治水军八十万众,方与将军会猎于吴"(《三国志·赤壁之战》)。

当下,现代汉语语境中的"治理"含义简明扼要:"一是统治和管理,使之安定有序,如治理国家;二是处理和整修,使之不发生危害并起作用,如环境治理与综合治理。"③ 由此可见,当下我们所讲的治理,既包含统治,又囊括管理。但是,我们应该明白,治理既不等于统治,也不同于管理。虽然"治理"一词在我国现代语境下的含义及相关学术研究比西方要稍晚一些,但自从孔子的"仁""礼"治天下以及老子的"小国寡民""无为而治"思想提出以后,国内思想家、政治家对于有关治理的理论与实践就从未停止过。

"治理"一词虽发展于西方社会语境下并被赋予不同的含义,但其作为一种新的理论范式和分析工具,也被国内众多学者广泛使用和研究。在20世纪80年代,国内以俞可平为代表的一批学者把西方最新治理理论引入我国的政治和社会管理研究,将治理理论与我国的治理经验相结合,在

---

① 全球治理委员会. 我们的全球伙伴关系[M]. 牛津:牛津大学出版社,1995:23.
② 陈春常. 转型中的中国国家治理研究[M]. 上海:上海三联书店,2014:23.
③ 丁志刚. 论国家治理能力及其现代化[J]. 上海行政学院学报,2015(3):60-67.

解决实际问题中形成了不同于西方治理理论的一种新模式,从而拉开了对治理理论研究的序幕。国内著名学者俞可平认为,"治理的基本含义是指官方的或民间的组织在一个既定的范围内运用公共权威维持生活秩序、满足公众的需要""治理是一种公共管理活动和公共管理过程,它包括必要的公共权威、管理规则、治理机制和管理方式"①。丁志刚认为,"一般意义上,治理可以理解为人们按照一定目标或价值而对人、事、物进行的控制、管理活动。任何治理活动至少要考虑四个问题:谁治理? 治理什么? 为何治理? 如何治理? 对这些问题的理论概括就构成了治理的基本要素:治理主体、治理客体、治理目标和治理方式。"②

从以上各种界定中可以看出,"治理"一词虽然没有统一明确的概念界定,但其基本内涵和核心要素已经非常明确,笔者认为可以从以下几个层面来理解:第一,治理主体多元化,不仅包括国家和政府,还包括非政府组织(NGO)、企业和社会志愿者等。第二,治理主体彼此之间相互依赖、相互参与,形成互动。第三,治理目标多元一体,最终都是为了实现社会稳定发展。第四,治理的方式多样化,除了具有强制性的制度、法律和政策外,还包括非正式的民主协商和约束机制等。第五,治理的内容注重于公共领域,主要指公共事务或公共问题。因此,笔者认为,在一般意义上,所谓治理,是指在一定范围内多元主体运用多种方式,通过上下互动的路径,基于一定的目标指向对公共事务或问题进行控制、管理和服务。

二、治理与统治

汉语语境中的"治理"最初并没有统治的含义,而是意味着秩序、管理和道理。治理的"统治"意义源自西方,长期以来,治理(Governance)与统治(Government)一词交叉使用,"无论传统用法或辞书上的解释都以'治理'为'统治'的同义词"③。因此,区分治理与统治是正确理解治理的重要前提。

在西方最初的意义上,治理(Governance)意味着政府运用治理工具

---

① 俞可平. 论国家治理现代化[M]. 北京:社会科学文献出版社,2015:23.
② 丁志刚. 论国家治理体系及其现代化[J]. 学习与探索,2014(11):52-57.
③ [英]格里·斯托克. 作为理论的治理:五个论点[J]. 国际社会科学杂志(中文版),1999(1):19-30.

管理经济和社会事务的行为方式,以及通过某些途径调节政府自身行为的体制机制。政府统治通常会以制度供给、政策激励和外部约束表现出来,在当代社会,其弊端日益明显。在制度供给上,政府垄断了一些行业和领域,致使其他治理主体无法进入,而政府垄断领域则以其低效无能备受诟病。在政策激励上,政府在一些领域推出的政策并不一定受到欢迎,"管理即是收费""管理即是控制"往往成为政府管理留给整个社会大众的印象。科技的发展使一些行业发展日新月异,可传统的体制机制却约束着整个社会主体的发展,而政府又想维持自己的垄断地位,结果就以激励的名义进行约束,这种激励实际上往往不是激励而是抢资源、"使绊子"。在外部约束上,政府既是运动员又是裁判员导致的不公平非常明显,这一切都使政府的统治形式遭到挑战,在各个领域都使治理以明确的方式与统治决裂。正如法国著名政治学家让—皮埃尔·戈丹(Jean-Pierre Gaudin)所说:"治理从头起便须区别于传统的政府统治概念。"①

按照这种思路,在治理中弱化政府的作用逐渐成为公共管理学家的主流思想。国际关系学者詹姆斯·罗西瑙(James N. Rosenau)在其代表作《没有政府的治理——世界政治中的秩序与变革》中就判断过:治理必须区别于统治,二者并非同义词。虽然治理与政府统治都包含有目的性的活动和一定的规则体系,但政府统治需要权力和警察来维护,治理则不一定要依靠强制性力量。② 劳伦斯·芬克尔斯坦更是反对将治理看作一种规则系统,认为它是无边界、无主权的一种惯例。

由此可见,治理虽然包括统治的意思,但又不完全是统治。兰州大学丁志刚教授认为,"治理既包括统治的意思,也包括管理的意思,但治理既不等同于统治,也不等同于管理""统治是人们通过强制力而进行的自上而下的控制活动""而治理既包含一定的强制力,也包含一定的非强制力,是介于统治与管理之间的一种行为或活动"③。从统治走向治理,是人类政治发展的普遍趋势。

国内著名学者俞可平从政治学理论的角度分析了统治与治理主要有五

---

① [法]让—皮埃尔·戈丹. 现代的治理,昨天和今天:借重法国政府政策得以明确的几点认识[J]. 国际社会科学(中文版),1999(1):49-58.
② [美]詹姆斯·罗西瑙. 没有政府的治理——世界政治中的秩序与变革[M]. 张胜军,刘小林,等译. 南昌:江西人民出版社,2001:4-5.
③ 丁志刚. 论国家治理体系及其现代化[J]. 学习与探索,2014(11):52-57.

个方面的区别①：第一，权威主体不同。统治主体单一，其权威必定是政府；而治理主体多元化，不一定是政府，还可以是企业组织、社会组织和居民自治组织等。第二，权威性质不同。统治具有强制性；治理可以是强制性的，但更多是协商性的。第三，权威来源不同。统治主要依靠的是强制性的国家法律；治理不单有法律，且主要来源于公民的一种自觉自愿的认同。第四，权力运行向度不同。统治是自上而下；治理可以是自上而下，但更多是平行的。第五，两者管理范围不同。统治主要是以领土为界一国之内政府的管理；治理涉及的范围则要比统治宽广很多，以公共领域为边界。

三、治理与善治

文艺复兴运动以后，西方资本主义体系逐渐代替封建制度，人权意识苏醒，"人的发现"使政府职能逐渐发生变化。近代以来，治理理论逐渐由以"统治"为中心向以"服务"为中心转变，这使治理的意义发生了很大变化。

治理含义的逐渐演变"意味着一种新的统治过程，意味着有序统治的条件已经不同于以前，或是以新的方法来统治社会"②。这种新的方法是当两个或者更多的规则、规制出现冲突之际，于规则、规制之间进行新的制度安排，其核心意义是善治。

"善治"，英译为"Good Governance"，是20世纪90年代出现的词汇，意味着一种好的治理。那么，何谓好的治理？哪些治理能够显示出"好"的特征？这要从"善治"一词的出现去考察。"善治"概念的出现有着十分深刻的原因。20世纪90年代，世界银行、国际货币基金组织等国际金融组织在对不发达国家进行经济援助时，提出受援国要达到政治上的"善治"，而"善治"的标准，即是受援国要保证被援助的资金被应用于有助于改善国计民生的特定方向。此后，"善治"一词在更多的经济社会领域被应用。

"善治"理论得到迅速发展源于世界民主化潮流。在民主化浪潮中，政府与公民之间的关系由原来统治者与被统治者的关系发展为一种相互合

---

① 俞可平. 论国家治理现代化（修订版）[M]. 北京：社会科学文献出版社，2015：2.
② [英]罗伯特·罗茨. 新的治理[J]. 马克思主义与现实，1996（5）：42-48.

作关系，治理是对这样一种关系的维持，一旦这种关系出现危机，治理就会被视为一种失败了的理论而遭到抛弃。所以，公共管理学家们认为，善治目标的出现源自于治理失效。在治理过程中，社会主体各方面的责任趋于模糊，对权力的依赖使治理造成的不良结果愈加恶化，而同时，人民群众所获得的民主权利日益增多，对政府不满所进行的表达日益增加，对善治的诉求日趋激烈。这样，善治作为着眼于政府与公民之间合作网络的新型事物，提供了一种独特的视角和范畴，体现了世界民主政治发展的方向。

西方公共管理学家玛丽·克劳德·斯莫茨将善治的构成归纳为四个要素：一是法律使公民获得安全感，法律是保护公民的工具而非制裁公民的武器；二是行政机构体现了社会的公益，它不代表特权利益阶层而代表全体民众；三是行政效率比较高，行政机构不能因为公平或者其他各种原因而无法执行自己的权力从而执行有效的统治；四是政府自觉接受群众的监督，这种监督是面向社会的，所以具有实际性的公开性。[①] 从玛丽·克劳德·斯莫茨对善治构成的分析可以得知，善治的构成是公民社会的统治理论，它离不开公民的合作与积极参与。可以说，没有健全的公民社会就不可能有善治；反之，善治的发展也必将会推动公民社会的发展变迁。因此，善治实际上是统治权力向社会的回归，善治的过程就是一个还政于民的过程。

"善治"这一概念在中国语境中也不陌生，老子《道德经》第八章明确提出"正善治"，所谓"正善治"就是要摆正统治者治理民众时其自身所处的位置，对社会应以柔性管理为主而非建立在暴力统治的思维之上。老子的主张以"道"为核心，"善"乃是"道"的基本属性，它包含着一些具体要求，比如"天下神器""为无为，则无不治""以正治国"等重要的思想，可以看作实现"正善治"的基本要求。按照"正善治"，统治者要重视民生，要保障老百姓的生活需要；统治者不可与民争利，要带头在民众中倡导形成淳朴的社会风气；统治者管理民众时，要"处其实，不居其华"，注重自身的修养，起到良好的表率作用。[②]

《道德经》以后的两汉经学更加突出了善治的地位，董仲舒说："当更

---

① [法] 玛丽·克劳德·斯莫茨. 治理在国际关系中的正确运用[J]. 国际社会科学（中文版），1999（1）：81-89.

② 张尚仁.《道德经》"善治"的社会管理论[J]. 思想战线，2012（2）：31-36.

化而不更化，虽有大贤不能善治也。"这里讲的善治，实际上还是老子思维在统治思想中的显现。汉朝的大一统使百家争鸣转向思想统一，其最主要的表现是"儒法合流，兼有黄老"，这里的黄老指的就是"道"，董仲舒所讲的善治，是化"道"为儒，他以此恫吓统治者说："故汉得天下以来，常欲善治而至今不可善治者，失之于当更化而不更化也"，意即汉朝得到天下之后常欲善治却并没施行的原因是因为没有进行思想上的转变（更化）去崇尚儒家，如果崇尚儒家了，则"更化则可善治，善治则灾害日去，福禄日来"。这是中国古代"善治"理论的完整表述。董仲舒所讲善治的目的是推行他的儒家之学，但他将道家的范畴也说成了儒家，实际上是指政府要实行休养生息的政策，要有良好的治理手段。

我国著名学者俞可平在谈到"善治"时指出，善治是公共利益最大化的治理过程，它是政府与公民对社会政治事务的协同治理，会使国家与社会处于最佳状态。① 这表明了治理的理想状态就是善治，政府不再是社会治理的唯一主体，公民在社会公共事务管理中的作用以及人民的意志和主体地位越来越受到重视。

当下，社会的发展使"善治"作为一种历史性的治理理论，又再次进入人们的视野，它被认为是"公共利益最大化的管理过程"，其概念超越了民主化。在民主化的诉求中，人们追求的是"还政于民"，人民在政治治理中享有最终的权利，而"善治"这一概念的超越之处在于，它不仅局限于权利诉求的表达，更倾向于对政府的高效和善治的诉求，对整体社会公共利益最大化的寻求，而非个人自身或某个集团的利益最大化。

四、国家治理体系和治理能力现代化

一直以来，我国都以农业大国著称，农村是我国社会的基础，农村治理是我国国家治理的重要组成部分，农村社区则是当下国家基层社会治理的重点。进入21世纪，我国社会主义现代化建设进入了一个新的发展阶段，经济社会发展在取得巨大进步和成绩的同时，也出现了一系列新情况和新问题。尤其是在当前社会转型时期，传统乡村社会经历着深刻变革，城乡二元结构走向解体，传统农村社区治理机制已不能完全适应当前农村社会发展需要，急需新的治理理论去破解农村社区发展面临的困境。与此

---

① 俞可平. 论国家治理现代化（修订版）[M]. 北京：社会科学文献出版社，2015：3.

同时，新型农村社区作为新的事物，古今中外都没有现成的经验可以借鉴，它脱胎于社会主义新农村建设，但又不同于社会主义新农村建设，它类似于西方发达国家的农业现代化，但又不同于其农业现代化，到目前为止，我们对新型农村社区的治理仍然处于"摸着石头过河"的阶段。

马克思、恩格斯曾指出："一切划时代的体系的真正内容都是由于产生这些体系的那个时期的需要而形成起来的。"[①] 这就说明，任何有价值的、划时代的思想和理论都不是凭空产生的，都是一定历史时代的产物。纵观改革开放40年我国治理变革的轨迹，可以看到这样一条清晰的路线图：从一元治理到多元治理、从集权到分权、从人治到法治、从管制政府到服务政府、从党内民主到社会民主[②]，治理理论在时代发展和社会进步的过程中不断得到发展与创新，产生了一系列适合我国国情的新思想和新理论。

2013年11月，党的十八届三中全会首次提出"社会治理"概念，用"社会治理"代替"社会管理"，并把"推进国家治理体系和治理能力现代化"作为全面深化改革的总目标，这不仅是重大的理论创新，也是治理理论在新时期新阶段与中国发展实际的有力结合，它将有力推动我国的民主治理进程，为国家治理、社会治理和农村基层治理提供有力的理论指导，因此，有人将其称为"四化"之后的"第五化"。

"推进国家治理体系和治理能力现代化"这一科学战略的提出，说明目前已有的治理体系和治理能力还相对滞后，需要采取有力的、突破性的改革措施来满足社会主义现代化建设的需要。当前，新型农村社区是我国城镇化体系的末端，数量庞大、种类繁多，作为城镇化体系的毛细血管，它渗透于整个中国的经济、政治和文化体系中，是我国社会主义新农村建设发展的方向。近年来，在社会主义新农村建设目标引领下，我国广大农村地区取得了不俗的成绩，但是如何在国家治理体系和治理能力现代化这一战略下，深入、有效地开展新型农村社区治理工作，提升新型农村社区治理能力并创新新型农村社区治理理论则依然是当前开展农村治理工作的首要问题。

对于这个问题，许多专家学者也进行了深入研究。俞可平教授认为：

---

① 马克思恩格斯全集（第3卷）[M].北京：人民出版社，1960：544.
② 俞可平.论国家治理现代化（修订版）[M].北京：社会科学文献出版社，2015：84.

"有效的国家治理涉及三个基本问题：谁治理、如何治理、治理得怎样。这三个问题实际上也就是国家治理体系的三大要素，即治理主体、治理机制和治理工具。"① 丁志刚教授认为："国家治理是国家政权系统按照某种既定的秩序和目标，运用国家权力，通过制度、法律、政策等方式对全社会进行自觉的有计划的控制、支配、规范和引导、组织、协调的活动与过程"②，具有治理主体多元、治理方式多样、治理过程多向互动、治理结构稳定平衡，遵循协作、有序、民主、高效的治理价值等特点。丁志刚教授还认为，要推进国家治理能力现代化，既要改革不适应实践发展要求的体制机制、法律法规，又要不断构建新的体制机制、法律法规，形成优良的国家治理制度，合理的国家治理结构，突出的国家治理绩效，实现党、国家、社会各项事务治理的制度化、规范化、程序化和民主化③。李增元教授认为："推进国家治理体系和治理能力现代化，是一个有机体系，是我国政治发展和社会发展的必然要求，它的实现以基层社会治理体系和治理能力现代化为基础，农村社区治理现代化是基层社会治理能力现代化的核心内容。"④ 这些论述指明了，农村基层治理体系不仅是国家治理体系的重要组成部分，而且是国家治理体系和治理能力现代化的重要基础。这些论述为提高我国农村基层治理水平和治理能力现代化提供了重要思路，也成为丰富"推进国家治理体系和治理能力现代化"理论的重要内容。

第二节　新型农村社区的内涵与基本特征

社区是一个古老的名词，随着时代和社会的发展，又有了新的内涵与特征。中西方对社区有不同的理解，在新的时代背景下，我们对社区这个名词的理解也不同于传统学者对社区的理解。由社区到农村社区再到新型农村社区，代表了人类社会从农业社会向工业社会转向以来人们对社区概念理解的不断变化。

---

① 俞可平. 民主法治：国家治理的现代化之路[J]. 团结, 2014 (1): 24-27.
② 丁志刚. 如何理解国家治理与国家治理体系[J]. 学术界, 2014 (2): 65-72.
③ 丁志刚. 论国家治理能力及其现代化[J]. 上海行政学院学报, 2015 (3): 60-67.
④ 李增元. 基础变革与融合治理：转变社会中的农村社区治理现代化[J]. 当代世界与社会主义, 2015 (2): 164-170.

第一章　新型农村社区治理的理论基础

一、社区的内涵与基本特征

现代意义上的"社区"概念来自西方,起源于拉丁语,意为共同的东西和亲密的伙伴关系,是一个社会学的概念。德国社会学家斐迪南·滕尼斯将"社区"理解为一种社会共同体,芝加哥学派将"社区"理解为一种人和组织制度的汇集。最早把"社区"理论运用于中国传统乡村研究的是费孝通,他认为传统农村社区就是一种"熟人社会"。

在改革开放以前,社区的建设与实践受历史、政治等多种因素的影响,几乎没有任何实质性进展。但随着十一届三中全会的召开,我国逐步建立了社会主义市场经济体制,社会阶层和结构发生了深刻变化,社区迎来了一个新的发展时期。20 世纪 80 年代,民政部首次在城市建设领域运用了"社区"概念,提出要通过城市社区服务的现代化推动城市发展的现代化。

"社区"概念在我国出现以后,对"社区"的研究蔚然兴起,其定义多达 140 余种。但从总体来看,关于"社区"的定义不外乎两种:一是从功能性的角度进行定义,主要指社区作为公共管理的最小单元,在整个社会管理中所处的地位、所起的作用及发展的方向;二是从地域性的角度进行定义,主要指社区分为农村社区和城市社区,两种社区具有不同的历史渊源、基本特征及心理认同。但无论何种定义、针对何种社区,功能性定义和地域性定义都承认现代社区的发展,并且具备这样几个基本特征:

第一,社区指的是在特定范围内的居住环境与空间,有明确的地域。地域要素是一个社区存在及发展的最基本地理条件,为居住的成员提供了稳定的生产和生活场所。

第二,社区一般居住着一定数量的社区居民,这些居民之间往往以一定的社会关系为纽带,构造了社会发展的共同空间,并承担着社区发展和繁荣的责任。

第三,社区都有一定的社会组织和机构。社区作为一个社会生活共同体,需要有一定的组织和机构去维护它的正常运行,比如党支部、社区居民委员会和社区服务中心等。这些组织和机构负责处理社区公共事务,调解邻里纠纷,调节社区各个群体之间的利益关系,通过他们之间的互相协调配合,共同维护社区的健康发展与运行。

第四,社区都有一定的基础设施和公共服务设施,如能源设施、给排水设施、交通设施、邮电通信设施、医疗卫生设施等,这些基础设施是否完备和正常运行,在很大程度上影响着社区居民的生活。

二、农村社区的内涵与基本特征

农村社区也称乡村社区,这一概念相对于城市社区而言,主要指以农业活动为基础聚集起来的人们生活的共同体。① 通常,农村社区是在一个或者几个相近村庄的基础上,经过搬迁改造建成。在改革开放以前,理论界对于社区的普遍印象集中于城市,主要指以城市居民为主体而建成的人们生活的共同体。从某种意义上,只要一提"社区"这个概念,就是特指城市区域的生产生活状态。随着经济的迅速发展,在农村地区出现了一种类似于城市社区的新型村镇,这一现象要求思想界进行理论突破。2006年10月,党的十六届六中全会召开,通过了《中共中央关于构建社会主义和谐社会若干重大问题的决定》,明确提出"积极推进农村社区建设,健全新型社区管理和服务体制,把社区建设成为管理有序、服务完善、文明祥和的社会生活共同体"②。随后,民政部先后推出"全国农村社区建设实验县(市、区)""农村社区建设实验全覆盖"的战略规划。在上述政策的指导下,我国关于农村社区建设的理论和实践取得了长足进步和丰硕成果。

在党的文件正式确立"农村社区"这个概念以前,"农村社区"就已经被专家学者所关注,伴随党对"农村社区"这个概念的界定,专家学者们对"农村社区"进行了进一步的阐释和论证,并对其发展进行了更加深入的理论探索。总体而言,近几年学术界对"农村社区"的探索主要围绕着两个方面:一是从地域上对农村社区进行界定;二是从组织形式上对农村社区进行界定。在地域上,传统农村社区是有别于城市社区的生产生活共同体,它们一般就地建成,社区选址与原有村庄之间存在千丝万缕的联系,大部分由原有村庄发展而来。在组织形式上,传统农村社区一般沿用改革开放以来的组织形式,"队为基础,集体所有",在社区内划分为几个生产队,每一个生产队都是一个独立的核算单位,村党支部和村民委员会对各个生产队进行管理。这种传统的农村社区具有如下特点:

---

① 王思斌. 社会学教程(第2版)[M]. 北京:北京大学出版社,2003:17-19.
② 胡锦涛. 高举中国特色社会主义伟大旗帜 为夺取全面建设小康社会新胜利而奋斗[M]. 北京:人民出版社,2007.

第一，社区内生产生活的主体是农民，以从事农业为主。农民是社区的基本构成因素，是社区的建设者、维护者和参与者。

第二，与城市社区比较，农村社区的居民自身受教育程度普遍较低，综合素质有待提高。农村社区传统的经济文化结构也很难留得住高学历、高素质、高水平的人才。

第三，农村社区的人口密度低，居民居住较为分散，一般以独门独户为居住形态。由于农村社区的居民向城市流动，农村社区村庄"空心化"严重，所以人口数量日趋减少，人口密度日趋减小，并且这一趋势逐渐加快。

第四，农村社区的基础设施和公共服务设施比较落后。由于各种资源分布不均，大部分村庄的基础设施和公共服务设施不足。近几年，随着经济的发展，农村社区的交通、水利、教育、医疗等得到了持续改善，但改善力度参差不齐，发展失衡现象严重。

第五，与城市社区相比，农村社区对经济、文化、生态等方面的投入相对落后。有的地方生源缺少，学校关停，有的地方生态恶化，居民的基本生存受到威胁。

第六，农村社区居民生活方式比较单一，社区组织和结构较为简单。他们基本上没有什么文化娱乐设施，人们习惯于"日出而作，日落而息"的传统生活方式。

第七，农村社区信息闭塞，它们以村落为主，管理上依靠村党支部和村民委员会，村民地域观念、乡土观念较强，政治意识和政治敏感性不强。

三、新型农村社区的内涵与基本特征

2014年12月29日，国家发改委与人力资源和社会保障部等11个部门联合印发了《关于开展国家新型城镇化综合试点工作的通知》（发改规划〔2014〕1229号），明确提出有条件的地方要推进新型农村社区建设。

新型农村社区是我国农村社区不断转型的最新形态，从概念上说，新型农村社区所讲的"新"，一方面是针对旧有的城市社区而言，另一方面是针对过去的社会主义新农村建设而言。一方面，"社区"这个概念本就是城市居民居住地的专有名词，农村社区在中国出现也不过才短短十年左右。十几年前,只要一提到"社区",人们所想到的必然是城市,但是,按照美国著名学者、诺贝尔奖获得者约瑟夫·斯蒂格利茨的看法,在"21世纪之初,发生了影响世界的两件事,一个是美国的信息化,一个是中国的城市化"①。他认为,随着经济的迅猛增长,中国广大的农村发生了翻天覆地的变化,在城市化的进程中出现了大批的农村社区,这是对全世界具有重大影响的经济事件。另一方面,新型农村社区也不同于社会主义新农村建设。党的十六届五中全会通过的《中共中央关于制定国民经济和社会发展第十一个五年规划的建议》曾经对社会主义新农村进行过具体描述:"生产发展、生活宽裕、乡风文明、村容整洁、管理民主。"当下,虽然社会主义新农村建设仍然在如火如荼地开展,但是大批的新型农村社区已经改变了社会主义新农村建设的具体形态。可以说,社会主义新农村是新型农村社区的初级形态,而新型农村社区是社会主义新农村建设的创新突破。

新型农村社区的出现是我国经济社会发展的一个必然结果。我国历经改革开放40年,整个社会经济政治文化结构发生了翻天覆地的变化,尤其是伴随农村城市化的进程,传统形态的广大乡村日趋衰落,主要表现在:农民的流动性日益增大,原有的集体化生产方式不复存在;村委会对农民的控制能力明显减弱,农民的自立性和独立性逐步增加;由于集体资源的缺失和集体福利供给的减少,农民与集体之间的依附关系逐渐消失。同时,市场经济的迅猛推进为农村带来了多种所有制经济,导致农村中的利益分配体制明显改变,农民对自己的职业和身份认同不再稳定,同质性的社会和社区日趋多样化和异质化。② 这样,在农村迫切需要一种新的组织方式和生活形式,这就是新型农村社区。

新型农村社区是一个新鲜事物,它是在什么时候、什么地方最早提出的已无从考证,且到目前为止,对于其定义还没有统一的看法。但是,新型农村社区这一概念已经成为各界学者的共识并在全国各地普遍使用和推广,专家学者们对新型农村社区的研究也越来越重视,渐渐形成一种研究趋势和热潮。新型农村社区在内涵上不同于一般意义上的社会主义新农村,是在农村发生的一次根本性的变革。要实现对新型农村社区的有效治

---

① 何立伟. 现实的神话(放歌60年)[N]. 人民日报, 2009-09-12 (8).
② 项继权. 中国农村社区及共同体的转型与重建[J]. 华中师范大学学报(人文社会科学版), 2009 (3): 2-9.

理，需要了解新型农村社区的内涵。在现实生活中，不同的专家学者可能对新型农村社区有不同的理解，但是，我们必须要注意到，新型农村社区既不是原来村庄的简单翻新，也不是众多村庄的重新组合，它指的是"按照统一要求，在一定的期限内搬迁合并，统一建设的新的居民住房和服务设施，统一规划和调整的产业布局，组建成新的农民生产生活共同体，形成农村新的居住模式、服务管理模式和产业格局"①。所以，我们不能简单地将新型农村社区理解为"小村并大村"，也不能简单地将新型农村社区等同于农民上楼。新型农村社区是通过新型城镇化规划建设，实现美丽乡村建设，提升农民收入和提高农民生活水平，让农民真正能够过上和城里人一样的生活。总体而言，新型农村社区的基本特征如下：

第一，社区的规模较大。由于各个地方的情况千差万别，所以很难讲多少人才能够组成一个新型农村社区，但是，新型农村社区一般是由多个村庄整合规划而成，所以它在规模上一般大于原先的农村社区，规模较大的新型农村社区的人口量相当于一个中心镇，规模较小的新型农村社区的人口量相当于一个大村庄的人口量。

第二，完善的基础设施。虽然新型农村社区还不完全是城市社区，但是它在水电供应、通信网络、购物娱乐等各个方面有与城市社区水平相当的基础设施，这些基础设施为社区居民提供便利。但尽管如此，新型农村社区由于交通、地理、历史等各方面的原因，基础设施仍没有城市完善。

第三，完善的公共服务设施。相比较传统农村社区，新型农村社区在文化教育、医疗卫生、就业保障、福利待遇等方面得到了大幅提升，基本实现城市化。近年来，全国各地在建设新型农村社区的过程中，所提出的口号是实现城乡公共服务均等化，尽管各个地方会有一些差别，但最终将是新型农村社区发展的基本方向。

第四，社区治理多元化。传统农村社区治理主体主要是党支部和村民委员会，而新型农村社区不仅有社区基层党组织和社区管理委员会，还成立了各种各样的经济合作组织、社区公益组织、社区协会组织等，它们均能起到新型农村社区治理主体的作用，体现了多元共治的管理模式，保证了新型农村社区的有效治理，维护了新型农村社区的和谐稳定。

---

① 喻新安，刘道兴. 新型农村社区建设探析[M]. 北京：社会科学文献出版社，2013：47-48.

第五，社区居住环境优美。传统农村在享受乡野美景的同时，却面临着垃圾遍地、污水横流的生活困境，这些问题在新型农村社区中可得到圆满解决。一般而言，新型农村社区更加注重村容村貌的整治和环境的美化绿化，尤其是对垃圾和污水的处理，都设计有专门的处理场地和处理设施。另外，新型农村社区道路硬化、环境美化、生活洁化、路灯亮化，可以说环境优美、宜居宜业。

第三节 新型农村社区治理的基本内涵、总体思路和价值导向

近几年来，我国城镇化发展十分迅速，截至2016年底，我国城镇常住人口达到了79298万人，城镇化率达到57.35%，超过了世界平均水平。城镇化反映出我国农村发生着日益深刻的变化，传统农村的生产方式、生活方式、空间状态和公共服务都有了本质性的改变，农村城市化正以突飞猛进的方式回应着工业化时代的召唤。这一系列变化给农村发展带来了新的机遇，同时也给农村治理带来了挑战。新型农村社区治理是我国农村社会发展思路的重大创新和深刻变革，更是我国在探索新型城镇化道路进程中所取得的重大底层突破。

一、新型农村社区治理的基本内涵

我国对于农村社区治理的研究由来已久，甚至早于城市社区，20世纪二三十年代，以费孝通为代表的乡村建设派就开始了对我国农村社会改良之路的研究。改革开放以来，在相当长的一段时间内，人们对"农村治理"存在着一种误解，认为自1978年农村实行家庭联产承包经营责任制后，农村已经一劳永逸地完成了根本性的改革，在农村中有良好的党支部、村民委员会治理架构，在法律上又有《中华人民共和国村民委员会组织法》（以下简称《村民委员会组织法》）的保障，所以农村地区只需按部就班进行管理就可以了，根本不存在治理研究问题。但是，经济社会的发展变化使"三农"问题日益复杂，尤其是城乡二元结构使我国社会产生了巨大的鸿沟，如果任其发展下去，必将会撕裂整个社会。当前，"城乡分治，一国两策"让城市与农村成为我国地方治理实践的两个不同版本，

而且农村社区治理远比城市社区治理复杂得多,同时也更富有挑战性和艰巨性,尤其是广大学者忽略了目前我国农村治理中的新生对象——新型农村社区治理。这些情况充分说明,关于我国新型农村社区治理问题的研究还没有形成主流,新型农村社区治理理论尚未系统完善。

2006年10月,党的十六届六中全会提出把农村社区建设成为"管理有序、服务完善、文明祥和的社会生活共同体"。这是党和国家第一次在重要文件中对我国农村社区建设提出要求,但这个要求随着农村社区的不断发展和新型农村社区的出现,已不能完全适应现在的新型农村社区建设。2013年5月15日,农业部发布《"美丽乡村"创建目标体系》,提出了创建"美丽乡村"的要求、原则和途径,目标是"打造'生态宜居、生产高效、生活美好、人文和谐'的示范典型,形成各具特色的'美丽乡村'发展模式"。2014年3月16日发布的《国家新型城镇化规划(2014—2020年)》(中发〔2014〕4号)进一步明确指出:"中国城镇化是在人口多、资源相对短缺、生态环境比较脆弱、城乡区域发展不平衡的背景下推进的,必须从社会主义初级阶段这个最大实际出发,遵循城镇化发展规律,走以人为本、四化同步、优化布局、生态文明、文化传承的中国特色新型城镇化道路。"这是针对目前我国新型城镇化道路的含义和发展要求给出的具体回答,同样也是针对作为新型城镇化重要组成部分的新型农村社区发展所提出的明确要求。2015年4月29日发布的《美丽乡村建设指南》,明确美丽乡村的定义是"经济、政治、文化、社会和生态文明协调发展,规划科学、生产发展、生活宽裕、乡风文明、村容整洁、管理民主,宜居宜业的可持续发展乡村"。新型农村社区的根在农村,新型农村社区的快速发展是为了推动我国农村社会的进一步发展,早日实现美丽乡村建设。反之,美丽乡村建设的提出,则给我国新型农村社区的发展和治理进一步指明了前进的方向。目前,国内关于新型农村社区治理的研究成果还不是很多,没有形成一定的规模和系统,各类对新型农村社区的研究对新型农村社区的基本内涵及治理路径尚未达成统一认识。因此,对新型农村社区治理的基本内涵进行理论分析,不仅是深入研究新型农村社区的基础和前提,同时也是提高新型农村社区治理水平必须破解的重要课题。

马克思曾经对"理论"有过经典阐释:"批判的武器当然不能代替武器的批判,物质力量只能用物质力量来摧毁;但是理论一经掌握群众,也会变成物质力量。理论只要说服人［ad hominem］，就能掌握群众；而理论只要彻底，就能说服人［ad hominem］。所谓彻底，就是抓住事物的根本。但是，人的根本就是人本身。"① 因此，有深度的理论对于指导新型农村社区治理实践具有十分重要的意义。新型农村社区治理的内涵十分丰富，不同于城市社区管理，也不同于传统的农村社区治理，其涉及科学目标、治理主体、运行方式、治理绩效等多个不同维度，实质就是在社会主义现代化建设进程中实现城乡社区居民共享现代文明成果。新型农村社区治理需要党和政府的支持，要求社区各类组织和社区居民积极共同参与，更加注重社区公共卫生、公共设施和公共服务，从而促进社区经济、政治、文化、生态等各个方面的协调健康发展。因此，对新型农村社区治理进行研究，逐渐成为国内众多学者研究破解"三农"问题的重要途径。

综合以上主要观点，笔者认为，所谓新型农村社区治理，是指基层党组织、基层政权、社区管理委员会、社区社会组织、社区企业、社区居民等多个治理主体，依据国家新型城镇化建设的总体要求，以美丽乡村建设与实现村民幸福为目标指向，运用制度、法律、政策与伦理道德等方式，实现对新型农村社区事务的控制、管理与服务。

二、新型农村社区治理的总体思路

当前，我国处于非常重要的社会结构转型期，从历史来看，转型期既是一个国家和社会的发展机遇期，同时也是一个国家和社会的矛盾多发期。加强我国新型农村社区治理不仅能够推动农村经济的快速发展，而且能够促进整个农村社会乃至整个国家和社会的稳定和谐，更是我国全面建成小康社会的重要基础和有力支撑。建设和治理新型农村社区，必须要有清晰明确的总体思路，深入新型农村社区建设实践，研究新型农村社区的建设和治理实际情况。只有这样，才能够科学规范地掌握和评估新型农村社区运行的效果，从而发现和纠正目前新型农村社区治理过程中存在的问题与不足，指导现有社区实际工作，指引其朝着正确、健康的道路发展，实现新型农村社区的有序治理。

新型农村社区治理的总体思路就是，在党和政府的领导下，根据《国

---

① 马克思恩格斯选集（第1卷）［M］.北京：人民出版社，1995：9.

家新型城镇化规划（2014—2020年）》《农业部"美丽乡村"创建目标体系》《中共中央　国务院关于加强和完善城乡社区治理的意见》以及其他关于我国乡村建设的重要文件要求，充分发挥基层党组织、基层政府、社区自治组织、社区企业、社区居民等多元主体的共同作用，完善新型农村社区的基础设施建设和公共服务设施建设，积极改善社区人居环境，优化社区资源配置，不断推进新型农村社区基层民主和城乡一体化发展。

第一，要牢牢把握新型农村社区治理的多层次和多维度，充分尊重新型农村社区面对的实际情况，在探索中总结新型农村社区治理理论，在探索中创新新型农村社区治理理论。

第二，要牢牢把握实现城乡社区居民共享现代文明成果，在推进城乡一体化的过程中，实现政治、经济、文化、社会、生态等多个方面的重大变革和发展。

第三，要牢牢把握新型农村社区的治理目标，实现城乡基础设施和公共服务均衡化发展，注重社区产业发展，从根本上提高社区居民的生活水平，提升社区居民的居住环境，实现农村社会稳定、可持续发展。

第四，要牢牢把握新型农村社区治理主体的多元共治状态，发挥不同主体的不同作用，促使每个主体正确行使自己的职能。

第五，要牢牢把握新型农村社区治理方式和治理手段的科学化，遵循国家的大政方针政策和法律、法规，同时运用村规民约、传统道德文化等加强对社区居民的治理。

三、新型农村社区治理的价值导向

社会价值导向，是指在一定时期内，为了一定的目标，充分利用利益机制去提倡的、让特定目标遵循的、反映社会结构本质要求的总体价值取向。在新型农村社区治理中，价值导向体现在通过一定的基本原则和利益机制，引导新型农村社区治理良性发展。

我国新型农村社区建设从属于国家城镇化发展战略，也从属于国家美丽乡村建设目标，它既有与城镇化和美丽乡村建设一般的共性，又具有自身的特殊性，其价值导向也是这样，既具有与城镇化和美丽乡村建设相同的地方，又具有自身特点，具体表现在以下八个方面：

一是以人为本，公平共享。随着经济社会的发展，人的因素越来越成为经济社会管理的最根本因素，进行新型农村社区建设首先要考虑人的因素，要引导人口有序合理流动，不断提高人口素质，通过社区服务促进人的全面发展，保证社会公平正义。

二是四化同步，加速发展。在新型农村社区建设中要充分使工业化、信息化、城镇化和农业现代化深度融合、相互协调及相互支撑，以新型农村社区建设促进城乡要素平等交换、公共资源均衡配置，形成以工促农、以城带乡、工农互惠、城乡一体的新型城乡关系。

三是优化布局，集约高效。发展新型农村社区要充分考虑"三农"问题的实际情况，在进行新型农村建设布局时要考虑交通、水利、环保等因素，防止"一刀切"，防止"拍脑袋"工程。在进行新型农村社区相关产业布局时坚持集约高效的原则。

四是生态文明，绿色低碳。要把生态文明理念全面融入新型农村社区的建设和治理中。在进行规划发展、治理完善时，既要充分考虑利用社区所在区域的自然资源，又要充分考虑不对环境造成破坏，不对生态造成污染，生产生活要努力减少对自然的损害。

五是文化传承，彰显特色。进行新农村建设要尽可能保留原有农村的文化特色，根据不同地区的自然历史文化禀赋，体现不同地区的文化差异性，防止新型农村社区千篇一律，"千人一面"。

六是政府引导，尊重市场。新型农村社区的建设和治理要处理好政府和市场的关系。政府应避免像在计划经济时代那样，大包大揽开展建设与治理，而要充分发挥市场在资源优化配置中的基础性作用，使非政府主体在新型农村社区的建设与治理中充分发挥作用。

七是统筹规划，分类指导。进行新型农村社区建设和治理，要统筹考虑一个地方的人力、物力、财力，统筹考虑一个地方的发展方向、发展规模和发展目标，进行战略性的布局安排。同时，要坚持分类指导，区分不同社区的不同特点，选择性地采取不同措施，以利于突出重点、推广经验，形成效应。

八是实事求是，区分城乡。新型农村社区建设要防止以城市为样本进行建设，把新型农村社区建成城市小区的复制品。农村有自身特点，农民需要比较大的生产场地，农具和收割回来的粮食需要进行存放，只有充分考虑到这一点才能够进行完善治理。

第四节 新型农村社区治理的指导思想、基本原则和主要内容

随着我国农业、农村的不断发展，新型城镇化建设的逐步推进，新型农村社区建设作为我国解决"三农"问题的重要推手，成为当前和今后一段时期内我国农村工作的重要任务。"新型农村社区事关大局、事关长远、事关千家万户，是对千百年来农村形成的居住条件、生活环境、生活习惯的一次历史性的转型、一次根本性的改变、一次彻底性的革命。"[①] 扎实推进新型农村社区建设和治理、推进国家基层治理现代化是一项大的系统工程，必须坚持正确的指导思想、明确的基本原则，这是实现新型农村社区良性治理的根本保证和重要遵循。此外，新型农村社区治理还需要有合理、严谨、系统的内容体系作为指导，如此才能促使我国新型农村社区建设健康快速地向前发展，提高我国农村基层治理水平。

一、新型农村社区治理的指导思想

新型农村社区治理是我国国家治理的有机组成部分，是我国国家治理的重要基础，具有长期性、复杂性与艰巨性，这就需要我们在思考和解决新型农村社区各种问题时突破原有僵化思维，创新治理机制和方式，要做到这一点，必须坚持正确的指导思想，正确的指导思想是指导我们完成新型农村社区治理这一战略任务的理论基础。马克思主义理论、毛泽东思想和中国特色社会主义理论体系包含了非常丰富的有关农村建设、农业发展及农民增收的思想，推进新型农村社区治理必须坚持以马克思主义、毛泽东思想和中国特色社会主义理论体系为指导思想，这是扎实有序推进新型农村社区治理的根本保证。

（一）经典马克思主义的农村建设思想

马克思主义以辩证唯物主义和历史唯物主义为基础，辩证唯物主义和历史唯物主义理论为我们分析问题和解决问题提供了许多科学、有效的方法论指导。马克思主义包含许多富有创造性和借鉴性的理论观点，如关于

---

① 喻新安，刘道兴. 新型农村社区建设探析[M]. 北京：社会科学文献出版社，2013：39.

现代社会、国家与社会关系、城乡统筹发展、农村建设和农业现代化发展、农村城镇化以及农村人口城镇化等理论，这些都为我国乡村治理、"三农"问题的解决提供了十分重要的认识理论基础和指导原则。

马克思主义经典作家历来高度重视农村建设，马克思、恩格斯运用辩证唯物主义和历史唯物主义的科学方法研究了东西方国家的现代化历程以及农业现代化的发展道路。马克思非常重视农业的重要地位，他认为农业是人类生存和发展的基础，"一切人类生存的第一个前提，也就是一切历史的第一个前提，这个前提是：人们为了能够'创造历史'，必须能够生活。但是为了生活，首先就需要吃喝住穿以及其他一些东西。因此第一个历史活动就是生产满足这些需要的资料，即生产物质生活本身。"[①] 马克思、恩格斯关于农民问题的观点主要是围绕农民的解放和维护农民自身的利益等方面来论述的，他们认为："小农人数众多……他们不能以自己的名义来保护自己的阶级利益"[②]，所以农民在整个国家社会中处于弱势地位，要团结起来争取自己应有的利益，实现自身的解放与独立。恩格斯在《法德农民问题》中强调了只有加大对农民的资金投入，才能够减轻农村的负担，使农民在一定程度上得到解放。列宁指出，满足小农，"第一，需要有一定的流转自由，需要给小私有主一定的自由。第二，需要弄到产品和商品"，另外，农民还"应当用读和写的本领来提高文化水平"[③]。列宁的论述说明，农村地区治理不仅要保证农民流转自由，满足农民需求，还要开展农村文化教育，提高农民科学文化素质。

尽管当下的时代条件和社会环境已发生很大变化，但马克思主义理论对于当前我国农村地区的发展和治理仍然具有十分重要的意义，尤其是马克思主义重视农业发展和农业现代化的思想，以及如何解决农民问题的基本观点，对当今新型农村社区建设具有很大的启发性和指导性。但是，我们还要清醒地认识到，马克思主义的农村建设思想建立在研究西方国家工业化时期农村地区发展状况的基础之上，和我们当前所面临的情况有很大差异，因此，在当今时代，我们要科学、灵活地运用马克思主义理论，切合我国农村实际，具体问题具体分析，在推进社会主义现代化和新型农村社区建设的实践进程中不断丰富和发展马克思主义理论，实现马克思主义

---

① 马克思恩格斯选集（第1卷）[M].北京：人民出版社，1995：78-79.
② 马克思恩格斯选集（第1卷）[M].北京：人民出版社，1995：677.
③ 列宁选集（第4卷）[M].北京：人民出版社，1995：448，587.

农村建设思想的理论创新。

（二）毛泽东思想和中国特色社会主义理论体系

毛泽东思想和中国特色社会主义理论体系是指导我国社会主义革命和建设的根本指导思想，是马克思主义基本原理与我国革命和建设具体情况相结合而产生的马克思主义中国化的重要理论成果。当前，我国"新型农村社区建设，是党领导人民在中国特色社会主义道路上推进统筹城乡发展、加快城乡一体化的一种创新实践"①，因此，必须坚持用马克思主义中国化的理论成果，即毛泽东思想和中国特色社会主义理论体系来指导我国新型农村社区治理实践，这也是在长期的社会主义建设和改革实践中得出的历史性结论。

1. 毛泽东思想

毛泽东思想是马克思主义基本原理与中国革命及社会主义建设具体实践相结合的重要理论成果，是被实践证明正确的理论思想，是马克思主义中国化的第一次飞跃。土地革命的进行使中国革命取得了完全胜利，社会主义改造和农业合作化运动的开展使我国农村建设取得了较大进展。在对待农民土地问题上，毛泽东始终坚持实事求是的原则，他从当时中国实际情况出发，实行变封建地主土地私有制为农民个人私有的政策。他主张："打破封建的土地所有制，实行彻底的平分土地，把土地所有权交给农民，使农民放心大胆好好生产，改进农作方法。"② 正是在毛泽东思想的指导下，广大农民群众才彻底摆脱压迫和剥削，翻身得解放，真正地站立起来。在农村发展问题上，毛泽东强调要实现农业机械化、农村工业化，从而推进农村现代化。他重视农业问题，特别强调要动员一切可以动员的力量支援农村建设。以毛泽东同志为核心的党的第一代领导集体对我国"三农"问题的不断探索和理论表述对我们当前开展新型农村社区有效治理仍然具有重大的指导意义。

2. 中国特色社会主义理论体系

中国特色社会主义理论体系是马克思主义中国化的最新理论成果，是当代中国的马克思主义，在社会主义现代化建设过程中得到了不断完善和发展。坚持中国特色社会主义理论体系，就是坚持马克思主义，这对我国

---

① 喻新安，刘道兴. 新型农村社区建设探析[M]. 北京：社会科学文献出版社，2013：128.
② 毛泽东文集（第5卷）[M]. 北京：人民出版社，1996：23.

"三农"问题的解决和农村地区的治理有着重要的理论意义和实践意义。

邓小平理论是中国共产党在改革开放实践中把马克思主义基本原理同中国具体实际相结合的理论成果，是马克思主义中国化的第二次飞跃。邓小平一贯高度重视"三农"问题。他指出："中国人口的百分之八十在农村，如果不解决这百分之八十的人的生活问题，社会就不会是安定的。工业的发展，商业的和其他的经济活动，不能建立在百分之八十的人口贫困的基础之上。"① 他认为："农村不稳定，整个政治局势就不稳定，农民没有摆脱贫困，就是我国没有摆脱贫困。"② 在农业改革和发展问题上，邓小平认为，必须重视农业的基础地位，农业发展的根本在于科技，他说："马克思讲过科学技术是生产力，这是非常正确的，现在看来这样说可能不够，恐怕是第一生产力。将来农业问题的出路，最终要由生物工程来解决，要靠尖端技术。对科学技术的重要性要充分认识。"同时，邓小平强调："农业的发展一靠政策，二靠科学。"③ 在此基础上，1990年3月，他明确提出了"两个飞跃"的思想，他说："中国社会主义农业的改革和发展，从长远的观点看，要有两个飞跃。第一个飞跃，是废除人民公社，实行家庭联产承包为主的责任制。这是一个很大的前进，要长期坚持不变。第二个飞跃，是适应科学种田和生产社会化的需要，发展适度规模经营，发展集体经济。这是又一个很大的前进，当然这是很长的过程。"④ 在农民问题上，邓小平强调要正确对待农民并调动其积极性，认为农民是现代化建设的重要力量。在农村发展方面，邓小平强调农村要发展，其首要任务是解放和发展生产力，农村是整个国家和社会稳定、发展的基础。邓小平理论解放了生产力、发展了生产力，使我国农村社会得到了很大发展，农民的生活水平得到了很大提高，对当前我国农村社会经济发展仍具有根本性的指导意义。

"三个代表"重要思想是中国共产党的立党之本、执政之基和力量之源，是指导中国人民胜利实现社会主义现代化的正确理论。农业、农村、农民问题始终是我国现代化建设的根本问题，也是实现四个现代化的重点和难点。"三个代表"重要思想为新时期解决"三农"问题明确了方向，

---

① 邓小平文选（第3卷）[M].北京：人民出版社，1993：117.
② 邓小平文选（第3卷）[M].北京：人民出版社，1993：237.
③ 邓小平文选（第3卷）[M].北京：人民出版社，1993：275.
④ 邓小平文选（第3卷）[M].北京：人民出版社，1993：355.

第一章　新型农村社区治理的理论基础

即有效解决"三农"问题，要始终坚持大力发展先进生产力，依靠科技进步大力提高农业现代化水平和农业生产力水平；要始终坚持新型农村社区先进文化的前进方向，坚持大力发展农村地区的先进文化事业，加强我国农村地区精神文明建设，依靠提高广大农民群众科学文化素质来促进农业发展，培养有理想、有道德、有文化、有纪律的新型农民；要始终坚持将最广大农民群众的根本利益放在首要位置，"充分尊重农民的首创精神，依靠群众推进伟大的改革事业"，使农民在新型农村社区建设过程中受益，通过切实增加农民收入调动农民的积极性、主动性和创造性。

21世纪，我国进入了全面建设小康社会的新时期，我们党对"三农"问题的认识不断深化，把解决好"三农"问题放在了全党工作的重中之重。在新的发展形势和发展要求下，科学发展观应运而生，为解决"三农"问题提供了更加强大的思想武器。科学发展观的主要内容是："坚持以人为本，树立全面、协调、可持续的发展观，促进经济社会和人的全面发展"，按照"统筹城乡发展、统筹区域发展、统筹经济社会发展、统筹人与自然和谐发展、统筹国内发展和对外开放"的要求推进各项事业的改革和发展，这是中国共产党的重大战略思想。中国共产党第十七次全国代表大会把科学发展观写入了党章，中国共产党第十八次全国代表大会把科学发展观列入了党的指导思想。以人为本是科学发展观的核心，是推进新型农村社区治理必须长期坚持的重要指导方针。新型农村社区治理必须坚持以人为本，充分尊重农民群众的主体地位，使其参与社区建设，真正成为建设主体和受益主体，要把保障广大农民群众的根本利益作为一切工作的立足点、出发点，促进我国农村地区全面、协调、可持续发展。

党的十八大以来，以习近平总书记为核心的新一代党中央领导集体对新形势下的农村改革与发展做出了综合性部署，提出了一系列惠农强农的新观点、新论述和新要求，为我们进一步解决新型农村社区治理问题提供了更加明确的指导思想和基本遵循。习近平总书记系列重要讲话是马克思主义中国化最新理论成果的集中体现，是中国特色社会主义理论体系的丰富和发展，包含着十分丰富的"三农"思想，科学回答了新时期关于"三农"工作的许多重大理论问题与现实问题：首先，新型农村社区治理要坚持实事求是，符合农村实际情况，遵循乡村自身发展规律，保持乡村独特风貌。其次，新型农村社区治理要坚持科技兴农，"要给农业插上科技的翅膀，加快构建适应高产、优质、高效、生态、安全农业发展要求的技术体系",实现"高效生态农业"。再次,新型农村社区治理要坚持城乡之间发展平衡、协调,推进城乡发展一体化。要从根本上改变城乡二元结构,推进城乡公共资源均衡配置和基本公共服务均等化,改善农民生产生活条件和环境。最后,发展农业生产必须与保护环境密切结合起来,"我们既要绿水青山,也要金山银山。宁要绿水青山,不要金山银山,而且绿水青山就是金山银山"①。

综上所述,新型农村社区治理要高举中国特色社会主义伟大旗帜,以邓小平理论、"三个代表"重要思想、科学发展观和习近平同志系列重要讲话为指导,紧紧围绕全面提高新型农村社区建设质量,加快转变城镇化发展方式,以人的城镇化为核心,有序推进新型农村社区建设;以农村社区聚居为主体形态,持续推动城乡协调发展;以综合承载能力为支撑,持续提升农村可持续发展水平;以体制机制创新为保障,通过改革释放发展潜力,走以人为本、四化同步、优化布局、生态文明、文化传承、政府引导、统筹规划、区分城乡的中国特色新型农村社区发展道路,促进经济转型升级和社会和谐进步,为全面建成小康社会、加快推进社会主义现代化、实现中华民族伟大复兴的中国梦奠定坚实基础。

总之,新型农村社区治理要以马列主义毛泽东思想和中国特色社会主义理论为指导,是历史的比较和现实的选择,我们要充分认识到马列主义毛泽东思想和中国特色社会主义理论体系在指导我们胜利实现社会主义现代化、加快建设小康社会、推进新型农村社区有序治理中的重要意义,牢固树立新型农村社区治理离不开马克思主义中国化理论成果的根本思想,防止新型农村社区发展与治理偏离正确的方向。

二、党和国家解决"三农"问题的大政方针

新型农村社区建设与治理的所有问题,归根到底是"三农"问题,所谓"三农"问题,是指在农村发展中包含农村繁荣、农业发展和农民增收的一系列问题。党和国家一贯对"三农"问题非常重视。1982年,中央颁发了首个与"三农"问题相关的文件,因为该文件是中央在开年之初颁布的第一个文件,所以被称为"一号文件"。此后,从1982年到1986年,

---

① 习近平在哈萨克斯坦纳扎尔巴耶夫大学发表重要演讲[EB/OL].[2013-09-08]. http://cpc.people.com.cn/n/2013/0908/cb4094-22843681.html.

中央又连续在开年之初出台关于"三农"问题的文件,这些文件的内容都围绕着家庭联产承包责任制展开。随着家庭联产承包经营责任制在中国的逐步落实,改革发展稳定中的其他主要矛盾逐渐显现出来,此后,中央每年的"一号文件"不再关注农业。直到2004年,"三农"问题再次回归中央"一号文件",2004年至今,中央每年的"一号文件"都是针对"三农"问题的(见表1-1)。

表1-1 改革开放以来指导"三农"工作的中央一号文件

年份	文件名称
2019	《关于坚持农业农村优先发展 做好"三农"工作的若干意见》
2018	《关于实施乡村振兴战略的意见》
2017	《关于深入推进农业供给侧结构性改革 加快培育农业农村发展新动能的若干意见》
2016	《关于落实发展新理念 加快农业现代化 实现全面小康目标的若干意见》
2015	《关于加大改革创新力度 加快农业现代化建设的若干意见》
2014	《关于全面深化农村改革 加快推进农业现代化的若干意见》
2013	《关于加快发展现代农业 进一步增强农村发展活力的若干意见》
2012	《关于加快推进农业科技创新 持续增强农产品供给保障能力的若干意见》
2011	《关于加快水利改革发展的决定》
2010	《关于加大统筹城乡发展力度 进一步夯实农业农村发展基础的若干意见》
2009	《关于2009年促进农业稳定发展农民持续增收的若干意见》
2008	《关于切实加强农业基础建设 进一步促进农业发展农民增收的若干意见》
2007	《关于积极发展现代农业 扎实推进社会主义新农村建设的若干意见》
2006	《关于推进社会主义新农村建设的若干意见》
2005	《关于进一步加强农村工作 提高农业综合生产能力若干政策的意见》
2004	《关于促进农民增加收入若干政策的意见》
1986	《关于一九八六年农村工作的部署》
1985	《关于进一步活跃农村经济的十项政策》
1984	《关于一九八四年农村工作的通知》
1983	《当前农村经济政策的若干问题的通知》
1982	《全国农村工作会议纪要》

资料来源:笔者根据历年中央"一号文件"整理。

1978年到1986年的中央"一号文件"聚焦"三农"问题,是因为我国的改革是从农村开始的,而农业是整个国民经济的基础,"农村稳,则社稷稳;农村固,则江山固"。当年主持起草1982年"一号文件"的国务院农村发展研究中心原主任杜润生曾总结,中国的大问题是农民问题,农民的大问题是土地问题。① 解决不了"三农"问题,必将影响到国民经济发展全局。在"三农"问题得到初步解决以后,国民经济发展的主要矛盾开始由农业向工业转移。根据邓小平理论关于处理工农业关系的主要思想,农业首先要支持工业发展,等发展到了一定时候,工业要反过来支持农业的发展,到了2004年,工业反哺农业的条件成熟了,因此,自2004年开始,中央"一号文件"开始再次聚焦"三农"问题。为配合中央"一号文件"的落实,我国开始逐步取消在农村延续了几千年的农业税,这不仅仅代表了中央对农村治理的"善政",而且代表了随着经济的快速发展,农业在国民经济中所占的比重逐年降低,整个农业税所占比重对于国家财政收入来讲已经无足轻重了。

三、新型农村社区治理的基本原则

新型农村社区治理就是将治理理论运用到新型农村社区建设和发展中去,弄清楚新型农村社区治理的主体是谁、怎样治理以及达到什么样的治理效果等。当前,我国农村经济社会所发生的深刻变化使农村各种利益关系开始进行重新分配,同时农村各个地区之间又存在很大差异,使新型农村社区治理面临着诸多困难与挑战。面对这些问题与挑战,我们必须遵循以下三个重要原则,才能推动新型农村社区建设与治理的健康发展。

一是以人为本的原则。以人为本是科学发展观的核心,也是我们当前经济社会发展到一定阶段以后所必须遵循的重要原则。历史唯物主义强调,人民群众是历史发展的主体,是推动历史前进的根本力量。坚持以人为本,就必须坚持以最广大人民群众的根本利益为本。

新型农村社区治理的目的就是满足社区居民各方面的物质文化生活需要,积极转变广大农民的生产方式、生活方式,从根本上改变广大农民的生活条件,改变农村的落后面貌,维护广大农民群众的根本利益。因此,

---

① 徐楠,胡念飞.新农村建设转移支付或达数千亿 政学两界掀热潮[N].南方周末,2006-02-23.

坚持以人为本是新型农村社区建设和治理必须遵循的首要原则。新型农村社区治理，必须积极重视发挥人的作用，充分尊重广大农民群众的意愿；必须以人民利益为导向，尤其是要维护农民群众各种应有的权利和根本利益；充分考虑所建社区是否符合农民群众的真实需求，要让农民群众能够从中真正得到实惠；畅通民众的利益诉求渠道，提高社区居民居住的幸福指数，建设文明和谐的新型农村社区。

二是实事求是的原则。实事求是不仅是马克思主义活的灵魂，而且是马克思主义中国化理论成果的精髓，是我们党思想路线的核心内容，也是指导我国社会主义现代化建设的重要原则和根本要求，是我们党带领人民群众推动我国革命、建设、改革事业不断取得胜利的重要法宝。列宁在《论共产主义》一文中指出："马克思主义的精髓，马克思主义的活的灵魂：对具体情况作具体分析。"① 所以，实事求是就是要一切从实际出发，具体问题具体分析。毛泽东同志对实事求是作过科学阐释，他说："'实事'就是客观存在着的一切事物，'是'就是客观事物的内部联系，即规律性，'求'就是我们去研究。"② 邓小平同志也指出："过去我们搞革命所取得的一切胜利，是靠实事求是；现在我们要实现四个现代化，同样要靠实事求是。"③ 回顾我们党90多年来的历史，可以清楚地看到，只有坚持实事求是，一切从实际出发，党和人民的事业才能够不断取得胜利。

中华人民共和国成立以来特别是改革开放以来，我国社会主义事业取得了举世瞩目的成就，但人口多、底子薄、发展不平衡和不协调的状况并没有得到根本改变。城镇化和农业现代化建设虽然发展不断加快，但是农村发展仍相对滞后，城乡居民收入分配差距仍然较大。尤其是近年来，我们在调查研究中发现，有些地方建设新型农村社区时不顾当地的人力、物力和财力，盲目攀比，贪大求洋，结果导致许多社区建到一半就停工，有的社区勉强达到入住条件，居民入住后却问题频发，并且有些问题限于经济社会现实条件不可能解决或者很难解决。因此，在当前新型农村社区建设中，我们要全面、清楚、辩证地看待这些新情况新变化，不能拿国外的城镇化经验来简单对比和套用。我国地域广大，各个地方新型农村社区的自然条件和经济发展水平各不相同，特别是在进行新型农村社区建设时，

---

① 列宁全集（第39卷）[M].北京：人民出版社，1995：128.
② 毛泽东选集（第3卷）[M].北京：人民出版社，1991：801.
③ 邓小平文选（第2卷）[M].北京：人民出版社，1994：143.

要充分考虑到各个地方的实际情况和不同特色,尊重各地的传统习惯和民风民俗,保护具有历史文化和景观价值的传统建筑,防止千篇一律"赶农民上楼"这样"一刀切"现象的发生。在进行新型农村社区治理时,一定要根据不同新型农村社区的具体特点和发展条件分策施治。比如,对环境恶化的社区,要进行环境整治,加强生态治理;对治安不良的社区,要配备相关警力,强化治安管理;对习俗落后的社区,要加大宣传力度,进行正面引导等。

三是功能完善的原则。改革开放以前,农村是不发达和落后的代名词,基础设施不完善甚至没有,更谈不上生活设施的功能完善。新型农村社区建设将"村"转变为"社区",将"村民"转变为"居民",其中一个重要方面就是从大力完善基础设施和公共服务设施入手,保证社区具有"城市"式的多方面服务功能,为社区居民提供全面便捷的生产生活服务。这些服务不仅要满足社区居民的物质生活需要,还要满足社区居民的精神生活需要。

新型农村社区建设是一项民心工程,功能完善才能为社区居民提供良好便利的生产生活环境和条件,从而促进资源在城乡的合理配置,使社区居民真正享受到社会主义现代化的发展成果。近年来,随着城乡经济的迅速发展,新型农村社区在基础设施、公共服务等多个方面已经得到了改善,但是,由于城乡二元结构的长期存在,广大新型农村社区在基础设施和公共服务等方面与城市社区仍然存在很大差距。因此,建设新型农村社区既要正视这个落差,又要消除这个落差,其着力点就在于不断完善社区的居住、服务、保障及管理等功能,尤其是要加强新型农村社区的"五大建设""五大功能"以及"五大服务"[①],推进我国基层民主政治建设,促进农村经济的稳定发展、农民生活水平的稳步提高以及农村治理水平的不断进步。

四、新型农村社区治理的主要内容

(一)新型农村社区治理目标

新型农村社区治理的实践活动是在一定的目标指导下进行的,治理要

---

① "五大建设"即公民意识建设、社区组织建设、基础设施建设、治理机制建设、保障体系建设,"五大功能"即自治功能、服务功能、教育功能、稳定功能、可持续发展功能,"五大服务"即公共教育、公共卫生、公共安全、公共交通、公共设施等公共服务。参见罗中枢,王卓.公民社会与农村社区治理[M].北京:社会科学文献出版社,2010:193.

第一章 新型农村社区治理的理论基础

达到什么样的目标是新型农村社区治理理论首先要回答的问题。治理目标的确立是指引新型农村社区治理行为的先行维度,因此,新型农村社区建设必须要有明确的治理目标,这是实现新型农村社区治理现代化的根本保证和重要遵循。

新型农村社区治理是我国社会基层治理的重要组成部分,其确立的治理目标与我国国家治理的总目标是一致的。基于目前我国各地新型农村社区的建设和发展情况,新型农村社区治理目标应包含社区规划科学、发展朝阳绿色产业、美丽乡村建设、社区文明和谐和社区居民幸福感提升五个方面。依据这些目标,找出新型农村社区治理存在的偏差与问题,从而进一步实现新型农村社区科学、规范的治理。

1. 提高新型农村社区规划水平

社区科学规划是新型农村社区治理的龙头,实现新型农村社区科学规划是新型农村社区有效治理的第一步。新型农村社区规划水平的高低在很大程度上决定了社区的发展和治理水平,主要涉及基本原则、突出特色和功能完善三个方面。

要想提高新型农村社区规划水平,必须坚持以人为本、生态优先、布局合理、适度超前、因地制宜的基本原则;要突出社区的历史文化特色、当代文化特色、自然景观特色和少数民族特色,不能"千村一面""万楼一貌"。新型农村社区要尽可能地完善功能,功能完善要有一个基本参照,即城市社区居民的基础设施和公共服务设施建设水平等。功能完善是新型农村社区综合实力的表现,也是反映社区承载能力的重要指标。

2. 发展朝阳绿色产业

发展朝阳绿色产业是新型农村社区经济发展的有力支撑,是实现新型农村社区居民安居乐业的有力保障,主要指发展现代农业、相关产业及建立特色产业园区等。

首先是发展现代农业。新型农村社区的农业要想得到长足、健康发展,必须改变旧有农村社区的低效农业,实现农业现代化。农业现代化是世界农业发展的趋势和要求,也是新型农村社区发展的根本支撑。实现农业现代化,最根本的就是实现机械化,要通过先进的机械和科学技术使劳动力解放出来从事其他产业。

其次是发展社区其他产业。其他产业特指农业之外的产业,包括工业和第三产业。发展社区其他产业,不仅要依托农业优势发展与农业具有上下游关系的工业，还要依据新型农村社区实际情况，大力发展第三产业，如旅游业、服务业等。

最后是建立特色产业园区。新型农村社区治理要力求使建设新型农村社区与建设特色产业园区同步进行，提升社区发展的综合竞争力。特色产业园区应是工农业相结合的园区，实现工农业一体化发展，逐步使农业工业化，实现规模种植和流水作业。

3. 建设美丽乡村

"美丽乡村"建设是新型农村社区治理的重要目标，是早期国家对农村提出的目标规划，新型农村社区是"美丽乡村"建设的升级版。"美丽乡村"建设在当前发展阶段并不过时，它体现了在国家新型城镇化发展过程中，农村社区建设和新型农村社区建设的过渡阶段，也体现了在治理过程中三者的一致性。我国农村地区不仅要建成美丽乡村，还要达到宜居宜业的要求。因此，要按照《农业部"美丽乡村"创建目标体系》的要求，积极进行农村社区治理，特别是积极推进新型农村社区治理，将新型农村社区打造成"美丽乡村"的典型、模板。

新型农村社区治理的最终目的是有利于社区居民的生产生活，体现着广大农民群众的根本利益。因此，积极打造宜居宜业的新型农村社区，才能从根本上改变社区农民的生产方式和生活方式，做到既"安居"又"乐业"。

4. 构建文明和谐社区

文明和谐是新型农村社区治理的社会保障，主要反映社区精神文明发展程度，其最重要的目标是形成社区精神和社区凝聚力。构建文明和谐新型农村社区，社区工作人员需要积极开展各种文娱活动。第一，开展"平安社区"活动。在社区进行网格化管理，打造平安社区，要注意活动是否得到群众认可与配合。第二，"模范居民"活动。每隔一段时间对社区模范居民进行表彰，可以采用表扬"好媳妇""好婆婆""平凡好人"等方式进行表彰。第三，灭"新四害"活动。坚决禁止黄赌毒和邪教等"新四害"，积极做好社区精神文明宣传，相关部门要积极担负起监管责任，采取有效措施，做到防微杜渐，发现情况能够有效、迅速治理。第四，特色文化活动。社火表演、文艺演出、广场舞、社区运动会以及读书活动等多种多样的特色文化活动既丰富了社区居民精神文化生活，又培育了整个社区积极向上的文化风貌。第五，爱心捐献等公益活动。新型农村社区通过开展爱心捐献、救助孤寡老人等活动,有利于社区良好风气的形成及社区居民素质的提高。

5. 提升社区居民幸福感

居民幸福感是新型农村社区治理的主观评价和标准。幸福感主要表现在满意感受度和幸福感受度两个方面。一方面,满意感受度反映了社区居民在社区居住、生活时的便利程度和需求满足;另一方面,幸福感受度反映了社区居民的主观感受和心理舒适程度。在全面建成小康社会新时期,人民群众需求多样化,不仅需要殷实富足的物质生活,还需要健康丰富的精神文化需求。因此,提升社区居民幸福感是新型农村社区建设不可或缺的一个重要方面。

(二)新型农村社区治理主体

现代社会是多元化的,现代治理理论普遍推崇多中心治理。基于现代社会的多元化特征,新型农村社区治理需要培育多元治理主体,即由不同治理主体分别承担不同治理职责,从而共同实现治理目标。新型农村社区的治理,实际上就是由不同的治理主体共同承担新型农村社区的治理任务。正如有的学者所言,"农村社区治理,就是农村公共权威管理农村社区,增进农村社区公共利益的过程。农村治理中的公共权威既可以是官方的,也可以是民间的,或官方与民间机构的合作"[①]。基于新型农村社区治理的多元化特征,实现新型农村社区良性治理要依靠多元共治,即由多个治理主体,主要由社区基层党组织、乡镇政府、社区管理委员会、新型农村社区社会组织、新型农村社区企业和新型社区居民六个不同主体共同治理。

1. 社区基层党组织

基层党组织是新型农村社区治理主体的领导机构,发挥着领导核心作用。社区党组织的机构设置情况反映了社区基层党组织在社区治理中的地位,直接影响着其在社区治理过程中的作用发挥,如社区党组织是党委还是党支部;每个支部是否内设党小组;组织委员、宣传委员等分工是否合理;党组织在分工中是否体现无职党员设岗定责;是否进行"一编三定"(指无职党员设岗定责中党员编组,定岗定责定奖惩);等等。

另外,社区基层党组织所担负的职责反映了其所具有的战斗堡垒作用

---

① 许爱花,甘诺. 转型社会中农村社区治理困境及对策[J]. 青海社会科学,2011(6):165-169.

和模范引领作用,其领导核心作用的发挥以及每一名党员在自己的岗位上所起的先锋模范作用对社区的和谐稳定都有着十分重要的意义。

2. 乡镇政府

乡镇政府是我国基层权力执行机关,是新型农村社区治理中十分重要的治理主体,承担着主要的社区治理职责。乡镇政府要在新型农村社区建设与治理中发挥积极作用,就必须积极转变政府职能,推进乡镇机构改革,主要体现在以下四个方面:

第一,科学规划职能,这是乡镇政府作为治理主体最重要的职能,乡镇政府通过科学规划对社区治理发挥主导性的控制与管理作用。

第二,指导职能,乡镇政府通过对社区公共事务的指导,落实上级的决策部署并对新型农村社区公共事务进行日常管理。

第三,公共服务职能,反映了乡镇政府职能转变的过程。由"管理型"政府向"服务型"政府的转变,体现了我国民主化进程的日益加快与人性化管理的长足进步。

第四,乡镇机构改革,乡镇政府要按照上级的决策部署进行机构改革,更好地减员增效、服务群众。

3. 社区管理委员会

新型农村社区管理委员会是参与社区公共事务管理最直接的治理主体,其机构设置和职责对社区治理非常关键。一般来讲,社区管理委员会下设办公室处理日常事务,另外还有矛盾调解中心、计划生育学校、农业发展服务中心等。社区管理委员会根据《中华人民共和国村民委员会组织法》的规定履行自己的职责,行使自己的权利。

4. 新型农村社区社会组织

新型农村社区社会组织是社区居民自发建立的不同类型的社会组织,是新型农村社区最具活力的团体性力量,在维护社区和谐稳定和发展方面起着重要作用。不同类型的社区社会组织一般都有自己的章程、目标,其发挥作用情况也各不相同。在当前新型农村社区建设过程中,社区社会组织要积极做好自我定位与管理,积极完善自我,更加有效地参与社区治理。

5. 新型农村社区企业

社区企业是新型农村社区治理的重要主体,起着举足轻重的作用。社区企业应积极主动参与社区治理,要视自己为治理主体之一。社区企业一般通过承担一定的社会责任来实现对社区的治理，有时还承担着服务职责，如企业介入社区水、电、暖等公共生活设施建设，主动为社区居民服务。

6. 新型农村社区居民

社区居民是新型农村社区治理中十分重要的治理主体。社区居民参与社区治理的积极性和主动性体现了社区居民的主人翁意识和对社区的认同感及归属感。社区居民参与社区事务时，尤其要注重吸纳新乡贤参与社区治理。

(三) 新型农村社区治理方式

新型农村社区治理方式主要包含制度、法律法规、政策、民风民俗和伦理道德五个方面，前三个具有强制性，被称为治理方式的"硬法"，后两个是非强制性的，具有教化、规范、引导和约束的作用，被称为治理方式的"软法"。

1. 制度

制度建设是新型农村社区治理实践顺利进行的重要保障，也是实现社区自治的有力依据。实现新型农村社区的有序治理，必须不断完善基层群众自治制度，这是新型农村社区居民实现自治的重要保证。另外，还需要不断完善乡镇治理机制。

2. 法律法规

法律法规是实现新型农村社区治理的根本保障，也是社会主义基层民主建设的根本保障。

首先，要严格遵守《村民委员会组织法》。《村民委员会组织法》是进行新型农村社区治理的基本依据，也是推进基层民主的重要手段，新型农村社区的所有治理活动均要围绕《村民委员会组织法》展开。

其次，乡镇政府向法治政府转变。过去，乡镇政府不注重法律法规，只注重政策执行，致使国家的法律法规在执行过程中往往走样，造成了一定的负面形象，这种形象在今天仍然不同程度的存在。随着经济社会的发展，乡镇政府、居民群众的法治观念都在不断增强，依法办事是对乡镇政府的基本要求，其依法办事能力也体现了乡镇政府的治理能力。

最后，居民法律意识与法律素质的提高。目前，新型农村社区居民的法律意识和法律素质已经得到了长足发展，但与法治社会的要求相比还远远不够，居民法律意识和法律素质仍有待提高。

3. 政策

政策是不断推进新型农村社区治理创新的重要依据。在新型农村社区，最重要的政策是家庭联产承包经营责任制，这是党改革开放以来在农村实行的基本政策。随着我国经济社会的发展，要求对家庭联产承包经营责任制进行微调，实行农村土地承包经营权、使用权、收益权三权分置的政策，这是党根据农村经济社会发展情况而进行的新探索与新调整。

做好新型农村社区的政策推进工作，主要是做好国家各项涉农政策的宣传及落实，这不仅反映了党和国家对农业、农村、农民问题的重视和关心，也体现了国家政策在新型农村社区治理过程中所发挥的积极作用。

4. 民风民俗

民风民俗是进行新型农村社区治理的有力保障。民风民俗在一定时间内会不断流传甚至会成为一种信仰，在某种程度上影响着新型农村社区的运转。民风反映了一个地方的风气，比如婚丧嫁娶的习惯；民俗反映了一个地方的生活习惯、风土人情等。在民风民俗中，对新型农村社区居民影响最广泛、最直接的就是村规民约，它是村民自治权利的表达，对社区居民的日常行为有着教化、规范、约束等作用。

5. 伦理道德

伦理道德是进行新型农村社区建设精神层面的约束。在积极培育和践行社会主义核心价值观、实现中国梦的当下，继承、发扬优秀传统文化和伦理道德具有十分重要的意义，对不断促进新型农村社区居民精神文化素质的提高具有十分重要的作用。

(四) 新型农村社区治理绩效

任何治理都会有一定的结果产生，评估治理结果的客观依据就是治理绩效。客观、公正地评估新型农村社区治理，涉及土地流转情况、基础设施建设、公共服务建设和社区环境建设四个方面。

1. 土地流转情况

新型农村社区土地流转是衡量新型农村社区治理绩效的重要方面。新型农村社区的治理绩效首先就要体现在新型农村社区的土地流转上，只有经过土地流转，新型农村社区才有发展的机遇、发展的动力，并最终带来发展的成果。

实现新型农村社区土地规范、有效流转，必须着力把握好新型农村社区土地流转方式、建设用地指标漂移和农业用地土地流转数量三个方面。

第一,土地流转方式,主要指新型农村社区采用何种方式流转土地,尤其是在流转土地中有没有更好地促进经济发展和社会进步的创新方式。

第二,建设用地指标漂移,主要指通过新型农村社区建设,腾出来的建设用地向城市漂移,支持城市工商业发展的情况。

第三,农业用地土地流转数量,主要指不改变农业用地的性质,土地由小规模经营向规模经营、集约经营转变的数量。

2. 基础设施建设

新型农村社区基础设施建设水平是新型农村社区治理绩效的直观标志,是社区居民生存和发展的前提和基础。社区基础设施建设直接关系着整个社区的稳定和发展,必须要做好以下六个方面:道路与交通设施建设;农田水利设施建设;供排水设施建设;能源设施建设;邮电通信设施建设;防灾设施建设。

3. 公共服务建设

公共服务建设是实现城乡公共服务均等化的重要标志。要通过大力发展公共服务设施,确保经济发展成果惠及所有人,实现整个新型农村社区社会和谐稳定。对于新型农村社区来说,公共服务建设主要表现在以下六个方面:社区服务中心,反映了新型农村社区治理的快捷高效,方便社区居民的生产和生活;社区文化服务建设,反映了新型农村社区居民精神文化生活的发展情况;基础教育和职业培训,反映了新型农村社区居民的文化素质和就业情况;医疗卫生服务,反映了新型农村社区的医疗卫生服务水平;社会保障,反映了新型农村社区居民享有的养老保险、社会福利等情况;生产性服务机构,反映了科学技术、信息服务在新型农村社区的普及和发展情况。

4. 社区环境建设

社区环境建设是新型农村社区健康发展的又一个重要标志,是社区居民进行生产生活的重要基础。加强新型农村社区环境整治,必须从以下两个方面着手进行:一是社区风貌整治,反映了社区的整个美化绿化情况;二是垃圾"四化"处理,反映了社区环境的清洁卫生程度。

第二章 新型农村社区治理的实践历程

　　乡村治理是我国近现代史上产生的一个概念，传统封建社会基本上不存在乡村治理，封建统治者对乡村只管理不治理。管理的目的是维持统治，治理的目的是改善生活，封建统治者为了统治对乡村进行盘剥，很少会从治理的角度去改善民生。中国乡村治理发源于以梁漱溟等为代表的乡村建设派对农村问题的研究，自此以后，乡村治理才进入大众的视野。但梁漱溟等人的乡村治理主要在中国革命和战争的年代开展，时代决定了他们的乡村治理必然是昙花一现。

　　中华人民共和国成立以后，中国才迎来了真正意义上的乡村治理，它最突出的形式是农业合作化。党在农村推行的农业合作化道路极大地解放了社会生产力，促进了农村的快速发展。然而，在农业合作化以后，党在农村的路线方针政策出现了偏差，受"大跃进"、人民公社化和三年自然灾害的影响，广大农村的生产力遭到了严重破坏，尤其是"文化大革命"开始以后，整个社会进入"十年动乱"的无序状态，中国农村发展停滞，农民生活非常困难。

　　1978年，安徽省凤阳县小岗村群众自发实行家庭联产承包经营责任制，吹响了农村改革的号角。在此之后，家庭联产承包经营责任制逐渐全面铺开。我国广大农村地区迎来了一次重大的发展机遇，它们犹如冬眠的野草遇到了春风化雨，纷纷萌芽并盛开了璀璨的改革之花。农村苏醒了，农业发展了，农民自觉了，改革开放后，中国农村发生了翻天覆地的变化。

　　改革开放的40年，是我国广大农村地区不断发展进步的40年，是广大农民群众不断改革创新的40年，也是我国农业一次又一次跨越发展的40年。这40年间，从家庭联产承包经营责任制到农村社区的出现，从社会主义新农村建设到推进新型农村社区，广大农民的创造性一次又一次地迸发出来，在21世纪最终将成为引领中国破除城乡二元结构，实现跨越发展的决定性因素。

第一节　中华人民共和国成立以前乡村建设的初步探索

20世纪二三十年代，知识界兴起了一股进行乡村治理研究的潮流。这股潮流是在中华民族多灾多难之际，一批有识之士为改变中国社会落后的局面而进行的实验，目的是挽救中国的危亡，使中国由一个愚昧落后的国家走向繁荣富强的国家，突出代表有晏阳初、梁漱溟、黄炎培、费孝通和李景汉等。

1926年，晏阳初在河北定县进行了社会改造实践活动，他带着教授、博士等一帮知识分子"下乡"推行他的"平民教育"，由此拉开了"乡村建设"的序幕。晏阳初认为，中国老百姓普遍存在着"愚、贫、弱、私"四大病症，因此，他决定在农村中推行"文艺、生计、卫生、公民四大教育"，有针对性地对四大病症进行施治。

第一是通过文艺教育使农民提高自身素质，使农民有自读、自习、自教的能力，以救农民之"愚"。为了让农民听得懂，他编写了大量平民读物对农民进行教育；为了让人民群众喜欢，他举办各种各样的文艺活动，以增强农民兴趣。

第二是实施生计教育和训练，帮助农民组织成立自助社、合作社等，向农民进行农业科学知识的宣传和讲解，使他们掌握和使用先进的农业技术，以治农民之"贫"。

第三是对农民进行卫生教育。他通过教育引导，使农民掌握基本的卫生保健常识，并在此基础上，创建了农村三级医药卫生制度，在县一级设立卫生保健院，在村一级设立卫生保健所，以救农民之"弱"。

第四是在思想上改造农民，他开展公民教育，灌输公民常识，培养农民的公共意识与合作精神，以救农民之"私"。

几乎与晏阳初同时，梁漱溟也开展了乡村建设活动。从1928年开始，梁漱溟先后在河南开设河南村治学院、在山东建立乡村建设研究院，进行"乡村自治"的实践。梁漱溟的目的是救治破败的旧农村，为此，他对农村进行了潜心研究。1937年，梁漱溟发表了他花费近十年时间写成的《乡村建设理论》，在这本书中，他分析了近代中国社会落后的根源。按照梁漱溟的说法，近代中国乡村社会走向衰败的根源在于西方文化的侵入，西方文化入侵中国以后，中西方文化产生了急剧冲突，西方文化代替了中国文化，造成了整个中国农村发展停滞。梁漱溟认为，要想救治旧农村，必先"创造新文化"，打造新农村要文化先行，通过文化的改变促进人民群众思想观念的改变，通过群众思想观念的改变最终促成广大农村状况的改变。

梁漱溟从文化上改变农村的实践最终失败了，因为他没有真正认识到中国农村衰败的根源。1840年以后，中国的社会性质逐渐发生变化，决定了中国社会的任务是进行民主主义革命。在民主主义革命阶段，中国农民的问题归根结底是阶级问题，只要阶级压迫和阶级斗争没有消除，中国农村就必然不能走出落后的泥潭。梁漱溟的主张是一种改良主义，他要求在中国农村进行改良而不是革命，这只是对旧体制的修修补补，而要想改变广大农村落后衰败的局面，就必须打破压迫人束缚人的旧体制，建立一种解放人、解放生产力的新体制。

梁漱溟的主张虽具有时代局限性，但也具有积极意义，他在《乡村建设理论》一书中提出的一些主张至今仍有很高的学术价值。比如，他强调了文化模式与教育模式的同一性，从文化社会学和教育学对社会改造的角度来阐述乡村建设理论，为观察问题和解决问题提供了一种新理论和新方法；他还提到从解决农村问题入手去解决整个中国的问题，尤其是要依靠现代教育手段来改造农民愚昧、贫困和散漫的状态，大力发展乡村经济，促进农业的复苏与振兴，从而推进国家的工业化，这在当时具有深刻的时代价值。

在当下看来，晏阳初和梁漱溟的做法并不能从根本上改变我国农村的落后状况，但是他们所研究的部分问题至今仍然是关注的焦点，他们所提出的一些改良思想和措施对于当下的农村治理仍有借鉴意义。不仅在中国，世界上其他一些国家和地区也在借鉴他们的思想，比如以晏阳初名字命名的《晏阳初法案》，被美国总统罗斯福所推崇并在美国大力推行，梁漱溟的《乡村建设理论》被译成日文，直接影响了日本"造村运动"的发展进程。

在晏阳初和梁漱溟开展乡村治理研究的时候，费孝通也在广西大瑶山进行着实地考察。费孝通的理论基础是社区理论，他将每一个乡村看作一个社区，那么，治理一个乡村就是治理一个社区，"社区研究"贯穿费孝通学术工作的一生。在此研究中，费孝通最根本的主张是功能研究，所谓功能研究，是指运用社会人类学中的功能观点去分析一个社区的组织结构。功能研究观点认为，人类群居的社区是满足人类的各种需要而形成的，我们研究社区整体的目的在于分析组成整体的各个部分之间的功能关系。我们只有弄清楚了社区各个部分之间的功能关系，才能从整体上把握社区的基本状况。费孝通极力主张采用比较研究方法，这种研究方法要求先找一个与自己生活方式不同的社区进行考察，然后与自己熟悉的社区进行比较，最后在比较中认识自己的生活方式。其目的是通过找出不同社区间的差异，最终把握社区的共性和个性。

与晏阳初和梁漱溟主要通过实践改造乡村不同，费孝通一生中主要的研究工作都是在学院中进行的，相比于晏阳初和梁漱溟，他的理论著述较多地被称为学院派。但费孝通被称为学院派并不是因为他不重视实践，他一生中三访温州、四到民权、五上瑶山、六至河南、七访山东、八访甘肃、27次回访家乡江村，进行了大量的实践工作，搜集了大量的一手数据。他研究的对象主要是农民，研究的目的在于为农民指出一条摆脱贫困走向富裕的出路。他的研究建立在实践的基础上，他关心中国农村和少数民族的经济发展，关心农产品流通和农民增收问题，经常深入农村去实地调查具体情况，为中国农村的发展付出了一生的心血。

由于对中国农村的重视和对民主自由的追求，费孝通由研究走上了与中国共产党的合作之路，他反对蒋介石的独裁统治，认识到以中国共产党为代表的中国革命力量在中国进行新民主主义革命和社会主义革命代表了中国发展的正确方向。费孝通认识到"中国农村的真正问题是人民的饥饿问题"[①]，而解决人民饥饿问题的最终根源是土地问题，所以他始终关注土地问题，并赞成中国共产党以制度革命的方式解决土地问题。在长期实践和理论研究的基础上，他写出了《乡土中国》，提出了进行社会治理的方式是"双轨政治、差序格局、礼制秩序、长老统治"，为中国社会学的发展做出了突出贡献，也为整个中国的发展做出了突出贡献。

总而言之，中华人民共和国成立以前，一大批先进的知识分子进行了乡村建设的探索，他们或与政府合作，或凭一己之力单独进行，取得了较

---

① 徐勇.中国农村和农民问题研究的百年回顾[J].华中师范大学学报（人文社会科学版），1999（11）：1-10.

为丰富的成果（见表2-1）。通过他们的努力，几千年来散漫、愚昧的广大农民在某种程度上具有了自立、自强的意识和能力，一批先进知识分子踏上了乡村建设的实践之路。

表2-1 中华人民共和国成立以前乡村建设模式基本情况

代表人物	代表组织	实验地点	实验模式
晏阳初	中华平民教育促进会	定县、衡山、新都	定县模式或"青年会式"
梁漱溟	山东乡村建设研究院	邹平、菏泽、济宁	邹平模式或"孔家店式"
卢作孚	民生公司	重庆北碚	北碚模式
黄炎培、江恒源	中华职业教育社	徐公桥、黄墟、善人桥、沪郊实验区	徐公桥模式
高践四	江苏省立教育学院	无锡（黄巷、北夏、惠北）	无锡模式
陶行知	中华教育改进会	晓庄学校	晓庄模式
国民党中央部门	中央农业推广委员会	兰溪实验县	—
	行政院农村复兴委员会		—
	青岛市政府乡村建设办事处	青岛郊区	—
	国立中央大学	南京江宁	

资料来源：王景新. 乡村建设的历史类型、现实模式和未来发展[J]. 中国乡村观察，2006（3）：46-47.

第二节 中华人民共和国成立以后农村发生的彻底变革

中华人民共和国成立以前，我国农村社会非常落后，有两种根深蒂固的势力禁锢着人们的思想与人身。一是民风民俗。广大农村存留着一些非常久远的传统，它们以民风民俗的形式保留下来，在思想上束缚着广大的人民群众。民风民俗没有强制力，它仅仅是一种信念，但是这种信念有时却具有超越强制力的约束作用。二是宗法势力。乡村一般聚族而居，宗族势力往往比较强大,族长在某种程度上行使着对本宗族事务的支配权力。由此看来,乡村最终的约束力在某种程度上不是来自官府,而是来自民风民俗和宗法势力,这种情况下所衍生的乡村治理体制被称为乡绅体制。在乡绅体制下,人与人的关系主要依靠地缘、亲缘、血缘等紧密结合在一起,乡村事务则由宗族长老、乡绅势力等来判定和处理,导致"国权不下县,县下惟宗族,宗族皆自治,自治靠伦理,伦理造乡绅"①。

乡绅体制的基础是封建剥削制度,从乡绅体制的现实情况来看,封建剥削制度可以说是乡绅制度的最终依据。宗族势力中的族长往往是乡村中的地主,没有了土地他也就没有了威信和发言权。革命战争胜利后,党面临的一个迫切问题是打破农村长期存在的剥削制度,所以党在农村进行了土地改革,废除了封建土地所有制,将土地分配给广大人民群众,极大地调动了广大农民的生产积极性,解放和发展了生产力,同时也使农村乡绅体制得以崩溃。

但是,将土地由地主所有转变为由农民所有并没有彻底解决农村中的土地问题。党和国家很快发现,农村实现土地平均所有以后,部分农民因为种种原因,又将土地出卖或者典当给别人,农村很快再次出现了贫富分化,这使得党和国家不得不重新思考土地问题。早在1949年3月召开的中国共产党七届二中全会上,毛泽东同志就提到过如何解决这个问题,他说:"占国民经济总产值百分之九十的分散的个体农业经济和手工业经济,是可能和必须谨慎地、逐步地而又积极地引导它们向着现代化和集体化的方向发展的。"② 这一论述后来成为中华人民共和国解决土地问题的一个总体思路和基本方法,在农村中,它的具体政策就是农业合作化。农业合作化的基本做法是,将土地收归国有,实行集体经济,广大人民群众成为集体经济的一分子,全体社员共同参加劳动,统一分配劳动成果,其他社会活动也统一进行,形成了独特的"均有"现象。

自1953年4月开始,随着农业合作化的深入开展,农村在短时间内出现了大合作的局面,出现了"共产主义公社"和"集体农庄"等名称的农村合作社,被当成农业合作化的典型经验予以推广。1958年7月1日,《红旗》杂志第一次提到"人民公社",明确提出要"把一个合作社变成

---

① 秦晖. 传统十论——本土社会的制度、文化及其变革[M]. 上海:复旦大学出版社,2003:3.
② 毛泽东选集(第4卷)[M]. 北京:人民出版社,1991:1432.

一个既有农业合作又有工业合作的基层组织单位",这实际上是农业和手工业相结合的人民公社。1958年8月,党中央出台《关于在农村建立人民公社问题的决议》,人民公社化运动随之在全国各地迅速展开。据相关资料显示,截止到1958年底,全国共建立了2.6万多个人民公社,参加农户1.2亿户,占全国总农户的99%以上。

人民公社的基本做法是"队为基础、三级所有",它既是一个政社合一的政权组织,也是一个"一大二公"的经济组织,它的基本特征主要表现在以下四个方面:

一是经济上,实行集体所有制。人民公社实行"队为基础",也就是说,以生产队为基础实行集体所有,各个生产队在人民公社范围内可以相互调剂。其使农民有了一定的自留地,自留地的性质仍然是集体所有,但是农民可以自行耕种。在人民公社体制下,人民公社全方位掌握了农村的权力,既是生产队,也是战斗队,既掌握农民群众的生产,也掌握农民群众的政治经济文化生活。

二是政治上,实行政社合一体制。人民公社既是最基层的政府管理层级,又是一个共同劳动、共同生活的大集体。较大的人民公社实行三级体制:生产队、生产大队和人民公社。较小一点的人民公社只有两级,没有生产大队。就人民公社总体而言,它既是经济组织,又是政治组织,实际上是囊括工农商学兵的综合统一体。这样的人民公社实现了生活集体化、组织军事化和行动战斗化,无论在思想上,还是在行动上都实现了高度统一。

三是规模上,倡导规模越大越好。人民公社一般在原有村庄基础上建立,大多数合并了附近的一个或几个规模相对较大的村庄。人民公社根据不同的条件,规模有大有小,比如有的人烟稀少的边远农村,人民公社的规模就比较小。1958年,毛泽东在谈到人民公社的时候认为,小社不利于大规模经营,不利于共同发展生产,倡导建立大社,掀起了小社并大社的高潮,有的人民公社由数个乡合并而成,规模上达到一两万户。

四是分配制度上,实行统一分配制度。人民公社生产由生产大队统一安排,盈亏由公社统一负责,粮食按人口免费供应。生产队有专门的会计给每一户记工分,分配劳动产品以工分为标准进行。工资制和供给制是人民公社的主要分配形式。

农业合作化是人民公社化的经济基础,人民公社化是农业合作化的政治上层建筑。农业合作化使广大农民群众得到了彻底解放,满怀热情地投入社会主义建设中,对于解放生产力起到了极大的推动作用。但是,由于在进行农业合作化的时候操之过急,出现了损害人民利益的现象,这反映在进行人民公社化改造时,超越中国客观发展实际,违背经济发展规律,使人民公社化遇到了种种困难。困难产生的根本原因在于,在社会主义初级阶段,生产力不够发达,还难以实现按需分配,但是在人民公社中,"平均主义""大锅饭"的情况严重,"一平二调""共产风"盛行一时,很多地方还提出了"放开肚皮吃饭"等口号,人们"干多干少一个样,干好干坏一个样",出现了消极怠工、偷懒耍滑等现象。这种现象蔓延开来,粮食产量迅速下降,再加上"大跃进""浮夸风"和三年自然灾害的影响,在农村造成了非常严重的后果。

马克思主义认为,"无论哪一种社会形态,在它所能容纳的全部生产力发挥出来以前,是决不会灭亡的;而新的更高的生产关系,在它的物质存在条件在旧社会的胎胞里成熟以前,是决不会出现的。"作为一种消灭剥削、消除两极分化的制度安排,农业合作化和人民公社化起到了应有的历史作用,但是在消灭剥削以后,它作为一种基本经济制度和社会制度继续被推进,必然会造成生产力破坏的严重后果。农业合作化和人民公社化虽然打破了过去那种以地缘、亲缘、血缘等为纽带的传统农村社会,改变了农村社会长期存在的以剥削为基本特征的治理格局,但是它推行的"政社合一"的管理体制,违背经济发展规律,事实上埋下了我国城乡二元分化的种子。

1978年,安徽省凤阳县小岗村自发进行的家庭联产承包经营责任制实验点燃了中国农村改革的星星之火,短时间内在全国形成了燎原之势。到1982年,第五届全国人大第二次会议决议取消人民公社,重新设立了乡镇政权,在中国实施了25年之久的"人民公社"终于走向了解体。

第三节 改革开放后我国农村迎来的跨越发展

小岗村的自发改革在中国农村发展史上具有重要的象征意义,它是广大农民群众自发进行的一次伟大变革,犹如一声惊雷,使整个中国从"文化大革命"的阴霾中走出,所以它被看作1978年改革开放的起点。1978

年底,党召开了具有里程碑意义的十一届三中全会,决定实行改革开放,首先在农村启动改革,实行家庭联产承包经营责任制。

按照马克思主义经济基础决定上层建筑,上层建筑反作用于经济基础的基本原理,虽然家庭联产承包经营责任制并没有改变我国农村经济的集体所有制性质,但是它的组织方式、经营方式以及分配方式都发生了很大变化,此时,人民公社化再作为家庭联产承包经营责任制的上层建筑而存在,就已经不合时宜了。1979年9月,四川省广汉县向阳人民公社就在公社内进行了机构改革,他们将20名公社机关干部分为三部分,一部分负责党务工作,一部分负责行政工作,另外一部分负责农副业生产和社队企业,初步形成了党、政、经分设的组织框架。1980年6月18日,向阳人民公社进行了彻底的机构改革,取消了"向阳人民公社管理委员会",成立了"向阳乡人民政府",同时建立了乡党委和乡农工商总公司,并且将生产大队改为行政村,生产队改为村民组。[①] 向阳乡人民政府是人民公社改为乡政府的最早实践,后来,他们的做法被推行开来。1982年12月,第五届全国人民代表大会第五次会议通过了《中华人民共和国宪法》,规定"乡、民族乡、镇设立人民代表大会和人民政府",全国公社改乡的运动迅速全面推行,在短时间内基本实现了人民公社改为乡政府。

第五届全国人民代表大会第五次会议通过的《中华人民共和国宪法》还规定,"农村按居民居住地区设立……村民委员会……作为基层群众性自治组织",为广大农村自治提供了法律依据。村民委员会的出现有其实践基础。早在1980年2月,广西省宜山县果作村就曾经进行过村民委员会试点,此后,随着乡级人民公社的解体,我国村级组织村民委员会在全国迅速推开。1987年11月,第六届全国人大常委会第二十三次会议通过了《中华人民共和国村民委员会组织法(试行)》,对村民委员会的性质、地位、职责、产生方式、工作方式等做了明确的规定,标志着我国实行"村民自治"、推进农村基层民主有了更加明确的法律依据。村民自治"是中国共产党领导广大农民在建设中国特色社会主义民主政治过程中实现的一个创造,它在中国村治史上第一次实现了真正意义上的农村基层群众自治"[②],有如下几个特点:

[①] 刘文耀. 四川广汉向阳人民公社撤社建乡的前前后后[J]. 中共党史研究, 2000 (2): 95-97.
[②] 金姗姗, 卢福营. 村民自治: 中国特色的农村基层群众自治制度[J]. 浙江师范大学学报, 2008 (1): 56-60.

首先，村民自治的经济基础是集体所有制经济。在广大农村，集体经济的土地归集体所有而不是归某个农户所有，这样就保证了不会再次发生土地兼并，防止新的剥削阶级产生。

其次，村民自治的组织形式是村民委员会。村民委员会由全体村民直接选举产生，对全体村民负责，村民随时有罢免村民委员会的权利。在中国的历史上，广大人民群众第一次拥有了直接选举权，标志着他们的民主权利得到了进一步的落实，广大人民翻身做主人的地位得到了进一步的保障。

再次，村民自治要接受党的领导。党在每一个行政村都成立了党支部，在生产队都成立了党小组加强对村民委员会的领导。村民委员会要服从党的领导，党组织要尊重村民委员会在农村自治中的主体地位。

最后，村民自治使广大农民获得了广泛的民主权利，有利于生产力的释放。在实行村民自治以前，广大农民的生产生活受到计划经济的约束，农民的生产不能够自己做主，因而极大地束缚了生产力。村民自治以后，农民自主安排自己的生产生活，在农业种植上拥有了完全的自主权，他们往往按照市场经济的导向去安排自己的生产，增收效果显著。

家庭联产承包经营责任制和村民委员会制度使我国广大农民有了完全的生产经营权和分配自主权，逐渐在经济上实现了富裕和自由，在政治上实现了解放和苏醒，是一场真正意义上对农民的解放。但是，随着经济社会的不断发展和新型城镇化进程的不断加速，农村地区的社会环境逐渐发生变化，新的问题与挑战不断出现。农村社会关系的复杂性、利益主体的多元化使村民自治在某种意义上受到了限制，这促使一种新的、更加民主、更加科学的新型农村管理模式的诞生，这就是社会主义新农村建设。

第四节　社会主义新农村建设是党解决"三农"问题的重大部署

"社会主义新农村"这个概念由来已久，我国在 20 世纪 50 年代就曾提出过这个概念，20 世纪 80 年代又提出了"小康社会"这个概念。当下，我们重提"社会主义新农村"，代表了在新的历史时期，党和国家在农村建设问题上有了更为明确的目标和更为伟大的方向。可以说，社会主义新农村的发展与我国经济发展具有非常直接的关系。当下，"社会主义指导新农村"概念提出的背景是：农村经济社会迅速发展，农村居民收入明显增长。笔者在国家统计局网站搜集了改革开放以来我国每年的 GDP 总量、GDP 增长率和人均 GDP 数据，以及当年农村居民的人均可支配收入数据，我们从这些数据中可以观察到中国改革开放后经济增长和农民收入增加的基本情况（见表 2-2）。

表 2-2 1978 年以来中国经济增长情况及农村居民人均可支配收入

年份	GDP 总量（亿元）	GDP 增长率（%）	人均 GDP（元）	农村居民人均可支配收入（元）
1978	3678.7	11.7	385	133.6
1979	4100.5	7.6	423	135
1980	4587.6	7.8	468	191.3
1981	4935.8	5.1	497	223
1982	5373.4	9.0	533	270
1983	6020.9	10.8	588	309.8
1984	7278.5	15.2	702	355.3
1985	9098.9	13.4	866	397.6
1986	10376.2	8.9	973	424
1987	12174.6	11.7	1123	463
1988	15180.4	11.2	1378	545
1989	17179.7	4.2	1536	602
1990	18872.9	3.9	1663	630
1991	22005.6	9.3	1912	710
1992	27194.5	14.2	2334	784
1993	35673.2	13.9	3027	921.6
1994	48637.5	13.0	4081	1221
1995	61339.9	11.0	5091	1577.7
1996	71813.6	9.9	5898	1926.1
1997	79715.0	9.2	6481	2029.1

续表

年份	GDP 总量（亿元）	GDP 增长率（%）	人均 GDP（元）	农村居民人均可支配收入（元）
1998	85195.5	7.8	6860	2162
1999	90564.4	7.7	7229	2210.3
2000	100280.1	8.5	7942	2253.4
2001	110863.1	8.3	8717	2366.4
2002	121717.4	9.1	9506	2475.6
2003	137422.0	10.0	10666	2622.2
2004	161840.2	10.1	12487	2936.4
2005	187318.9	11.4	14368	3254.9
2006	219438.5	12.7	16738	3587
2007	270092.3	14.2	20494	4140.4
2008	319244.6	9.7	24100	4760.6
2009	348517.7	9.4	26180	5153.2
2010	412119.3	10.6	30808	5919
2011	487940.2	9.6	36302	6977.3
2012	538580.0	7.9	39874	7916.6
2013	592963.2	7.8	43684	9430
2014	641280.6	7.3	47005	10489
2015	685992.9	6.9	50028	11422
2016	740060.8	6.7	53680	12363
2017	820754.3	6.8	59201	13432
2018	900309.5	6.6	64644	14617

注：此表根据国家统计局网站最新统计数据整理而成。国家统计局按照我国国内生产总值（GDP）数据修订制度和国际通行做法，在实施研发支出核算方法改革后，对 2016 年及以前年度的 GDP 历史数据进行了系统修订。另外，从 2013 年起，国家统计局开展了城乡一体化住户收支与生活状况调查，农村居民人均可支配收入自 2013 年及以后数据来源于此项调查，与 2013 年前的分城镇和农村住户调查的调查范围、调查方法、指标口径有所不同。1978~2012 年农村居民人均可支配收入来源于国家统计局网站旧数据。

2005年10月8日，中国共产党十六届五中全会召开，会议通过的《"十一五"规划纲要建议》正式提出推进社会主义新农村建设。建设社会主义新农村是党在我国的工业已经得到了长足发展，具有了反哺农业的能力的基础上，在经济社会发展的新阶段做出的重大战略部署。长久以来，我国在处理工农业关系时采取的都是重工轻农的政策，我们在前面也提到过，邓小平同志在讲到工农业关系的时候也曾经有过这样一个主张，首先要农村支持城市，农业支持工业，等到工业发展到一定阶段的时候，再反过来支持农业的发展。建设社会主义新农村，就是工业反过来支持农业发展的表现。

工业支持农业的具体内容十分丰富，社会主义新农村建设不是单纯的喊喊口号，它有着工业支持农业的明显举措。比如，2006年中央"一号文件"的主题就是建设社会主义新农村，包含七个方面的内容：①粮食直补；②乡村基础设施建设；③村庄治理；④农村义务教育全免费；⑤普及新型农村合作医疗制度；⑥建设农村文化设施；⑦建立农村社会保障制度。可以说，这七项内容都是"干货"，仅拿粮食直补来说，它是继2003年中央决定取消农业税后，国家对农民的又一项重大支持。从种粮纳税到国家免税再到种粮补贴，这是亿万广大农民之前想都没有想过的事情。

在工业的支持之下，社会主义新农村建设日新月异，它之所以"新"，具有多个方面的原因。

首先，社会主义新农村之所以"新"，"新"在农民身份地位的提高。在过去，农民被界定为"农村人"，是愚昧落后的代名词，"农村人"进城务工叫"打工仔""打工妹"，这些言语最初都有歧视的意义。但是当下，进城务工农民基本享有和市民一样平等的社会身份，有的进城务工农民在城市里买了房子，享有和城市人一样的市民待遇。

其次，社会主义新农村之所以"新"，"新"在人们对城乡二元结构存在的矛盾的态度发生转变。城乡二元结构源自"人民公社"运动，改革开放以后，随着经济的发展，城镇经济迅速腾飞，使城乡二元结构的矛盾凸显。社会主义新农村的建设，表明党和国家已经认识到了城乡二元结构在我国经济社会发展中的阻碍效应，已经开始着手去解决这个问题。

最后，社会主义新农村之所以"新"，"新"在农村出现了全面改革、全面发展的趋势。有条件的农村地区开始了城镇化进程，部分发达地区已经实现了城乡一体化发展，中西部地区也开始统一城乡居民户口，以实现发展机会的均等化、发展目标的均等化和发展程度的均等化。

经过"十一五"时期的逐步发展,"十二五"期间,社会主义新农村建设进入加速阶段,全国各个地方开展了"美丽乡村"计划,这是社会主义新农村建设的升级版。比如,河南省许昌市建安区张潘镇借助"美丽乡村"计划,通过市场经济机制引入投资商,打造了一条商业街,提出再造一个新张潘的目标。通过政府引导、市场运转,开发商在进行商业街建设时,规划了干净整洁的农村社区,使有条件的农村居民逐步搬迁到社区居住,同时政府对搬迁任务基本完成的"空心村"进行整治,既解决了农村破败的问题,又促进了经济发展,既整合了资源,又美化了环境,提高了居民的生活水平。"十二五"时期,全国"美丽乡村"计划在很多地方取得了巨大成功,从某种程度上说,"美丽乡村"已经成为社会主义新农村的代名词。

第五节 新型农村社区建设是我国社会主义新农村建设的创新突破

随着我国经济的迅速发展,中国的城镇化率不断提高。数据统计显示,2000年到2010年这十年,我国平均每天有200多个村庄消失,十年时间共消失了90万个村庄。

图2-1显示,11年中,中国的城镇化率逐年提高,越来越多的农民在城镇化的浪潮中走向城市,从农民转变为市民。由于中国实行计划生育政策,每年的人口总量是大致稳定的,城市人口的增加必然意味着农村人口的减少,这仍然是城乡二元结构的一种表现。

中国城乡二元结构的形成源于中华人民共和国成立以后最早实行的城市工业化和农业合作化。改革开放以后相当长一段时间内,由于我们实行的是农业支持工业的做法,经济发展的重心在城市,致使农村居民向城市流动,表现为"离土离乡"的城镇化,这种城镇化造成的后果是农村的"空心化""老龄化"和"留守化"。为解决这个问题,中央提出建设社会主义新农村,以期实现"离土不离乡"的城镇化。但是,社会主义新农村建设无法从实质上改变农村"空心化"日益严重的局面,所以事实上也不能改变城乡二元结构分离的状况,在此背景下新型农村社区应运而生,力

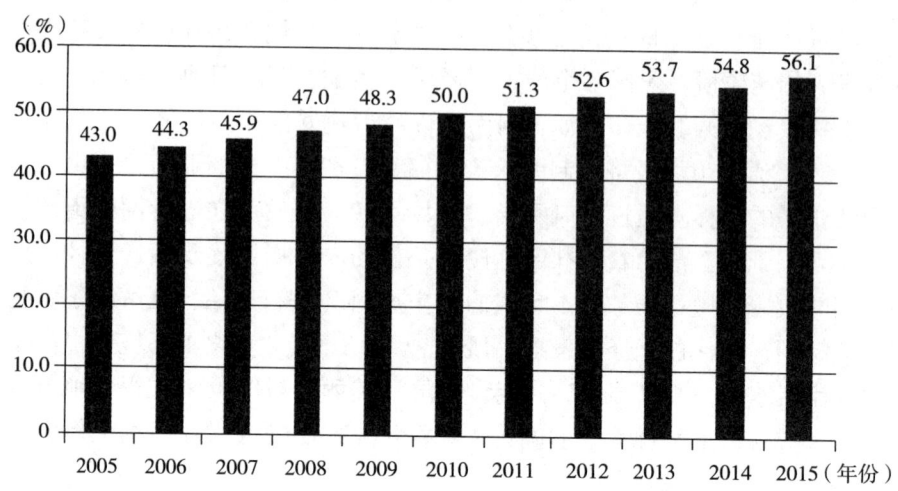

图 2-1　2005~2015 年中国城镇化率变化情况

资料来源：2016 年中国城镇人口比重分析及户籍人口城镇化率预测［EB/OL］．中国产业信息网，www.chyxx.com/industry/201611/466191.html，2016-11-10．

图达到"既不离土，也不离乡"的城镇化。具体说来，新型农村社区的出现是为了解决如下实际问题：

（1）农村人口日益减少，农村老龄化、空心化严重。以河南省许昌市建安区张潘镇为例，据笔者统计，整个张潘镇户籍人口 57645 人，其中在户籍常住地居住的人口有 37656 人，人口空心化率约达到 35%。其中以张潘镇张一村为例，全村共有宅基地 657 处，其中约有 1/3 常年锁门，家中无人，宅基地空心化率达到 30.1%。而且在家中有人的将近 70% 的户籍家庭中，大部分青壮年外出务工，农村中只剩下老年人和青少年儿童，成为留守老人和留守儿童。

（2）农村青壮年劳动力流失严重。在农村，单靠一亩三分地很难创造更多的财富，所以更多的青壮年到城市寻梦，他们经过城市的洗礼，认为城市才是他们的梦想地，农村留给他们的空间太小，所以不愿意回到农村。

（3）农业附加值低，农村落后于城市。我国虽然自古以来重农抑商、以农立国，但是随着工业社会的到来，农村无论是在文化上、教育上都落后于城市。与城市居民在医疗、教育、就业等诸多方面存在的差异，加重了农民逃离农村、逃离农业的想法。

社会主义新农村建设虽然减轻了上述问题，但是没有彻底解决这些问题，而新型农村社区的出现成为解决这些问题的一种新思路。

首先，新型农村社区不仅使居民生活方式发生改变，而且使居民生产方式发生转变。传统农村社区一贯依靠人力进行生产劳动，日出而作、日落而息，而新型农村社区的生产劳动建立在机械化的基础之上。比如，在华北地区，机械化已经基本代替了人工种植，人们种小麦、大豆、玉米等粮食作物都用播种机和收割机，而且农民在机械化收割以后，有专门收储粮食的公司收储，农民不用再为储存粮食发愁，这也为农民安居在新型农村社区提供了条件。

其次，新型农村社区不再是单纯的农业社区，它是工业、农业、第三产业共同发展的社区。部分与农业相关的工业和第三产业为了节省成本，一般都设立在新型农村社区及其附近区域，形成了一条产业链。越来越多的农业劳动者渐渐从土地中解放出来，积极参与到第二、第三产业的发展中去。

最后，新型农村社区是传统农村社区和城市社区的中间状态，它既具有城市社区的特点，也具有农村社区的特点，但不是城市社区的简单复制，也不是农村社区的规模化。2006年党的十六届六中全会曾经提出过"积极推进农村社区建设"的建议，但那时候的社区不是新型农村社区，而是社会主义新农村。新型农村社区虽然脱胎于农村，但在生活形态上高于农村，它不再存在留守老人、留守妇女、留守儿童的问题，即便有的家庭没有青壮年劳动力或者青壮年劳动力在外地工作，新型农村社区也有统一的社会保障机构和服务机构为留守群体服务。

新型农村社区的出现是改革开放以后我国农业文明的又一次伟大创造，它是继家庭联产承包经营责任制后，我国农村自发进行的第二次伟大革命。它代表了中国农村未来发展的方向，是解决城乡二元结构矛盾的必由之路，是当前农村设施城市化、生活服务社区化、生活方式市民化的最佳形式，但是并不代表着它已经一劳永逸地解决了农村问题。

我国乡村的传统已经延续了几千年，乡村中沉淀了非常深厚的文化，如何在发展新型社区的同时，保存乡村中流传已久的非物质文化遗产，是一个非常重要的课题，也是一个非常重大的课题，有待我们去破解。

我国传统乡村中，乡愁情结几乎渗透到每一个人的血液中。无论是达官贵人,还是升斗小民,他们都有"叶落归根""衣锦还乡""光宗耀祖"的思想。古代的封建士大夫卸官后,还会回到自己的家乡居住;当下从乡村走出来的务工人员,成功以后,也不忘记回馈自己的家乡。这种古老的情结也许就寄托在农村的一景一物、一草一木上。在进行新型农村社区建设的过程中,如何能为原有社区居民保留一种心灵寄托,也是我们需要破解的课题。

由于新型农村社区复制了大量城市的东西,必然也会将"城市病"带到新型农村社区。比如,传统农村社区是一个其乐融融的大集体,人与人之间真诚相待。但在城市生活的居民,尽管是邻居,可很少来往。如何将旧有农村的亲情、乡情保留下来,也是我们需要破解的难题。

鉴于此,我们在回顾我国农村的发展历程,审视新型农村社区这样一个新生事物时,就不可避免会提出一个问题:如何对新型农村社区进行有效治理,这也是此书所讨论的核心问题。

第三章　新型农村社区治理研究的实例考察

随着我国城镇化进程的迅速推进，以村落为生产生活共同体的农村社区治理环境受到了前所未有的冲击，从而诱发了许多深层次矛盾。这些矛盾或为显性，如我国传统农村村落的边缘化和空心化；或为隐性，如城乡二元户籍制度给生产生活带来的困难，它们共同给农村社区治理带来了挑战。新型农村社区脱胎于传统农村社区，也必然会面临这些问题，这些问题不解决，将会影响整个新型农村社区的和谐稳定与长远发展，继而影响国家治理体系和治理能力的现代化。本书分别以我国中西部地区新型农村社区为样本来剖析新型农村社区治理这个问题，在中部地区选取的样本是河南省许昌市建安区二郎庙新型农村社区，在西部地区选取的样本是青海省互助县小庄新型农村社区。

在考察中，笔者首先展开实地调研，主要采取面对面访谈和问卷调查的方式进行，对多个新型农村社区所属的县、乡（镇）政府工作人员进行了访谈调查，依据新型农村社区治理理论认真设计了针对新型农村社区居民的抽样调查问卷，并依据不同新型农村社区的基本情况进行了相应调整，重点对选取样本进行了问卷调查。

第一节　河南省许昌市二郎庙新型农村社区案例分析

河南省是我国第一人口大省和第一农业大省，是一个拥有1亿多人口的发展中省份。河南省域面积16.7万平方千米，居全国第17位，GDP总量多年连续居全国第五。总体而言，河南省的发展程度居全国中游，它既不是发达省份，但也不是纯粹意义上的落后省份。因此，选取一个河南省的新型农村社区作为样本，具有研究代表性。许昌市域面积4996平方千米，居河南省18个地市第13位，GDP总量连续多年居河南省第四。总体而言,许昌市的发展程度居河南省中上游。因此,在许昌市选取一个样本,基本上也代表了整个河南省的情况。

近几年来,河南省的新型农村社区建设工作推进很快,几乎每个地市及县区都开展了新型农村社区建设,取得了一系列成果,如新型农村社区彻底改变了农村贫穷、落后的面貌,农民过上了"城里人"的生活;新型农村社区释放了生产力,使经济得到了迅速发展;新型农村社区创造了大量就业岗位,就地转移劳动力,实现了生产发展、农民增收、农村和谐等。但是,由于各方面的原因,新型农村社区建设中也出现了一些问题,其典型表现是,一部分地区在进行新型农村社区建设时贪大求洋,不顾当地经济发展水平盲目推进,占用了大量耕地,浪费了巨额资金,广大农民群众不堪重负。2013年以来,河南省共有1366个新型农村社区停建,直接损失600多亿元。有相当一部分新型农村社区楼房盖了一半就扔下了,有的盖了主体建筑却没有后续建设等,致使惠民工程成为烂尾工程[①],这些现象的大面积出现已引起了各级政府部门和整个社会的重视。据了解,2016年以来,河南省进行了专项安排部署,派出工作组专题研究和处理新型农村社区遗留问题。本书仅以河南省许昌市建安区二郎庙新型农村社区为例,剖析河南省新型农村社区的过去、现在和未来。

一、二郎庙新型农村社区基本情况

二郎庙新型农村社区位于河南省许昌市建安区五女店镇东部,311国道北侧,交通便利,区位优势明显。社区有一定规模的乡镇企业,主要包含机械、铸造、建筑、建材、化工、造纸、塑料、印染及饮食服务等行业,农业生产以小麦、棉花、烟叶为主。二郎庙新型农村社区是以二郎庙行政村(含二郎庙、岗头李、岗头卢、景张四个自然村)为依托,规划整合军王行政村(含军王、前王、河湾刘三个自然村)、大王寨行政村(含大王寨、小王庄两个自然村)、举人卢行政村(含举人卢、周寨两个自然村)、扶桥行政村(含扶桥、大河张两个自然村)共5个行政村13个自然村而建成。整合后社区共有2623户,9586人,其中劳动力4790人,耕地面积10980亩,整合后的新型农村社区占地1849亩。

---

① 新华社.直接损失600多亿元,"惠农工程"成烂尾——河南部分新型农村社区建设调查[EB/OL].[2016-12-29]. http://www.winhuanet.com/politics/2016-12/29/c-1120215918.htm.

2012年3月，二郎庙新型农村社区正式奠基开工建设。社区计划占地面积268.5亩，其中包括社区服务中心、福利中心、卫生服务中心、幼儿园、小学、超市、合寿堂等公建设施，建筑面积为10908.37平方米；社区居民住宅部分一共有31栋（536套）楼房，建筑面积为68106.78平方米；社区商业建筑面积为6185.42平方米，社区建设资金总投资为1.5亿元（其中政府投入建设资金为1.46亿元）。截至2017年3月，二郎庙新型农村社区住宅、公建项目及相应的配套设施工程已基本完工，现已达到入住条件。社区小学、幼儿园、福利中心及卫生服务中心等公共服务设施如今已经投入使用。

本书选取二郎庙新型农村社区为样本，是因为二郎庙新型农村社区有着省、市新型农村社区的"典型代表""示范标杆"等一系列称号，是河南省第一个真正意义上的新型农村社区。社区建立之初的目标就是要成为全市乃至全省新型农村社区的典型代表。但是在社区主体建成之后，出现了两大问题：一是后续资金不足；二是村民不愿搬迁入住，这些问题与矛盾在整个河南省的新型农村社区建设中普遍存在，是一个共性问题。

二、二郎庙新型农村社区治理的基本情况

本次对河南省许昌市建安区二郎庙新型农村社区的调研主要采取访谈和问卷调查两种形式进行，调查对象是许昌市建安区和五女店镇政府参与社区建设与治理的部分工作人员以及二郎庙新型农村社区部分居民，调查内容涉及社区规划、基础设施建设、公共服务设施建设和群众意愿等方面。本次调查共发放调查问卷320份，回收调查问卷293份，其中有效问卷286份。就调查对象的性别比例来看，男性占35.7%，女性占64.3%。为了平衡调查比例，了解不同年龄段居民的不同看法，笔者在年龄结构上对调查对象进行了控制。从调查对象的年龄构成来看，18岁以下占8.4%，19~25岁占14.3%，26~45岁占39.9%，46岁以上占37.4%。从调查对象的文化程度来看，大学及以上占3.5%，高中或中专占11.9%，初中占70.3%，初中以下占14.3%。调研得到的二郎庙新型社区治理的情况汇总如下：

（一）二郎庙新型农村社区建设的原则要求、规划理念和目标任务

二郎庙新型农村社区建设有着明确的原则要求，即扎实有序推进社区建设和治理的重要遵循；有着正确的、合乎实际的规划理念，即扎实有序推进社区建设和治理的努力方向；有着切实可行的目标任务，即扎实有序

打造社区建设和治理的根本保证。

1. 原则要求

根据《中华人民共和国土地管理法》《〈中华人民共和国土地管理法〉实施条例》《河南省农村宅基地用地管理办法》等相关法律法规规定，深入贯彻落实省、市、县关于新型农村社区建设的战略部署，建设集约、节约型新型农村社区，确保居民搬得进、旧房拆得了，切实保障搬迁人的合法权益。结合二郎庙新型农村社区实际情况，二郎庙新型农村社区规划要按照"保粮、兴业、宜居"的整体要求，坚持三项原则：一是坚持"土地节约利用、农业规模经营"的原则，做到保粮；二是坚持"居住适度集中、居民多元就业"的原则，做到兴业；三是坚持"公共服务健全，生活环境改善"的原则，做到宜居。

2. 规划理念

社区规划的基本理念是：打造现代中式建筑风貌，体现中原文化特色，保护原有文化遗址，融入周边生态环境，打造清新农村社区，营造良好生活空间。

3. 目标任务

社区建设的目标任务是：积极促进土地向规模经营集中，转变农民生产方式；促进农民向社区集中，转变农民生活方式，真正使二郎庙新型农村社区成为以城镇化引领、"三化"协调发展的"催化剂、聚合酶"。具体说来，主要包括以下三个方面：

第一，农业现代化得到优化。一是扩大粮食种植面积。社区建成后，整合土地资源，增加种粮面积249亩，增加现代畜牧业面积400亩。二是提高农业生产效率。通过土地流转，农业实现了集约化、规模化经营，科技投入、机械化投入相应增加，生产成本相应降低，据初步估算，新型农村社区建成以后，每亩土地可降低生产成本50元，可增加粮食产出效益100元。三是形成绿色循环经济链条。通过科学合理的产业布局，将畜牧业和绿色蔬菜种植业有机结合，将畜牧产业园产生的动物粪便作为蔬菜种植肥料，蔬菜采摘后，废弃叶茎可作为动物饲料，形成循环经济，提高资源和环境的配置效率。

第二，工业信息化得到支撑。一是复耕后腾出649亩建设用地指标，漂移到县建设区和县产业园区，为工业提供土地资源，尤其是为引进新型信息化工业助力。二是将农村剩余劳动力输出到产业集聚区，为企业提供人力资源保证。

第三,新型城镇化得到提升。一是改善居住条件。社区统一配套水、电、道路等基础设施,成立社区服务中心,建设小学、幼儿园、休闲广场和超市等公共服务设施,改善居民的生活环境,丰富居民的文化生活,使社区居民就近就地实现上学、就业、就医、健身等。二是增加居民收入。将农民就地转化为社区居民并取得恒产、恒业,使居民收入和社会保障水平较以前有较大提高,实现了安居乐业。

(二)按照"五化"标准规划建设社区配套基础设施

基础设施是新型农村社区居民生活的重要基础,基础设施建设水平决定了社区居民生活质量,涉及很多方面。

(1)道路硬化。社区道路路面硬化,社区内主、次道路与311国道及镇道相连,道路通达顺畅,与外部道路连接的主干道6条,路面宽7米,长2967米;次干道9条,路面宽5.5米,长2507米。宅间路面宽4米,长11530米。

(2)环境美化。打造花园式"绿色"社区,社区绿化用地面积为10万平方米,人均公共绿地面积为10.5平方米,绿化率为30%。各类绿化植物配置科学得当,构成乔、灌、花、草、藤复层绿化景观。

(3)生活洁化。二郎庙新型农村社区采用单独集中供水系统(干管D200、支管D100),结合安全饮水工程,设供水机井2眼,日供水能力不低于600吨。排水体系,采用分流制将雨水和污水分开收集,通过雨水管网(干管D500、支管D300)排入社区东小黑河,确保汛期社区无水患。社区居民每日人均用水50~80升,配套日处理污水600吨的污水处理站一处,社区内铺设污水管网(干管D400、支管D300)与污水处理站连接,生活污水处理率达到100%,污水处理产生的污泥定期进行集中处置。社区合理布局公厕3个,安排专人负责保洁和清扫。建设天然气供气体系,以压缩天然气为气源,进行罐装管道供气,努力打造一个生活便利、干净卫生的生活环境。

(4)垃圾"三化"。推行"户分类、村收集、镇转运、县处理"的城乡生活垃圾一体化处理模式,对社区生活垃圾和其他垃圾实行及时、定点收集和处理。

(5)路灯亮化。社区内主要道路及单元楼安装造型美观且节能的照明设施,方便群众夜间出行。

(三) 按照"十有"标准建设公共服务设施

(1) 社区服务中心。社区服务中心具备"一厅、一馆、两栏、四室":"一厅"即政务事务一站式服务大厅;"一馆"即社教馆;"两栏"即党务政务公开栏、社区宣传栏;"四室"即社区管理办公室、党员活动室、警务室、综治调解室等。

(2) 文化服务中心。文化服务中心设在社区服务中心一楼,建筑面积约150平方米,内设图书阅览室40平方米、多功能文体活动室110平方米,为社区居民提供文化娱乐服务。

(3) 学校。社区规划建设小学1所,12个班级,占地面积1.6万平方米,建筑面积3500平方米;幼儿园1所,9个班级,占地面积7500平方米,建筑面积1700平方米,实现全部学龄儿童社区内就学。

(4) 体育健身场。在宅间规划布局7处健身场地,占地面积8500平方米。其中:社区内分布4处健身点,设健身器材36个,乒乓球台6个;规划门球场1个,占地面积500平方米。同时,综合利用学校操场和灯光篮球场作为社区居民健身场地,满足社区居民健身需求。

(5) 网络通信系统。网络通信系统设在社区服务中心内,建筑面积60平方米,实行"三网入户",电话、宽带网络、有线电视入户率达100%,保证社区网络通信畅通。同时,推进信息下乡,依托社教馆、农业科技信息服务室等多种平台,为社区居民提供优质、便捷、高效的信息服务。

(6) 商业设施。社区内规划建设一个300平方米的便民超市(设在社区服务中心一楼),为居民提供日常生活用品服务;一个2000平方米的综合商业中心(设在内置商业范围内),满足社区居民就近购买、出售农副产品的需求。同时,合理配建餐饮服务、邮政、储蓄网点等,满足社区居民日常生产、生活需求。

(7) 社区卫生服务中心。为社区居民提供医疗、防疫、保健等服务。

(8) 五保老人公寓。社区内规划建设老年公寓60套,建筑面积为2400平方米。公寓产权归社区管委会,提供给鳏、寡、孤、独、五保对象使用。

(9) 公交站点。社区主入口东侧设置公交站点,方便社区居民出行。

(10) 合寿堂。合寿堂占地面积为1000平方米,其中公益性建筑面积为400平方米,祭奠场地为600平方米。

(四) 二郎庙新型农村社区用地结构和产业结构情况

1. 社区改造前用地结构和产业结构现状

二郎庙新型农村社区改造前，产业以第一产业为主，耕地总面积达10980亩，其中用于粮食生产的有7880亩，占耕地面积的71.7%；用于养殖业的有100亩，占耕地面积的0.9%；用于花木、林业的有1500亩，占耕地面积的13.7%；用于蔬菜种植的有1500亩，占耕地面积的13.7%。社区建设规划占地500亩。社区建设总建筑面积311821平方米，其中社区住宅面积287580平方米，内置商业面积14241平方米，公共设施建筑面积10000平方米。安置住房设计为多层住宅，其中：4层占80%，3层占20%，可容纳2623户；住宅面积以60平方米、90平方米、120平方米为主，120平方米占60%、90平方米占22%、60平方米占18%。安置房容积率为1.2。

2. 社区改造后的用地结构和产业结构

社区建成后，政府整合土地并重新布局产业。社区改造后腾出土地1349亩，用于发展第三产业700亩，用于发展第一产业649亩，使原耕地面积10980亩增加到11629亩。第一产业布局：高产保粮区用地8129亩，比原有粮食生产用地7880亩增加了249亩；沿311国道两侧和许亳铁路两侧，发展花木产业1500亩；建设现代畜牧产业园500亩（保留原养殖用地100亩，村庄搬迁后利用原村庄土地增加400亩），重点发展绿色蛋禽、肉畜业；围绕现代畜牧产业园，发展蔬菜种植1500亩。

社区耕地通过土地流转转包给公司，社区居民依靠租金获益。三年内社区耕地全部流转给龙头企业。企业与镇政府签订土地流转协议、镇政府与行政村签订土地流转协议、行政村与村民组签订土地流转协议、村民组与群众签订土地流转协议，转包给相关企业，实施规模经营。

(五) 二郎庙新型农村社区就业结构和社区居民收入结构

按照社区产业布局，政府负责对社区居民实施就业上岗培训，让其与企业签订劳动就业合同。根据二郎庙新型农村社区产业现状，镇政府和社区负责引入从事第一产业和第三产业的龙头企业，与企业签订土地流转合同，实施规模经营。社区居民收入来源主要是"三金一补"，即土地流转所得租金、务工所得薪金、土地入股所得股金和国家各项惠农补贴。

(1) 租金测算。二郎庙新型农村社区总耕地11629亩，其中原耕地

10980亩，人均1.15亩，租金归个人所有，村庄腾出土地用于第一产业的649亩，租金归集体所有。年租金1000元/亩，户均年租金收入4186元，人均年租金收入1145元，集体年得租金收入64.9万元。年租金按照协议每三年递增5%，居民年租金收入也随租金每三年增加5%。

（2）股金测算。用于发展第三产业的700亩土地以20万元/亩置换给开发商，共计14000万元。其中，3500万元用于入股以获取股金收益：①2500万元用于建设社区内置商业街。社区内置商业街建筑面积14241平方米，户均商业建筑面积5.4平方米，人均商业面积1.5平方米，设计店铺220个，每个店铺（二层）租金600元/月，社区商业租赁收入约13.2万元/月，年收入158.4万元，户均年股金收入604元，人均年股金收入165元。店铺租金随市场发展及旅游开发逐步提高，居民股金收入也逐步增加。②1000万元用于入股合作企业。股金最低保障以年利率10%计算，年股金收入100万元，1000万元股金本金归社区居民所有，股金收入作为社区集体收入。

（3）薪金测算。常年在外务工有固定职业者，月均收入约2000元，年均收入约24000元；就地务工从事第一产业的农民工，月工资约为1400元，年工资约16800元；第三产业从业人员月工资按市场行情执行，月工资不低于1500元，年工资不低于18000元；第二产业工人月工资约1600元，年工资约19200元。

（4）国家惠农补贴款。居民原有耕地10980亩，种粮补贴18.96元/亩、良种补贴20元/亩、综合补贴78.39元/亩，合计国家惠农补贴117.35元/亩，共得补贴款128.85万元，年户均得补贴款491元，年人均得补贴款134元。

（六）二郎庙新型农村社区建设模式和投入结构

二郎庙新型农村社区建设采取行业支持、市场运作、社会资助、政府奖补、群众自筹等多种模式。二郎庙新型农村社区建设费用共计约36948万元。

（1）住宅建设费用28758万元。住宅建筑面积287580平方米，单价为1000元/平方米。

（2）内置商业建设费用2500万元。内置商业建筑面积14241平方米，单价为1755元/平方米。

（3）基础设施建设费用3900万元。其中：道路、供水、雨水、污水管网 2260 万元；供水站 90 万元；燃气投资 300 万元；绿化、硬化 260 万元；路灯 100 万元；供电 590 万元；污水处理 200 万元；垃圾收集点、公厕 100 万元。

（4）公共服务设施建设费用 1790 万元。其中：社区服务中心投资（含社区文化服务中心）200 万元；健身场投资 30 万元；社区卫生服务中心投资 48 万元；学校、幼儿园投资 628 万元；超市投资 36 万元；通信公司投资 500 万元；五保老人公寓投资 288 万元；合寿堂投资 60 万元；公交站不计入建设费用。

（七）二郎庙新型农村社区社会保障和管理服务规划

社区社会保障和服务原则：社区居民将在享受高于现行农村标准的基础上，逐步实现与城市居民标准一致。村民在入住社区后，各项社会保障继续严格执行新型农村养老保险、新型农村合作医疗政策及社区低保和五保，做到应保尽保；社区建成后，村民全部改为新型农村社区居民；房产证和土地使用权证的发证方式按照《许昌市新型农村社区房屋登记指导意见》执行；教育方面，教师由教育主管部门统一调配，配强配优；社区集体年收入 164.9 万元，此项资金用于补助贫困村民、社区物业等。

（八）二郎庙新型农村社区拆迁安置方案

1. 拆迁安置原则

按照"依法评估、个人自愿、集中管理"的原则，尊重被拆迁农民的意愿并维护其应有合法权益，由第三方对被拆迁房屋进行评估，采取多种方式补偿被拆迁住户，集中安置和实现统一物业管理。

房屋拆迁补偿安置按照"一村一策、一事一议"的原则，由镇政府会同村党支部、村委会共同制定社区拆迁补偿安置实施方案，上报县新型农村社区建设指挥部审核，经批准后组织实施。按照用房急需程度来确定入住新社区名额，无宅基地、现有房屋损坏、急于分户或结婚的优先考虑。

2. 拆迁安置程序

此次拆迁工作由县新型农村社区建设指挥部牵头，组织县住建、国土等部门和镇、村干部，村民代表共同对现有房屋进行丈量、登记、拍照、评估；群众报名确定入住新社区；与村签订预拆协议；签订建房协议的安置户，住房位置根据签订预拆协议、预交定金、拆迁的先后顺序进行挑选；房屋评估价值与社区新建房屋价值相抵后，多退少补；将旧房屋予以拆除，入住新社区。

3. 拆迁安置办法

老房屋的补偿依据评估公司评估的价格进行补偿。评估只对主房、配房、门楼进行评估，其他附属物一律不予评估补偿。评估补偿费用与新建房屋优惠面积费用互抵，多退少补。

安置原则上以现有合法居民一户一宅进行：家中有一个男孩的，随父母安置一套住房；家中有两个及以上男孩的，18周岁以下的只随父母安置一套住房，18周岁以上的可另外安置一套住房；纯女户、独女户可随父母安置一套住房；原籍本村的非农业户，老家有房屋的，其主房、配房、门楼可进行评估补偿，如本人提出申请，只可按成本价购买一套住房，但不享受其他农户享有的免费面积；出嫁闺女无论户口是否在本村一律不享受安置房；未满18周岁的男孩，现有合法宅基地有房的，只按评估价格补偿房屋，待年满18周岁后再进行分房；合法安置对象按村两委测算得出的一个免费安置面积，在群众代表大会通过安置决定后进行安置，超过优惠安置面积部分按市场价补足差额；鳏、寡、孤、独户则按照本人意愿进行妥善安排处理。

(九) 二郎庙新型农村社区组织管理机构

1. 领导机构

成立社区建设指挥部，由镇党委书记担任政委，镇长担任指挥长。

2. 管理机构

社区建立社区党组织，成立二郎庙新型农村社区管理委员会，下属五个居委会，镇党委副书记任管委会书记，原工作区总支书记任管委会主任，原行政村支部书记、村主任任管委会委员；建立社区自治组织，实行社区居民自治；完善新型农村社区服务中心功能，在社区服务中心内部设立文化服务、计划生育、社会保障、治安综治等服务站，为社区居民提供基本政务服务及有关公共服务；加强新型农村社区民间组织建设，成立并发展各类益农、惠农社会组织，积极为社区居民提供服务。

(十) 二郎庙新型农村社区建设政策支撑

按照许昌市委关于政策先行的要求，二郎庙新型农村社区规划和治理严格按照《加快新型农村社区建设的意见》《许昌市建安区"三化"试验区建设实施方案》《许昌市建安区新型农村社区房屋建设标准》《加强新型农村社区质量监管的意见》《许昌市建安区新型农村社区建设资金使用拨付办法》等一系列相关政策，并与相关部门进行对接、讨论，力求使社区建设和治理顺利进行。优惠政策方面，严格落实并执行一系列优惠政策，实行土地增减挂钩政策、资金奖励补助政策、住房产权所有政策、信贷支持帮助政策、社会保障政策等。

三、二郎庙新型农村社区治理存在的问题分析

在社会各界的共同努力下，二郎庙新型农村社区的建设顺利进行，也探索出了一些办法。但是新型农村社区建设是全新事物，还处于摸索阶段，在实施过程中还存在一些问题，如建设资金不足、土地手续不完善、用地规划需要调整、群众购买意愿与群众能够承受的房屋价格之间矛盾突出等。针对这些问题，许昌市建安区五女店镇成立社区遗留问题整改工作领导小组，制定了详细的整改措施进行整改。

1. 二郎庙新型农村社区建设存在的问题

在二郎庙新型农村社区住宅、公建项目及配套工程的建设完工后，各项问题逐渐暴露出来，导致社区建成后入住率不高，社区建设没有达到预期效果。

（1）村民搬迁安置有难度。通过对二郎庙新型农村社区的实地调研发现，社区规划建设之初并没有完全听取村民的意见，村民很少真正参与甚至基本没有参与社区规划建设。社区建成之后，出现了大部分村民不愿意搬迁的情况。为解决这个问题，2014年下半年，五女店镇成立了二郎庙新型农村社区搬迁指挥部，由镇党委书记、镇长亲自带队，抽调镇机关干部中的精干力量，并由全体村组干部参加，进行社区搬迁动员工作。指挥部制定了搬迁方案，先后分别召开了村两委会、村组干部会、党小组长会、全体党员会、群众代表会、群众大会，进行了多轮入户调查走访，弄清了各户人口底数，充分征求了群众意见，确定了老房屋补偿价格，并为各家各户算清了老房屋价款并进行公示。与此同时，还聘请专业咨询公司核算社区新建成房屋的成本价格与市场价格，确定了拟搬迁住宅楼的楼层均价，并以此计算出各家各户拟入住新房屋的价款，弄清新老房屋价值相抵后各户价差，计算到户并入户告知，进而进行了公示，真正做到了户户皆知，人人清楚。但经过耐心细致的工作，仍有90%以上的村民以付款太多

为由不愿搬迁，并且大多数村民表示要想让搬进新房，就不要让村民出钱。

（2）社区建设资金缺口较大。二郎庙新型农村社区计划总投入36948万元，分为一期、二期工程，其中社区一期建设总投资是1.43亿元，许昌市建安区财政已投入资金1.32亿元，下欠资金1133.5万元。建设资金不足严重影响和制约了二郎庙新型农村社区发展，尤其是影响了二郎庙新型农村社区二期工程的建设。二郎庙新型农村社区建设所需的资金量大，仅仅依靠政府投入是不可能完成的，要想保证社区建设和治理正常运转，必须构建多元化的资金筹措渠道，保证所需资金的持续性注入。

（3）土地流转难度较大。将社区土地推向市场这项工作的开展，需要市、县两级政府在土地使用政策及资金方面给予支持。首先，二郎庙新型农村社区土地流转手续不完善，社区占用土地260亩，每亩地以1200斤的当年小麦市场价被政府租用，用地性质属于租地，需要政府前期收储，时机成熟再进行挂牌出让，而未建成社区土地转为基本农田。其次，因社区建设仍有部分工程款未清偿，社区住房推向市场存在一定阻力，在推向市场的过程中，需要市、县两级财政部门给予相应的启动资金支持。

2. 二郎庙新型农村社区采取的整改措施

对于存在的问题，许昌市建安区五女店镇成立了以五女店镇党委书记为组长的新型农村社区遗留问题整改工作领导小组，制定了《二郎庙新型农村社区遗留问题整改方案》，提出了一系列有效整改措施。整改本着让利群众的原则，优先满足村民购买，剩余房屋面向市场处置。领导小组详细制定了社区整改处置办法，明确了购买标准和房屋价格，按照宣传发动、签订意向书、缴纳定金、选房售房等步骤，要求在2017年6月1日前完成对整个社区的整改，2017年6月1日至10月31日完成社区入住管理，招募有资质的物业管理公司入驻，对社区安全、卫生、水电等事项统一管理，为入住社区居民营造温暖、舒适、安全的居住环境。

（1）对社区土地问题的整改。县土地部门按照年度建设用地计划指标，尽快对社区占地按照区片定价进行先期收储，完善相关用地手续，待时机成熟时再挂牌出让。搞好资产评估和工程审计，初步已完成工程审计，下一步将对社区的建设成本、土地收储成本、规划设计成本等进行资产评估，做好社区资产核算工作。

（2）对社区住房的整改。优先用10栋社区住宅楼安置附近快速通道拆迁户。对于剩余的 21 栋住宅楼，在土地收储的同时审定房屋价格，低价销售给群众。优先考虑社区所在村民小组群众的购房意愿，然后考虑社区所在村其他群众的购房意愿，剩余部分面向社会以市场价格进行出售。

（3）对于公建项目部分的整改。在满足政府需求后采取以下方式：在土地出让前，采取租赁模式，根据公建单体项目建筑面积按照有关规定审定出租价格；在土地出让后，采取出售模式，以市场价格核算。

（4）对于用地规划的调整。对社区一期所占用的多余租赁土地进行妥善处置，该复耕的要复耕。

（5）社区整改后获得的资金优先支付下欠建设资金。

3. 二郎庙新型农村社区建设的重要启示

二郎庙新型农村社区在建立之初就拥有省、市新型农村社区"典型代表""示范标杆"等多个光环，但建成之后却面临着诸多遗留问题，这些问题是整个许昌市建安区乃至整个许昌市新型农村社区建设所面临的共性问题，也折射出河南省在整个新型农村社区建设中存在的问题，这些问题让我们得出以下三点重要启示：

（1）要充分发挥乡村精英在新型农村社区治理中的带头作用。乡村精英在长期的生产生活中对乡村做出了一定贡献，得到了村民们的认可与支持，在乡村治理中有着不可忽视的影响力。不管是社区居民的搬迁入住，还是入住后的社区治理，乡村精英都有十分重要的作用。因此，在新型农村社区治理中，要充分发挥他们的影响力，使他们引领全村群众实现党委政府的发展目标。

（2）积极发动群众参与社区建设与治理，维护人民群众根本利益。应采取多种形式激发群众积极性，使他们参与社区建设，推动社区顺利发展。要使群众认识到如果不进行新型农村社区建设，城乡之间在收入和环境等方面将存在巨大差别。在收入上，从 2016 年的数据来看，许昌市城镇居民人均可支配收入 27016 元，而农村居民人均可支配收入仅有 14357 元①。在环境上，当前农村的脏、乱、差问题非常严重，而建成后的新型农村社区整洁美丽。在服务上，当前农村公共服务十分落后，而建成后的社区可实现"十有""五化"，让广大群众不出社区也能享受到完善的公共服务。在文化上，当前农村文化活动少，形式单调，社区建成后，文化设

---

① 相关数据来源于许昌市建安区统计局网站。

施、文化氛围将有很大改观,可以开展丰富多样的文化活动,极大地满足群众对精神文明的需求。

(3)努力增强社区凝聚力,增加社区居民收入。经济发展是新型农村社区的第一要务,产业发展是新型农村社区的必由之路。要千方百计增加居民收入,依靠多种途径努力增强社区凝聚力。如果村民搬进新型农村社区以后,自身的"腰包"没有鼓起来,那么他们仍然会被迫出去打工,社区就会缺乏凝聚力。二郎庙新型农村社区是一个以传统农业为主的社区,更要注意对农业现代化的升级改造,不仅要集约利用土地,而且要不断提高农业科技水平,积极提高农业生产效率,从多方面提高广大农民的人均收入水平。同时,科学布局和发展社区服务业以及生态旅游业,使社区居民能够实现就地就业、就地创业。

第二节 青海省互助县小庄新型农村社区案例分析

小庄新型农村社区位于全国唯一的土族自治县——青海省互助自治县威远镇西部,基于小庄村建成。青海省是我国比较偏远的省份,社区建设相对于东中部地区比较落后,但是小庄新型农村社区的建设却相对比较成功,这是本书选取其作为样本最重要的原因。本书试图通过分析小庄新型农村社区的过去、现在和未来,探索出一条偏远地区建成新型农村社区的新路子。

小庄新型农村社区根据社区实际情况制定了科学规范的社区规划来推动社区的建设和治理,使社区居民的生活水平和经济收入有了很大提高。本书以新型农村社区治理理论和治理指标体系为调研指导思路,在小庄新型农村社区进行了深入、细致的调查分析,探究了小庄新型农村社区在建设和治理过程中所取得的成绩以及存在的一些问题。

一、小庄新型农村社区基本情况

(一)小庄新型农村社区自然条件和发展现状

小庄新型农村社区现有村民161户610人,其中土族人口599人,占全村总人口的98.2%,劳动力367人,耕地782.9亩,人均1.28亩。社区以民俗旅游业为主要产业,全村70%以上的劳动力从事土族民俗旅游经营。2004年,小庄新型农村社区被评为首批全国农业旅游示范点;2014年,小庄新型农村社区被互助县委、县政府命名为"互助县十大最美乡村";2015年,小庄新型农村社区被海东市综治委命名为"十星级平安村"。目前,小庄新型农村社区以民俗旅游服务为主要产业,致力于打造"土族民俗旅游第一村"。

(二)小庄新型农村社区周边设施

小庄新型农村社区不仅区位条件优越,而且是青海省最先建设的20个示范社区之一,内部与外部的硬件基础设施都比较完善,主要表现在以下三个方面。首先,公共服务设施方面。小庄新型农村社区周边中小学、医院、超市、市场等公共服务设施齐全,且与社区间距离均在两公里以内,能较好地为社区居民提供教育、医疗等便捷服务。其次,基础设施方面。彩虹路从社区中部横穿而过,交通便捷,而且给排水管线、电力电信网络等均已接入社区,基础设施比较完善,为社区居民的出行和正常生活提供了良好的保障。最后,产业设施方面。社区周边坐落着众多从事民俗旅游业的村庄及民俗风情园,闻名全国的青稞酒厂位于社区东侧1.2公里处,已形成了初具规模的县城民俗旅游区。

二、小庄新型农村社区治理的基本情况

本书对小庄新型农村社区的调研主要采取面对面访谈、入户访谈及问卷调查的形式,对青海省互助县政府和威远镇政府参与社区建设与治理的部分工作人员、小庄新型农村社区部分居民进行调研,关注了社区规划、基础设施建设、公共服务设施和环境规划等方面,一共发放抽样调查问卷210份,回收问卷196份,其中有效问卷192份。就调查对象的性别比例来看,男的占61.5%,女的占38.5%。为了平衡调查比例,笔者对不同年龄段的人分别展开调查,就调查对象的年龄构成来看,18岁以下的占9.9%,19~25岁的占12.5%,26~45岁的占60.9%,46岁以上的占16.7%。就调查对象的文化程度来看,大学及以上学历的占8.3%,高中或中专学历的占28.2%,初中学历的占40.6%,初中以下学历的占22.9%。调研得到的小庄新型农村社区治理的情况汇总如下:

(一)小庄新型农村社区建设的基本原则和总体目标

1. 基本原则

第一,坚持建设"绿色生态新社区"的原则。充分利用社区的优美自

然环境和完善的基础服务设施，注重社区绿色空间的开发，打造生态环保社区。利用绿化来打造小庄新型农村社区，建设"生态社区"，做好社区环境美化的宣传和引导，建立"绿色、自然、和谐、健康"的新型农村社区。

第二，坚持"以人为本"和自主自愿相结合的原则。社区规划与建设注重人居环境的舒适、安逸，完善的配套服务设施，能够为居民提供一个便捷的环境，有利于社区居民进行生产生活。进行社区规划建设，始终坚持社区居民的主体地位，坚持自主自愿的原则，广泛听取村民意见，尊重村民要求和意愿。

第三，坚持可持续发展与区域协调发展相结合的原则。小庄新型农村社区的发展主要以民俗旅游业为主，规划建设时，注意保护社区的自然生态和人文景观，保存社区传统风俗和非物质文化遗产，节约集约利用土地，做到"统一规划、合理布局、因地制宜、综合开发、有效合理、循序渐进"，使小庄新型农村社区能够可持续发展。

第四，坚持"突出地方民族特色"的原则。注重保护好自然景观和人文景观，保留与发扬以土族风土人情味、土族特色饮食美味、土族村庄韵味等为特征的"小庄味道"，遵从当地传统文化及民风习俗，并与当地经济社会发展的要求相适应，突出社区民族特色。

2. 总体目标

第一，促进社区居民与城市居民生活的同质化。小庄新型农村社区虽然紧邻互助县城，但城乡二元结构的存在，使得社区居民的生产、生活方式与城市居民还存在着不小差距。社区发展必须以提高居民生活水平为目标，引入新的社会生活形态，逐步使社区居民的生产、生活方式与城市接轨，生活水平与城市居民实现同质化。

第二，实现社区民俗旅游业规模化发展。小庄新型农村社区民俗旅游业发展迅速，已经成为小庄新型农村社区居民增收的主要渠道。关键是要引导其向规模化方向发展，并依托旅游业积极发展民族手工艺品加工、观光农业等产业项目，逐步实现产业升级，建立适应小庄新型农村社区的特色产业链，从而增加村民收入。

第三，加强社区特色风貌建设。虽然目前小庄新型农村社区风貌建设已初具规模，但还停留在较低水平，不但影响社区居民的人居环境，还制约着民俗旅游业的进一步发展。在进行社区规划建设时，要以保留历史文脉、村庄特色为要素，注重还原土族原生态民俗、饮食、歌舞及建筑等文化，打造土族文化特色鲜明、景观环境优良的新型农村社区。

第四，完善配套基础设施。小庄新型农村社区在打造新型农村社区的过程中，将基础设施建设看作重中之重。要实现城乡一体化，就必须建立完善的公共服务和基础设施建设体系，完善配套基础设施，提升公共服务水平。

（二）小庄新型农村社区建设的规划范围与规划期限

小庄新型农村社区总面积为86.69公顷，此次详细规划的范围是彩虹路西侧小庄村建设用地及周边耕地，总面积20.89公顷，其中社区建设用地16.43公顷，耕地24.55公顷（见表3-1）。依据《青海省新型农村社区规划建设导则（试行）》，结合小庄村实际，将小庄新型农村社区的规划期限设定为2012~2025年，分为近期规划和远期规划。其中，近期规划期为2012~2015年，远期规划期为2016~2025年，目前近期规划已完成。

表3-1 小庄新型农村社区土地利用汇总表

类别	现状（公顷）	规划（公顷）	调整情况（公顷）
社区建设用地（现状为村庄建设用地）	18.83	16.43	↓2.40
耕地	25.91	24.55	↓1.36
林地	13.97	13.17	↓0.80
未利用地	13.85	0	↓13.85
水域	0.13	0.13	0
养殖用地	0	8.94	↑8.94
征用为城市建设用地	14	23.47	↑9.47
合计	86.69	86.69	—

资料来源：《互助自治县威远镇小庄新型农村社区规划说明书》。

（三）小庄新型农村社区建设定性与规模定位

依据《青海省互助县城市总体规划（2011—2030年）》以及小庄村目前的发展情况来判断，小庄村是基层村，属民俗旅游整治保留村庄，社区功能定位是吃、住、行、游、购、娱一体的土族民俗旅游第一村和土族特色新型农村社区。按照《青海省新型农村社区规划建设导则（试行）》中的分类标准，小庄新型农村社区为Ⅰ类社区。

(四) 小庄新型农村社区土地布局

第一，住宅及民俗旅游业用地。由于民俗旅游业是社区主要产业，十分重要，所以社区把住宅用地与民俗旅游业用地统一布置，把居民住宅建设与农家乐、农家宾馆等旅游服务设施建设相结合，不仅提高了土地利用率，而且增加了社区居民收入。

第二，公共服务设施用地。公共服务设施用地主要有管理服务区、商业区、入口服务区三个集中区。其中，管理服务区位于社区东北侧，集中建设公益性公共服务设施；商业区位于社区中部，以特色旅游商品、绿色农畜产品销售商铺为主；入口服务区主要有餐具消毒公司、农家乐示范户、游客接待站等，为游客提供快捷便利的服务。

第三，道路和广场用地。社区道路形成环状路网，步行道穿插于社区内部，形成便捷的交通网络和步行游线；广场有管理服务区、商业区，用于游客集散、村民休闲、民俗文化演艺等；建设集中停车场4处。

第四，公共绿地。为了提升社区形象，方便游客休憩游览，社区公共绿地呈带状、点状布局。中心公共绿地位于社区中部，由三个小型绿地组成，围绕中心公共绿地形成两个层次的绿化网络。

(五) 小庄新型农村社区住宅及环境规划

1. 住宅规划

由于小庄新型农村社区属于就地改建型新型农村社区，所以社区住宅以庄廓为基本单元进行组合划分。社区住宅规划本着居民自愿的原则，充分考虑到住宅现状、经济条件和可操作性，对社区现有161户住宅采取整治、搬迁重建两种方式进行改造，并新建一小部分庄廓来满足社区居民居住需要。

2. 环境规划

环境规划的目的是形成不同层次、丰富多彩和特色鲜明的景观环境，充分利用当前自然条件和景观资源，通过规划引导和控制，逐步还原传统土族村庄风貌，从而优化人居环境，促进社区民俗旅游业的发展。

首先，建筑风貌规划。目前，社区建筑均为庄廓式①，多数建筑布局方式、建筑形式等与土族传统民居基本相同。近年来通过对村庄的整治，村内建筑布局较为整齐，村庄风貌得到了一定的提升。但随着经济社会的发展，住宅建筑已多为砖混结构，建筑外立面现代感较强，材料、颜色等不统一，同时村庄内部私搭乱建现象仍然存在，严重影响村庄整体风貌。因此要通过新材料、新技术的运用，在保证建筑质量的情况下，逐步恢复传统土族村庄风貌，凸显土族传统民居特色，提高村庄人居环境。

其次，绿化植被规划。采用小叶丁香为社区的特色植被，目前社区内各户庭院中已广泛栽植，群众较为喜爱。其他植被方面，比如乔木可选择榆、松、柏、杨等树种，灌木可选择小檗、茶藨子、蔷薇、山梅花、忍冬、玫瑰等，观赏草本植物可选择芍药、铁线莲、飞廉等。同时社区还应将油菜花、蔬菜等农作物用于宅旁绿化建设中，保留社区的乡村风貌。

最后，环卫规划。社区环卫工作由社区物业管理，垃圾已实现定期收集，集中处理，并由上级城管部门监督。配备密闭式垃圾收集车一辆，垃圾每日统一收集后，运送至东沟塘生活垃圾填埋场集中处理。社区内新建公共厕所3处，均采用水厕。分户发放垃圾收集箱，沿村内主要道路每50米设一果皮箱，其余道路每80米设一果皮箱，果皮箱美观、卫生、耐用，并能防雨、阻燃。

（六）小庄新型农村社区防灾规划

由于社区西侧为山体，存在一定的山洪威胁，所以对西侧山体可能出现的山洪按十年一遇的防洪标准设防。抗震方面，互助县属基本烈度Ⅶ度区，确定社区抗震设防按基本烈度Ⅶ度设防。

（七）社区居民增收与劳动就业规划

小庄新型农村社区现有村民中，18~60周岁的就业人口占总人口的66%；18周岁以下青少年占总人口的25.5%；60周岁以上老人占总人口的8.5%。据估算，至2025年社区青少年人口比例约24%，就业人口比例约

---

① 土族民居以庄廓式为主，每户人家都有一个特定的庭院，庭院四周由土墙包围。土族善于筑墙，围墙都比较高，下部多为毛石砌筑，上部为黄土夯筑，筑成后再用白土草糠和泥抹光，墙面光滑整齐。当地素有"汉人有钱盖房、土人有钱磨墙"之说。院内盖房，可盖两面、三面、四面房不等，每面房多为三间，院角上建有两层瞭望楼，房屋多为土木结构的一至两层建筑。主房的朝向，要按依山傍水的习惯而定，一般坐北朝南。庭院中央一般都立一根嘛呢旗杆，杆上悬挂印有六字真言或平安经的蓝白布经幡，以避邪除灾，保佑全家四季平安。

66%，老年人口比例约10%。以规划期末社区常住人口650人计算，至2025年社区就业人口约430人，纳入社会养老保障的老年人约65人。随着小庄新型农村社区的建设，产业结构的升级和产业集聚式发展，社区内居民的劳动就业趋势为：80%左右的就业人口依然会在社区内从事旅游及其相关产业，15%左右的就业人口外出经商或务工，5%左右的就业人口从事农业种植；无劳动能力老年人享受社会保障。

（八）小庄新型农村社区基础设施和公共服务建设

1. 基础设施建设

第一，社区道路。在现有建设道路的基础上，进一步完善道路规划和建设，社区周边主要城市规划路有彩虹路、城西路，规划范围内城市路长1387米；社区主要道路红线①宽7.0~13.0米，路面宽7.0米，规划范围内主要道路长1200米；社区宅间路红线宽7.0米，路面宽4.0米，规划范围内宅间路长3536米；土鸡生态放养基地及西侧观光农业用地内修建路面宽4.0米的生产性道路，道路长1386米。

第二，农田水利设施。由于小庄新型农村社区属于城郊农业新型农村社区，农田水利设施的建设对于社区居民尤为重要，所以保留双树西渠和西侧山体顶部的灌溉蓄水池，对渠道进行整治疏通，保障农田灌溉需要。

第三，给排水工程规划。社区用水均接自互助县城供水管网，并且采用雨污分流的排水体制，雨水、污水均排入城市雨污水管网。

第四，电力规划。社区东侧入口处有一条高压线路经过，严重影响社区及周边土族风情园的景观环境，近期规划对其进行保留，但远期规划则会整治该高压线路，沿彩虹路地埋敷设。生产区电力线路架空敷设，其余地区在近期规划期架空敷设，在远期规划期地埋敷设。

第五，电信线路规划。电信光缆接自城市光缆，采用地埋敷设。

2. 公共服务设施规划

小庄新型农村社区公共服务设施配建情况如表3-2所示。

---

① 道路红线指的是规划道路的路幅边界线，是划分城市道路用地和城市其他建设用地的分界控制线。有时也把确定沿街建筑位置的一条建筑线谓之红线，即建筑红线。它可与道路红线重合，也可退于道路红线之后，但绝不允许超越道路红线，在红线内不允许建任何永久性建筑。规划道路红线之间的宽度叫做道路红线宽度，它是通行机动车或非机动车和行人交通所需的道路宽度，敷设地下、地上工程管线和城市公用设施所需增加的宽度，种植行道树所需的宽度等道路横断面各组成部分用地的总称。

表 3-2　小庄新型农村社区公共服务设施配建情况

服务区域	设施配建	面积（m²）
管理服务区	社区民俗文化展览室	253
	社区旅游服务中心	117
	物业管理	118
	治安室、监控室、消防室	118
	村民会议室（兼村民就业技能培训室、冬季电影放映室）	243
	居委会	135
	党员活动室	135
	两委办公室	135
	库房	118
	社情民意恳谈室	118
	村民旅游协会	118
	社区幼儿园	455
	文化活动室、老年活动室、图书阅览室	225
	社区卫生室	126
	便民服务中心	153
	就业服务及远程教育室	153
	社区超市	225
商业区	社区特色旅游商品销售	566
	盘绣加工、展示、制作体验、销售中心	342
	社区绿色农畜产品配送、销售中心	324
	库房	108
入口服务区	游客接待站	237
	餐具消毒公司	539
	农家乐示范户	706
其他	酩馏酒加工作坊	174
	公厕	220
合计		6161

资料来源：《互助土族自治县威远镇小庄新型农村社区规划说明书》。

三、小庄新型农村社区布局及民俗特色旅游业发展现状

（1）社区布局结构方面。目前，小庄新型农村社区沿东西向、南北向

两条主要道路布局，呈"T"字形结构。社区中心位于两条轴线的交叉口处，村民的公共活动基本上都在村庄广场。目前存在的主要问题是，由于社区公共服务设施分布分散，未形成一定规模，造成社区中心吸引力较弱，服务能力较差。另外，受布局结构的限制，社区沿彩虹路界面较为封闭，因此景观特色并不突出，对前来观光旅游的游客的吸引力不够，制约了社区民俗旅游业的发展。

（2）社区民俗旅游业发展情况。小庄新型农村社区是一个以土族居民为主体的村落，长期发展形成了具有浓厚民族特色的风俗习惯和文化传统，并且拥有自己独特的语言文化和民居建设风格以及自己的节日——安召纳顿节。社区妇女尤其擅长刺绣，能歌善舞。自1992年发展旅游业以来，小庄新型农村社区充分挖掘和利用特色民俗旅游资源，游客量逐年快速增加。2004年，小庄新型农村社区被评为全国首批农业旅游示范点；2007年，小庄村被互助县政府定为重点发展土族民俗旅游的行政村；2014年，小庄新型农村社区被互助县委、县政府命名为"互助县十大最美乡村"。小庄新型农村社区民俗旅游资源如表3-3所示。

表3-3 小庄新型农村社区民俗旅游资源类型

类型	旅游资源
建筑	传统乡土建筑：土族传统民居
地方旅游商品	菜品饮食：馓子、熬饭等土族特色饮食
	农林畜产品与制品：蔬菜、土猪肉、土鸡等绿色农畜产品
	传统手工产品与工艺品：盘绣等民族手工艺品
民间习俗	地方风俗与民间礼仪：土族婚俗等传统风俗
	民间节庆：安召纳顿节
	民间演艺：土族宴席曲、安召舞等土族歌舞
	民间健身活动与赛事：轮子秋表演
	宗教活动：土族祭祀活动
	饮食习俗：土族饮食习俗
	特色服饰：土族传统服饰

资料来源：笔者根据《旅游资源分类、调查与评价（GB/T 18972-2003）》《互助土族自治县威远镇小庄新型农村社区规划说明书》整理而成。

四、小庄新型农村社区及民俗旅游业存在的主要问题

（1）农村社区发展方面。小庄新型农村社区在取得发展成绩的时候，也存在一些需要改进的地方，主要是封闭发展，区域资源利用不足。一直以来，小庄新型农村社区采用自给自足的发展模式，周边区域广泛存在的土猪肉、土鸡、绿色蔬菜、民族手工艺品等特色资源未得到很好利用，不仅制约了自身发展，而且也无法带动周边区域发展。因此要由独立发展转向带动周边互补发展，积极与周边风情园、民俗旅游村开展项目合作，形成完整的供给、销售体系，将小庄新型农村社区纳入威远镇区域经济发展网络中，使其成为整个产业链条上的重要一环，并充分利用社区的优势条件，带动周边村庄的发展。

（2）民俗旅游业发展方面。目前，民俗旅游业已成为小庄新型农村社区特色优势产业，是互助县具有较强吸引力的民族文化旅游资源。小庄新型农村社区有90个住户从事旅游接待，占到社区总户数的56%。民俗旅游业在很大程度上提高了新型农村社区居民的经济收入，2016年整个小庄新型农村社区经济总收入达到726.52万元，居民人均纯收入达到11285元，全年共接待游客13万人次，但是，也存在以下方面不足。

第一，缺乏特色，经营不具规模化。由于社区风貌及旅游产品仍然缺乏显著特色，宣传力度不够，而且民俗旅游经营户各自为战，经营分散及理念较为落后，所以小庄新型农村社区目前旅游资源开发程度较低，旅游业发展受到限制。因此要积极促进社区旅游业向规模化、规范化经营转变，比如组建社区旅游协会，旅游协会由经营户代表组成，负责社区旅游项目的策划，旅游产品的开发及监督各经营户的卫生、菜品价格等，并根据经营户的旅游服务设施条件评定等级，促进传统农家乐的规范化发展；建设游客服务中心，由游客服务中心统一管理各经营户，形成酒店化的管理模式，为游客提供预订、导游等服务。

第二，产品单一，淡旺季差异明显。社区民俗旅游业以单一的农家乐餐饮服务为主，且受高原气候影响，淡旺季差异明显，多数经营户仅经营半年左右的时间，优势旅游资源未得到充分利用。因此要由单一的餐饮接待向复合型民俗特色旅游转变，围绕传统的农家乐产业积极开展土族传统村落观光、土族手工艺品制作、销售，特色农畜产品销售，土族歌舞演艺，传统风俗体验等旅游项目，同时还应注重冬季特色餐饮等冬季旅游产品的开发，完善旅游服务体系，减小自然条件影响，增加旅游收入，从而促进民俗旅游业的全面发展。

第四章 明确新型农村社区的治理目标

任何治理都是在一定目标指导下进行的，治理就是为了实现一定目标而展开的一系列理性实践活动。任何良好的治理都要有正确的目标指向，确立清晰明确的治理目标是进行新型农村社区治理实践的前提。一般而言，我们可以将新型农村社区治理目标归结为五个方面：提高社区规划水平、发展朝阳绿色产业、打造宜居宜业美丽乡村、促进新型农村社区文明和谐和提升社区居民幸福感。这五大目标相互关联，互为一体，在新型农村社区治理中缺一不可。新型农村社区的科学规划从根本上保证了社区治理的科学性和规范性；发展朝阳绿色产业为新型农村社区的发展提供了经济支撑；努力打造宜居宜业美丽乡村诠释了新型农村社区的发展方向；促进社区文明和谐营造了积极向上的精神面貌；而提升社区居民幸福感则从居民心理感知和精神满足的角度明确了新型农村社区治理的精神指向。

第一节 提高新型农村社区规划水平

规划是新型农村社区建设和治理的龙头，新型农村社区的规划水平决定着新型农村社区建设和治理的整体质量。新农村建设以来特别是新型农村社区出现以后，国家和地方层面都不断对新型农村社区的发展做出制度性安排，形成了以国家政策为引领、地方政策为支撑、标准规范为基础的新型农村社区治理规划框架。近几年来，我国新型城镇化发展的速度非常快，截止到2016年，我国城镇化率已经达到57.35%，但在城镇化迅速推进的同时，普遍存在着注重发展速度，忽视科学规划的现象。由于缺少科学规划，导致有些地方不顾农村发展实际和农民群众意愿，盲目建设、重复建设，按照群众的说法叫"东一耙子、西一扫帚""东一榔头，西一斧子"。新型农村社区规划水平直接影响着新型农村社区治理的绩效，对新型农村社区的发展起着至关重要的作用,因此,我们要坚持社区发展规划优先的原则,把社区治理与文化保护、突出特色紧密结合起来,保证新型农村社区各项功能齐全,建设文明和谐新型农村社区。

一、规划是新型农村社区治理的龙头

2013年12月,中央城镇化工作会议召开,会议着重强调要"科学规划和务实行动"。2016年4月,习近平总书记在安徽凤阳县小岗村调研时,就进一步深化农村改革强调指出:"要规划先行,遵循乡村自身发展规律,补农村短板,扬农村长处,注意乡土味道,保留乡村风貌,留住田园乡愁。"[①] 新型农村社区建设和治理,不能简单地看作大拆大建,一味地让农民全部搬进高楼。

大拆大建大推进不是我们想要的新型城镇化,也不是我们想要的社会主义新农村。一般而言,伴随大拆大建的是新型农村社区建设中规划的缺位。所以,要想实现新型农村社区有效治理,必须重视规划的科学性和可行性,因地制宜地把新型农村社区建设作为破解城乡二元结构的切入点。要加大规划力度,了解群众真实意愿,促进农业集约节约发展;要注重在改变群众生产生活方式的同时,改变群众落后的生活观念,并最终提升其素质;规划要有超前意识,力争一步到位,从长远出发去考虑社区发展的可持续性;要根据当地的经济发展水平因地制宜,合理制定阶段性目标和长远目标。

以青海省互助县小庄新型农村社区为例,社区在建设之初,规划就做得不够到位,笔者调研所得的数据突出反映了这一点,笔者对小庄新型农村社区进行的调研,涉及社区居民对所在新型农村社区整体规划的看法,回收了192份有效问卷。调查结果显示:认为小庄新型农村社区整体规划非常好的有36人,占有效样本的18.8%;认为小庄新型农村社区规划一般的有151人,占有效样本的78.6%;认为小庄新型农村社区规划不好的有5人,占有效样本的2.6%(见图4-1)。

---

① 习近平. 加大推进新形势下农村改革力度,促进农业基础稳固农民安居乐业[N]. 人民日报,2016-04-29(1).

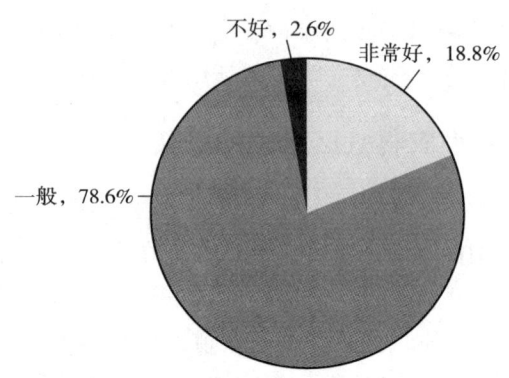

图 4-1 小庄新型农村社区居民对所在社区整体规划的看法

由图 4-1 可知，小庄新型农村社区绝大多数居民对社区的规划不太满意。新型农村社区要始终坚持规划是龙头，坚持规划先行的原则，始终坚持规划在新型农村社区治理中的引领和先导作用，因地制宜，突出特色。在吸取过去小庄新型农村社区发展经验教训的基础上，互助县威远镇政府对小庄新型农村社区重新进行了科学、合理的规划，科学编制了《威远镇小庄新型农村社区规划》《威远镇小庄新型农村社区试点项目可行性研究报告》和《互助县威远镇小庄新型农村社区试点项目实施方案》，有力地推动和促进了小庄新型农村社区的规划和建设。新的社区规划从村民的真正需求出发，项目建设起点高、推进快、思路清、方向明、定位准、成效好。在社区规划的指导下，威远镇政府严格按照统一规划、统一供地、统一标准、统一配套、统一建设、统一管理的"六统一"原则，组织建设了道路、电力、通信、广播电视、供水、排水、供气等基础设施和卫生室、文化广场等公共服务设施；对于村民住宅，按照统一规划、农户自主建设、联户联建的方式，根据农户富裕程度及所处地理位置等，合理确定了建设方式，确保了小庄新型农村社区建设有序、治理高效。

二、新型农村社区规划的基本原则

推进新型农村社区建设是统筹城乡发展、推进城乡一体化的必然选择，而建设新型农村社区的首要前提就是制定科学、合理的社区规划。规划是否合理直接影响整个新型农村社区建设的进程，所以，制定新型农村社区建设规划需要切实把握好以下几个重要原则：

1. 以人为本的原则

习近平同志强调指出："加强和创新社会治理，关键在体制创新，核心是人，只有人与人和谐相处，社会才会安定有序。"① 以人为本是新型农村社区规划应坚持的首要原则，因为新型农村社区是农村居民的生产生活共同体，社区规划就是为了让居民能够享受到更加贴心的基本公共服务，提高社区居民的生活质量。只有"上下同欲"，才能"其利断金"，而"上下同欲"的基本做法就是以人为本。2014年召开的中央农村工作会议提出了"'物的新农村'和'人的新农村'……'物的新农村'指的是农村基础设施，水泥路、砖瓦房、水电煤气等"；而"人的新农村"指的是"建设良好的农村社会事业、提升农村医疗教育等公共服务，最终改善农村人居环境……"② 在这里，"人的新农村"体现的就是以人为本。

目前，我国新型农村社区建设和治理仍处于起步阶段，在认识理念上存在着一定偏差，首先一点就是忽视了以人为本。新型农村社区建设必须尊重人民群众的主体地位，尊重其意愿，而不是简单地追求减少农村人口比例。要注重新型农村社区人文发展、居住环境、社会保障、产业现代化等多个方面的协调发展，从根本上实现由"乡"到"城"的转变与升级，努力做到让农民上楼不失地，就业不离土，安置不离家，就地城镇化，就地市民化，带着薪金当工人，带着土地当市民。

建设新型农村社区是民心工程，要体现民情民意。就当前全国大部分地区的情况来看，新型农村社区建设基本上都是自上而下进行，政府部门在进行规划时，必须充分重视群众诉求，给农民充分的自主权和选择权，农民的事情农民办，引导农民自愿、自觉、积极地投入到社区治理中来。绝对不能只顾速度，把社区建成面子工程，把新型农村社区规划仅仅看作是行政区域的调整变更，而忽视了农民的主观感受和客观需求，以至于忽视了"人的城镇化"。

新型农村社区规划坚持以人为本，就要做到以下方面。

第一，改革当前城乡二元户籍制度。让户籍不再成为农村社区居民的束缚，让搬进新型农村社区的居民能够享受到和城市居民一样的福利待遇。

---

① 习近平. 百舸争流，奋楫者先 [N]. 新京报，2014-03-06.
② 麦婉华. 留住乡愁，乡村价值的重塑与再发现[J]. 小康，2015（4）：17-20.

第二，提供合适的新型农村社区居民就业培训。对于失去土地的农民来说，搬进干净整洁的社区，就成为了无收入的闲人，失去了生活来源必然导致社会矛盾，所以制定社区规划必须要优先考虑居民的就业，保持社区的活力。

第三，逐步建立健全新型农村社区保障体系。我国人口老龄化现象较为严重，农村空巢老人越来越多，进行新型农村社区改造，只有将农村空巢老人纳入社会保障体系中，解决他们老有所养、老有所医的问题，才能更好地推进新型农村社区建设。

第四，尊重民情民愿，因地制宜。社区规划前可以开展社区民意调查，多听听群众的意见和需求，明确什么样的社区才是老百姓心中想要的社区，这样才能更好地进行规划，避免社区建设走弯路。

2. 生态优先的原则

党的十八大报告指出："坚持节约资源和保护环境的基本国策，坚持节约优先。保护优先、自然恢复为主的方针，着力推进绿色发展、循环发展、低碳发展，形成节约资源和保护环境的空间格局、产业结构、生产方式、生活方式，从源头上扭转生态环境恶化趋势，为人民创造良好生产生活环境，为全球生态安全做出贡献。"这是我们在环境生态保护工作中的一个总方针。

按照这个思路，新型农村社区规划也要坚持生态优先。习近平总书记多次强调"生态兴则文明兴，生态衰则文明衰"，认为"走向生态文明新时代，建设美丽中国，是实现中华民族伟大复兴的中国梦的重要内容"。当下，新型农村社区建设作为"中国梦"的重要载体，一定要贯彻生态文明的发展方式，如此才能符合广大人民群众的根本利益。

新型农村社区治理坚持生态优先，就要更加注重生产、生活与生态等"三生空间"的建设，从而使我国农村走上可持续发展道路，使农民群众在物质富裕、生活丰富的同时保持生态良好、环境美化。人类历史发展的经验也表明，以牺牲资源和环境为代价换来的发展是"竭泽而渔"，那么在新型农村社区建设中，以牺牲资源和环境为代价换来的发展也必将会日暮途穷、举步维艰。当下，要实现生态文明的可持续发展必须依靠科技的发展，降低资源损耗，减少环境污染；要积极推广和利用沼气、太阳能、风力发电、秸秆气化等技术，使新型农村社区走上可持续的绿色发展道路。

3. 布局合理的原则

新型农村社区规划要紧紧围绕城乡统筹总体规划，整体考虑社区所有配套设施的衔接。一般而言，新型农村社区会建设在交通便利、与城市能够形成组团发展的地带，对城市进行功能疏解，承接解决"城市病"所进行的产业转移和人口转移。以河南省许昌市建安区为例，2011年许昌市建安区共规划了17个新型农村社区，其中13个新型农村社区建设在新城区及其周边，另外四个新型农村社区远离市区，在这四个新型农村社区中，两个临着311国道，两个临着许昌市建安区新规划的城市快速主干道。

新型农村社区还要考虑社区内的布局。新型农村社区住宅布局规划与楼层数量有密切关系，住宅楼层越多，占用土地就会越少，节地率就会越高；反之，住宅楼层越少，占用土地就会越多，节地率就会越低。笔者在考察时发现，规划较早的社区的楼房一般以四层和六层为主，楼层较少，而近几年随着建筑技术的进步和人们思想观念的变化，新建的新型农村社区的楼房越来越高，楼层越来越多。可楼层数量也并不是越多越好，楼层高了虽然能够节约土地，但是楼层过高会降低居住的舒适度。

新型农村社区规划布局不仅要考虑交通条件和楼层布局，还要考虑与生产生活密切相关的设施配套、环境营造等诸多方面。比如小庄新型农村社区，在2013年至2015年间，由青海省直接进行投资，加上市、县配套资金共3610万元，建成了总面积为1807.8平方米集党员活动室、社情民意恳谈室、文化活动室、老年活动室、图书阅览室、社区卫生室、便民服务中心、物业管理中心、治安室、监控室、消防室、村民会议室、两委办公室、库房、村民旅游协会、社区超市、就业服务及远程教育中心等为一体的社区公共服务中心，同时建成了包含有民俗文化展览室和社区旅游服务中心的民俗文化广场，为社区居民创造了方便、舒适的生活环境。

4. 适度超前的原则

新型农村社区规划一定要适度超前，笔者在调查中了解到，因为规划不够超前，新型农村社区建成几年即落后的例子层出不穷。目前，社区规划制约新型农村社区经济社会发展的问题，已经成为早期所建新型农村社区的一个通病。

规划超前并不是要脱离经济发展，一味贪大求洋，如果社区规划超出了当地的经济发展水平，也会给社区建设与治理带来很大隐患。在笔者调查研究的河南省许昌市建安区新型农村社区中，威远镇二郎庙新型农村社区、苗店新型农村社区以及陈曹乡岗黄新型农村社区等就是因为规划太过超前,超出了群众的承受能力而不被群众认可。

5. 因地制宜的原则

因为每个乡村所处的地理位置不同,环境、资源、经济基础、人口和规模也不相同,所以进行新型农村社区规划要因地制宜,突出特色,量力而行,有计划、有步骤地逐步推进,不能搞"一刀切";要做到因地制宜、分区施策,根据不同社区的不同情况来合理地进行社区规划。从目前全国各地新型农村社区的建设情况来看,我国已大致形成了六种具有特色的社区规划建设模式(见表4-1)。

表 4-1　我国新型农村社区规划建设的主要模式

模式	内涵	特点
城镇开发联建模式	政府主导社区建设,构建自上而下的管理和服务	多分布在人口较密集的邻近省会和直辖市的郊县,多采取"政企合作、市场开发"方式
产业集聚园区带动模式	实行"双区共建",把集聚区内的村庄与园区建设相结合	园区布局与居民生活改善同步进行
以中心村为圆点多村联建模式	以中心村为依托进行统一建设,利用城乡建设用地增减挂钩政策并将周边村庄整体拆除复垦	整合经济强村与周边贫困村,建设新型农村社区
村企共建模式	企业承担社区管理与服务	坚持互惠互利的原则,促使各类企业参与社区建设与管理
移民易地搬迁模式	把散落的村民居住点集中到中心镇,坚持"统一"的原则建设社区	适于较偏远、不宜居住、扶贫搬迁的村落
旧村集聚建设模式	采取多种形式对城郊村和镇街驻地村进行重新规划,拆旧建新吸纳更多居民入住	把新型农村社区建设与村庄整合相结合,做好整体规划

资料来源:任晓莉. 新型农村社区建设中出现的问题与对策探讨[J]. 中州学刊, 2013 (4): 51-54.

三、新型农村社区规划要突出特色

与传统的"无规划、无设计、无基础设施"的村庄建设相比,当下的新型农村社区建设不仅追求农民生活条件的改善,而且追求社区生态环境、自然景观、公共服务、传统文化等因素的完善;既要求社区规划具有时代气息,又要求社区规划体现地方特色。具体说来,一个社区要想在经济社会发展中尽可能地发挥优势,尽可能地保留原有村庄的文化底蕴,就要在规划中体现出自己的特色。

1. 历史文化特色

每一个乡村都会有自己的历史文化,那些积淀已久的历史文化已经成为凝结乡情的文化载体,如果进行新型农村社区建设改造时不顾这些历史文化特色,设计规划时"千村一面",就会在某种程度上割断乡村的文化血脉。

事实上,近年来随着我国新型农村社区的不断扩张,独特的乡村文化的保留状况不容乐观。在2011年9月6日中央文史研究馆召开的座谈会上,国务院参事、文化学者冯骥才大声疾呼:"五千年历史留给后人的千姿百态的古村落,已经到了存亡的紧急关头。"[1] 针对古村落保护问题,冯骥才曾经专门到山东进行调查,按照他的结论,齐鲁大地上现今连一座完整的原真古村落也找不到了。目前,我国具有代表性的民居、经典建筑和古村落等也只剩下不到3000个了。

我国传统的古村落一般都承载着自己的历史文化。2013年7月22日,习近平在湖北鄂州长港镇峒山村考察时指出:"实现城乡一体化,建设美丽乡村……古村落要保护好。"[2] 然而当前,随着我国城镇化的大力推进,我国自然村落消失的速度和数量却是惊人的。这一点可以从建设部的相关统计年鉴和统计公报中看出,笔者收集到了1991年以来比较连贯的数据(见表4-2)。

---

[1] 冯骥才. 古村落不能再毁了,乃中国文化的根系所在[N]. 人民日报(海外版),2011-09-16.

[2] 习近平. 建设美丽乡村不是"涂脂抹粉"[EB/OL]. [2013-07-23]. http://Pohtics People. com. cn/n/2013/0722/c1024-22284047. html.

表 4-2 中国自然村的数量变化

年份	自然村数（万个）	增减数（个）	年份	自然村数（万个）	增减数（个）
1991	376.22	-11000	2002	339.60	-62852
1992	375.45	-7700	2003	—	
1993	372.05	-34000	2004	320.74	-188639
1994	371.29	-7600	2005	313.71	-70215
1995	369.52	-17705	2006	271.07	-426458
1996	367.57	-19505	2007	264.70	-63653
1997	365.93	-16355	2008	266.65	19420
1998	355.77	-101635	2009	271.39	47438
1999	358.99	32185	2010	272.98	15927
2000	353.75	-52410	2011	266.95	-60326
2001	345.89	-78623	2012	266.96	102

资料来源：2005～2012 年的《中国城乡建设统计年鉴》，1996～2001 年、2006～2007 年的《村镇建设统计公报》。

由表 4-2 可以看出，1991～2012 年 22 年间中国农村的自然村数量总计减少了 109.36 万个，仅 21 世纪以来的 2001～2012 年就减少 78.9 万个。据相关学者仔细推算和确证，实际消失的自然村数量远不止这些。根据另外一份数据，1991～2013 年中国减少的自然村数量应该有 140 万～150 万个，减少幅度在 33.3%～35.7%。[1] 以江苏省为例，仅在 2006～2008 年，自然村的数量就从 24.89 万个减少到了 15.94 万个。[2] 长期名列全国"百强县之首"的江苏省昆山市，自 1989 年撤县设市到 2010 年底，消失的自然村数量为 1386 个，占昆山市自然村总数的 61%。昆山市下属的花桥镇，在 1994 年的时候还有 342 个自然村，到 2010 年底只剩下 10 个。[3] 中国自然村落减少的速度、幅度和规模，在整个人类历史上都是空前的，而且我

---

[1] 张玉林.大清场：中国的圈地运动及其与英国的比较[J].中国农业大学学报（社会科学版），2015（1）：19-45.

[2] 徐菊芬.新时期农村居民点建设对城乡空间重构的影响——以江苏省为例[J].江苏城市规划，2011（10）：38-41.

[3] 徐秋明.昆山自然村消失调查——以花桥镇为例[J].江苏地方志，2012（4）：27-29.

们从数据分析中可以看出，减少正在呈加速之势。村庄的大量"消失"和"消亡"使得村庄的历史文化失去了依附的基础，"皮之不存，毛将焉附"？

当然，由落后的农村村居走向新型农村社区是一个必然历史趋势，我们并不是说为了保留古村落，就不要进行新型农村社区改造，而是要强调，进行新型农村社区规划时，一定要充分考虑传统历史文化和特色民俗文化的独特内涵，使新型农村社区保留传统文化底蕴，"留得住乡愁"。有的地方在这方面就做得很好，比如河南省许昌市建安区张潘镇是三国故地，曹操"挟天子以令诸侯"的古城池所在地，毛泽东第一次去北京的时候，路过这里还专门进行过考察。随着新型农村社区的推进，张潘镇也进行了新型农村社区改造，但他们在进行规划设计的时候，突出了"三国"故地的特色，所有沿街门面均采用仿古汉砖设计，保留并扩建了毓秀台、天爷庙等传统文化景点，使现代化村居设计与传统文化结合在一起，成为"美丽乡村"的典型代表。

2. 先进文化特色

文化不仅是一种历史现象，也是一种社会现象，具有时代性。先进文化特色是伴随中华人民共和国的成立，在70年间逐渐形成的。"当代中国先进文化即中国特色社会主义文化，继承了中华民族的优秀文化传统，具有浓郁的民族性的特色；形成于改革开放和社会主义现代化建设的新时期，具有突出的时代性的特色；立足中国而又面向世界，具有鲜明的开放性的特色；始终面向最广大的人民群众，坚持为人民服务的方向，代表了最广大人民群众的根本利益，具有广泛的人民性的特色。"[①] 新型农村社区的发展体现了社会的发展和时代的进步，体现了先进文化特色，也只有将先进文化融入新型农村社区建设中，先进文化才能够得以发扬光大。

笔者在进行调研时，考察了部分具有时代文化气息的新型农村社区，较典型的是河南省临颍县南街村新型农村社区。南街村是一个改革开放以后发展起来的小村庄，他们坚持集体所有制，大力发展集体经济，成为中国最早的红色亿元村之一。南街村在进行新型农村社区规划时，坚持突出毛泽东思想的文化特点，对居民住宅区进行统一设计，走进南街村，随处可见有关毛泽东思想的宣传版画，毛泽东思想的文化气息扑面而来。在村中心，南街村建起了东方红文化广场，占地近万平方米。广场上，毛泽东

---

① 肖贵清. 当代中国先进文化的特色[J]. 石家庄学院学报, 2006 (5): 26-30.

汉白玉雕像高高矗立，40面红旗迎风飘扬，汉白玉毛主席雕像前24小时有民兵站岗值勤。在朝阳门广场上，矗立着雄伟的"朝阳门"城楼，城楼上有孙中山的画像，刻有"天下为公，世界大同"的字句。夜晚，彩灯的光华，使朝阳门广场显得更加雄伟壮观。南街村的红色文化标志，使其成为进行社会主义思想和共产主义理想教育的好场所。

先进文化要素承载的是市场经济大潮下一个单位的软实力，南街村把新型农村社区规划与当代先进文化要素相结合，正是其新型农村社区软实力的体现。这种软实力不仅是生产力，而且也是新型农村社区发展的持久动力。笔者在调研中发现，很多地方在新型农村社区建设中，都充分利用了这种软实力，比如河南省桂村乡水稻杨村，在20世纪60年代涌现出了基层党员干部的代表杨水才，该村在进行新型农村社区规划时体现了杨水才"小车不倒只管推"的精神，其村头的杨水才纪念馆成为当地一个著名的旅游景点；椹涧乡前宋村是河南省基层组织建设"一编三定"工作法的发源地，当地在进行新型农村社区规划时，充分加入基层党建元素，在村里设计了党建文化一条街，在村级活动场所建立了党建文化墙。前宋村虽然在地理位置上是一个偏远落后的小村庄，但是街道整齐划一，村庄干净整洁，文化气息浓厚，村民安居乐业。

3. 自然景观特色

自然景观是大自然留给每个村庄的天然财富，有些自然景观能够形成一个景点，给村庄带来经济效益。但有的自然景观会对人们的生产生活造成障碍。但是无论什么样的自然景观，都承载着一定的精神寄托。著名的建筑设计师俞孔坚说过："祖坟，村头的风水树、风水林、风水池塘，一条小溪，一块界碑，一条栈道，一座龙王庙，都是一家、一族、一村人的精神认同，它们尽管不像官方的、皇家的历史遗产那样宏伟壮丽，也没有得到政府的保护，但这些乡土的、民间的遗产景观，与我们的祖先和先贤的灵魂一起，恰恰是中华民族精神代代相传的基础。"① 然而，我们看到，现代化的推进使新型农村社区规划被"城市特征"同化的同时，也使具有人类传承功能的乡村社会以一种标准化的模式逐渐被"城市特征"抹杀。人类习惯性地用现代文明创造出"千城一面"的城市形象之后，又开始进

---

① 王晓雅. 从英国的田园风光到美国的特色小镇[J]. 决策探索（上半月），2013（2）：18-20.

行"千村一面"的形象设计去改造农村。① 现代化在农村抹杀了传统景观,铲平了沟沟壑壑,以至于今天,"走了一村又一村,村村像城市,走了一城又一城,城城像农村"。在笔者的视野中,社区无一例外地都按照城市的标准来建设,楼房全部采用钢筋混凝土盖得整齐统一,在建筑风格上类似,在设计形象上雷同,缺少地域性特征。在社区内部,相当多的地方"打着土地集约、人口集中、产业集聚的旗号,在自然景观中树立起一座座小型的、微型的钢筋混凝土人工环境。宽阔的主干道,宽敞的街道空间,模式化建设的居住建筑,广场、雕塑甚至喷泉,巨大的城市基本要素以微缩的方式重新出现"②。与此同时,对现有妨碍社区建设的地容地貌一律予以铲除,沟壑填平、古树砍伐,乡村自然景观特色消失殆尽。

自然景观特色是乡村社会的神韵,也应该是重新规划设计的新型农村社区的灵魂,是一个新型农村社区区别于城市、区别于其他新型农村社区的魅力所在。但是,我们所看到的是,在新型农村社区建设中,自然景观特色却首当其冲遭到破坏,被烙上了"城市的人工痕迹"。在我国城镇化速度和城镇化比率数字节节攀升的同时,农村出现了一大批"类城市"的新型农村社区,它们失去了原有的"乡土"气息和自然风貌,而失去的这一点却是不可逆的,这是在新型农村社区规划中过于注重经济效益而忽视了人与自然和谐相处这个社会效益的必然结果。

习近平总书记说:"建设美丽乡村,是要给乡亲们造福……不能大拆大建……即使将来城镇化率达70%以上,还有四五亿人在农村。农村绝不能成为荒芜的农村、留守的农村、记忆中的故园。"③ 新型农村社区规划建设必须彰显自然景观特色,将自然景观与新型农村社区环境融为一体,努力打造"一社区一特色"的新型农村社区面貌。尤其是对于自然景观比较独特的新型农村社区来说,可以依靠社区自然资源,开发特色旅游服务业以及相应的餐饮、住宿、商店、土特产品销售等特色产业,这样不仅保留了当地农村社区的自然景观,而且能够增加社区居民的收入。坚持下来,

---

① 陈萍. 具有中原地域特色的新型农村社区形象设计建设体系战略研究与实证分析[M]. 北京:中国水利水电出版社,2015:32.
② 陈萍. 具有中原地域特色的新型农村社区形象设计建设体系战略研究与实证分析[M]. 北京:中国水利水电出版社,2015:35.
③ 习近平. 建设美丽乡村不是"涂脂抹粉"[EB/OL]. [2013-07-23]. http://Pohtics People. com. cn/n/2013/0722/c1024-22284047. html.

新型农村社区就会形成各不相同的自然景观特色,拥有各自独特的面貌和乡村魅力。

4. 少数民族特色

在新型城镇化进程的不断推进中,"重旅游开发、轻文化保护"的情况非常严重,政绩工程和形象工程使一些具有少数民族特色的古村落、古村寨日渐被破坏。许多传统民居和环境风貌趋于雷同,少数民族文化特色渐渐淡化①。少数民族乡村蕴藏有最为宝贵的、最为值得保留和发扬的民族文化,在少数民族地区建设新型农村社区,必须将这些民族文化凸显出来,通过深入挖掘少数民族特色文化并进行整合开发,进而形成品牌形象,才能构筑少数民族地区特色新型农村社区旅游业的吸引力和核心竞争力,保持少数民族特色新型农村社区旅游业发展原生态活力②。

青海省互助县小庄新型农村社区是一个土族聚居村,土族人口占全村总人口的98.4%,全村95%的劳动力从事旅游接待及相关服务。小庄新型农村社区在进行规划时就较好地突出了少数民族特色,将"建设设施完善的新型社区"与"还原'村庄味道'"两个基本理念有机结合,突出基础设施建设这个重点,在农户房屋建设、社区管理服务中心建设、建筑物风貌改造、村庄整治以及室内外布置等方面突出土族民俗,保留与发扬土族风土人情、土族特色饮食、土族村庄韵味,不仅传承了社区历史文脉,而且凸显了社区特色,使小庄新型农村社区成为一个土族民族特色鲜明、宜居宜商、环境优美的新型农村社区。

四、新型农村社区规划要功能完善

新型农村社区规划建设就是把城市的各种基础设施及配套服务拓展到农村,逐步改善新型农村社区基础设施条件,全面实现公共服务设施城镇化,不断提高社区整体发展水平,使新型农村社区居民生产、生活方式逐步向城市居民转变,生活水平与城市居民同高,新型农村社区居民不用进城就可以享受到现代生活方式和各种服务。总体而言,新型农村社区规划建设要力求社区各项功能完善和齐全,主要包含有以下几个方面:用地规

---

① 刘志宏,李钟国. 新型城镇化进程中少数民族古村寨建设与保护研究——以广西恭城瑶族古村寨为例[C]. 韩国启明大学校产业技术研究所论文报告集,2014.

② 刘志宏,李钟国. 城镇化进程中少数民族特色村寨保护与规划建设研究——以广西少数民族村寨为例[J]. 广西社会科学,2015(9):31-34.

划（产业用地、永久基本农田、其他用地等）、道路规划、住宅规划、基础设施建设规划、公共服务设施规划、环卫规划、能源规划（电力、燃气、热力）、产业规划、防灾规划、生活规划（休闲、娱乐、规划）等，从而保证农民生产和生活的需要。"同时，新型农村社区还将初步实现教育、卫生、文化、体育、科技、法律、计生、就业、社保、社会治安、社会福利等公共服务全覆盖，很多事情群众不出社区就能办好……让农民群众享受与城市同质的、一样的基础设施、公共服务和社会保障待遇。"[1]

当前，虽然一些比较富裕的农村地区，房子盖得很好看、很整齐，但是由于没有进行统一规划，导致城镇公共服务体系无法延伸，天然气、给排水、垃圾处理等诸多配套设施跟不上。

新型农村社区就不一样了，它简直就是一场让农村脱胎换骨的"革命"。新型农村社区规划能够产生集聚规模效应，是我国新型城镇化的战略基点，其实质概括起来就是三句话，即用城镇化的理念来改造农村、用公共服务的均等化来覆盖农村、用现代化的产业体系来支撑农村，这三点保证了新型农村社区建设功能的完善。笔者在河南省许昌市建安区二郎庙新型农村社区进行调研时发现，该社区规划时严格遵照新型工业化、新型城镇化和农业现代化"三化协调"的总体战略，实施"保粮、兴业、宜居"的建设理念，按照"五化""十有"的建筑模式，坚持规划先行。"五化"指的是道路硬化、环境美化、生活洁化、垃圾"三化"、路灯亮化；"十有"指的是公共服务设施规划有社区服务中心、文化服务中心、卫生服务中心、学校幼儿园、体育健身场、网络通信系统、商业设施、老年公寓、公交站点、合寿堂等。

在这个理念指导下，二郎庙新型农村社区规划居民住宅区建筑面积36万平方米，其中住宅33万平方米，内置商业2万平方米，公共建筑1万平方米。居民住宅楼型以"4+1"为主，底部一层为车库储藏室，上面四层为住宅；住宅户型以每人30平方米为基准，分别设计为60平方米两室一厅、90平方米三室一厅、120平方米三室一厅三种。在社区产业支撑上，社区将约1.23万亩土地规划为"五园一基地"，即8000亩高产粮食生产基地，1500亩生态农业园，1500亩花卉苗木园，500亩畜禽养殖园，700亩旅游产业园和130亩农民创业园。在"三化"协调上，以600亩建设用

---

[1] 喻新安，刘道兴. 新型农村社区建设探析[M]. 北京：社会科学文献出版社，2013：180.

地指标和部分富裕产业工人来支援城镇建设和第二产业发展，以土地流转集中连片开发为新型农业现代化提供发展空间。总体而言，二郎庙新型农村社区规划科学、细致、全面，力求保证社区各项功能完善，为社区的发展打下了良好基础。

第二节 发展朝阳绿色产业

进入21世纪以来，新问题、新挑战不断出现，"三农"问题由原来的农业增产、农村稳定和农民增收转变为农业生态安全、农村可持续发展与农民权益保护①，这使我们解决"三农"问题的思路也相应发生变化，其关键是要积极发展农民致富产业，朝阳绿色产业，实现农业的现代化和可持续发展。

一、产业是新型农村社区的根本支撑

马克思曾经指出："现代的历史是乡村城市化，而不像在古代那样，是城市乡村化。"② 近几年来，随着我国新型城镇化进程的不断推进，新型农村社区建设作为新型城镇化的战略基点，在提高农民生活水平、增加农民收入、实现城乡一体化方面发挥了重要作用，让更多的农民在农村就能享受到与城里人一样的待遇。如何让新型农村社区居民像城市社区居民一样生活？如何迅速缩小城乡之间的差距？一个重要的前提就是实现新型农村社区居民就地就近就业，让他们进得来、留得住、能发展、可致富，这就需要积极发展新型农村社区产业，使新型农村社区走上可持续发展道路。

新型农村社区的治理和发展需要有一定的经济基础，经济基础是新型农村社区发展的根本因素，只有新型农村社区经济发展了，其建设和治理才会有物质基础和财力保障，政府部门才会有更多的资金投入到社区公共服务建设和基础设施建设中去，才能优化对新型农村社区的治理，提高其治理水平。增强新型农村社区的经济基础必须依靠产业支撑，"如果一个

---

① 温铁军，孙永生. 世纪之交的两大变化与三农新解[J]. 经济问题探索，2012（9）：10-14.
② 马克思恩格斯全集（第46卷）[M]. 北京：人民出版社，1979：480.

小区的高楼建起来了，而没有特色产业、特色经济作为支撑，那么，这个社区的发展只能是'纸上谈兵'"①。产业不仅是新型农村社区发展的重要支撑，而且还是推进城乡一体化和增进农民收入的重要途径。因此，制定新型农村社区规划必须将新型农村社区治理与产业发展有效结合，使"所有进社区的老百姓，都有就业的门路、就业的渠道、就业的办法、就业的岗位"②。总体而言，"产业的发展是农民社区新生活的可靠物质保障。'新型农村社区'是'壳'，产业发展是'核'"③。农村社区产业的不断发展，不仅能够解决农村剩余劳动力的问题，而且可以让农民成为自食其力的现代化新型农民，实现就地就近就业，实现农业增效、农民增收。

但从目前的情况来看，我国中西部大部分地区新型农村社区的产业支撑比较薄弱，产业发展失衡，新型农村社区发展与治理仍然处于较低水平，没有达到真正的城镇化。要想增强新型农村社区的产业支撑，必须在新型农村建设与治理中发展适度规模经营，兴建特色产业园区、粮食集中生产区，发展一些劳动密集型、无污染增值快的产业。比如，可以依托社区的地理位置和基础条件，建立特色规模化的种植园区、养殖产业基地等；可以划分功能片区，发展蔬菜生产区、水果种植区和一些特色养殖业等。同时，政府要采取措施，出台一些扶持办法积极鼓励农民依托产业打造农业景观，大力开发果蔬采摘、农事体验、乡村休闲、农家餐饮等多种产业，积极创建农民增收的渠道，实现农业生产发展，农民生活宽裕。在产业发展中，要注重搞好农产品的加工、运输、销售"一条龙"服务，提高农产品的附加值。基层政府部门在新型农村社区治理中要发挥指导和服务职能，着力改善社区产业发展环境，提供配套政策措施。同时，还要多方积极筹措资金加大投入，发展和培育农村社区新兴产业，形成渠道多样化、主体多元化的投融资机制。

二、朝阳绿色产业是新型农村社区产业发展方向

传统观念认为，农业生产应注重粮食产量，而不是环境保护和食品安全等问题。这是因为改革开放以前以及改革开放以后的相当长时间内，我国的经济发展水平较低，农业生产以"填饱肚子"为目标，人们不可能追

---

① 喻新安，刘道兴. 新型农村社区建设探析[M]. 北京：社会科学文献出版社，2013：181.
② 洛平. 群众就业是根本——六论强力推进新型农村社区建设[N]. 洛阳日报，2012-03-16.
③ 任晓莉. 新型农村社区建设中出现的问题与对策探讨[J]. 中州学刊，2013（4）：51-54.

求绿色、环保等较高层次的生活标准；而随着现代科技的进步，人们在农业生产中更多地使用了农药、化肥等，再加上一些不法生产商为了牟取暴利，采用技术手段对农产品进行"加工"，导致农产品污染非常严重。这使得绿色朝阳产业作为一个全新产业的重要性日渐凸显。

绿色产业相对于传统农业，具有几个方面的特点：首先，绿色产业是高效产业，而传统农业是低效产业。美国著名经济学家舒尔茨（Theodore W. Schults）认为，传统农业利用手工种植，效率低下，而绿色产业不断将科学技术的最新成果应用于农业之中，不断改进其生产要素的配置，用机械化替代手工劳动，用生物技术代替传统技术，使农业产量大大提高，生产效率不断提升[1]。其次，绿色产业是环保农业，而传统农业已经成为非环保的代名词。当前，"绿色食品""绿色产业"已形成一股潮流，人们已经完全区分了绿色产业和传统产业。在超市里面，有专门的无公害蔬菜区、无农药食品区，这些区域的产品往往比其他区域的同等产品要贵得多；具有一定经济实力的家庭，已经开始追求食用不施加任何化肥、农药的食品；城市周边已经出现了一些绿色庄园，招徕城市居民利用节假日自种自收。这些充分说明，绿色食品的概念已经深入人心，我国传统农业的发展已经到了一个升级换代的阶段。最后，绿色产业是一条产业链，而传统农业没有形成产业链。绿色产业主要指对经济、社会、环境不产生副作用的行业，它可以衍生于农业，也可以源自工业和第三产业，是包含农产品生产、加工、销售以及与其相关的旅游、地产、养老等服务性行业的一条产业链。青海省互助县小庄新型农村社区就致力于发展民俗旅游业，自20世纪80年代中期发展到现在，小庄新型农村社区经济结构中，民俗旅游业收入占全村收入的76%，旅游业作为无污染行业，已经成为了小庄新型农村社区的经济支柱。

新型农村社区发展的关键是优化产业布局，发展朝阳绿色产业。没有朝阳绿色产业的发展，新型农村社区就不可能突出产业优势，在市场竞争中就会面临高生活成本、高经营成本。要想发展朝阳绿色产业，必须从以下几个方面着手：

首先，以土地为依托，以优势农户为载体，集约、节约利用土地，实行科学种养殖，规模化经营、市场化运作，发展现代农业，提高劳动生产

---

[1] [美] 西奥多·W. 舒尔茨. 改造传统农业[M]. 梁小民, 译. 北京：商务印书馆, 2006: 34.

率、土地利用率和资源产出率,确保农民的土地收益,维护农村社会稳定。

其次,以工业园区为依托,以廉价的土地、劳动力为优势,大力发展工业,为农民提供更多的就业岗位,提高农民的收入和集体经济实力。

最后,以社区为依托,大力发展服务业。提供各种优惠措施,激发村民干事创业热情。发展乡村游,农家乐以及为企业、单位、居民生产生活服务的第三产业,以创业带动就业,促进农村第一、第二、第三产业协调发展,做大做强社区产业。[①]

三、发展朝阳绿色产业的核心是发展现代农业

农业是民生之本,对于新型农村社区居民来说,农业在整个产业结构中仍然占有非常重要的地位。"农业生产是新型农村社区建设的前提和基础,离开农业生产的健康发展,农民收入就难以持续增长,新农村社区建设就会成为无源之水、无本之木。要使农业又好又快发展,必须改造传统农业,走现代农业发展之路,大力提高农业综合生产能力,千方百计增加农民收入,夯实新型农村社区建设的经济基础。"[②] 反过来说,新型农村社区发展也对现代农业的发展具有十分重要的作用。新型农村社区不仅改变了传统农业生产周期漫长、生产领域狭窄的状况,而且促进了农业生产向集约型、技术化的转变,使农业生产最终走向市场化。发展新型农村社区就包含要大力发展现代农业,尤其是发展具有规模化、市场化、产业化、信息化特征的特色高效农业、绿色生态农业和节水循环农业。因此,发展新型农村社区需要以发展现代农业为支撑,发展现代农业也需要以发展新型农村社区为引导,从某种意义上说,新型农村社区与现代农业两者是相辅相成的。在新型城镇化进程中,我们必须要树立"现代农业"意识,认识到农业现代化的重要性,在新型农村社区中大力发展现代农业,实现新型农村社区规划与农业发展现代化的有机结合,而这个结合点,就是朝阳绿色产业。

1. 现代农业的主要内涵

现代农业是与传统农业相对应的农业产业,它指的是以现代科技为主

---

① 胡娟.新型农村社区管理的困境与对策[J].人民论坛,2013(A11):229-231.
② 喻新安,刘道兴.新型农村社区建设探析[M].北京:社会科学文献出版社,2013:185.

导,以先进农业技术装备和基础设施为支撑,在市场机制与政府调控的综合作用下,实行集约化生产,集生产、加工、销售为一体,具有多元化、多功能产业形态的社会化服务体系。

柯炳生将现代农业概括为"高投入和高产出"的农业,其中,高产出是目标,产出低的农业是传统农业,不是现代农业;高投入是手段,没有高投入就难以实现高产出。通过高投入和高产出,现代农业就能够保障农产品供给的数量和质量,促进农民收入的增加以及促进生态环境保护和农业自身的可持续发展。[1]

现代农业的核心是科学化,特征是商品化,方向是集约化,目标是产业化。一般具备生产要素投入的集约化、资源配置的市场化、操作的专业化、手段的机械化、过程的标准化、产销的一体化、产品的品牌化、类型的多元化以及服务的社会化等特征。[2] 具体表现为以下几个方面:

一是农业技术的先导性。现代农业一般都采用了农业发展的前沿技术,这些前沿技术能够节约大量的人力物力,能够最大限度地实现机械化,尤其是现代生物技术的发展使现代农业的进步呈现指数级跃进,无论是农产品的数量还是质量都不断得到大幅度提高。

二是农业要素的集约性。现代农业一般都集中了信息、技术、人才、资本、市场等各类生产要素,这些生产要素代表了各自领域的现代化水平和技术水平,集约化程度日益提高。

三是农业功能的多元性。提供食品是农业的传统功能,但现代农业已经不局限于这个功能,它还承担着扩大农民就业、输送新生劳动力等功能,并且随着农业生态的发展,其功能向农产品加工、制药、生物化工、能源、环保、观光、休闲等领域拓展。

四是农业效益的综合性。现代农业具有多方面的功能,已经摆脱了单一农产品产出效益最大化,以综合效益最大化为原则,实现了经济效益、生态效益和社会效益的有机统一。

五是农业产业经营的一体性。现代农业不仅仅是生产,而是生产、加工、销售一条龙,必须摆脱生产思维而转向经营思维,实现科研、生产、加工、运输、销售、消费等产业一体化。

---

[1] 柯炳生.关于加快推进现代农业建设的若干思考[J].农业经济问题,2007(2):18-24.
[2] 邓秀新.现代农业与农业发展[J].华中农业大学学报(社会科学版),2014(1):1-4.

六是农业发展的可持续性。现代农业强调建设资源节约型和环境友好型的农业，发展农业生产已经不再像过去一样依靠增加投入的方式进行，而是转向依靠科技，通过科技创新增强农业的可持续发展能力。①

2. 发展现代农业的路径

2007年的中央一号文件曾明确指出，要发展现代农业，就要"用现代物质条件装备农业，用现代科学技术改造农业，用现代产业体系提升农业，用现代经营形式推进农业，用现代发展理念引领农业，用培养新型农民发展农业"。2015年的中央一号文件再次提出，要"围绕建设现代农业，加快转变农业发展方式……尽快从主要追求产量和依赖资源消耗的粗放经营转到数量质量效益并重、注重提高竞争力、注重农业科技创新、注重可持续的集约发展上来，走产出高效、产品安全、资源节约、环境友好的现代农业发展道路"②。2016年的中央一号文件再次强调，要"持续夯实现代农业基础，提高农业质量效益和竞争力。大力推进农业现代化，必须着力强化物质装备和技术支撑，着力构建现代农业产业体系、生产体系、经营体系，实施藏粮于地、藏粮于技战略，推动粮经饲统筹、农林牧渔结合、种养加一体、一二三产业融合发展，让农业成为充满希望的朝阳产业"③。2017年，中央发布的一号文件的主题是推进农业供给侧结构性改革，主攻方向是提高农业供给质量，明确突出要"强化科技创新驱动，引领现代农业加快发展""整合科技创新资源，完善国家农业科技创新体系和现代农业产业技术体系，建立一批现代农业产业科技创新中心和农业科技创新联盟，推进资源开放共享与服务平台基地建设。加强农业科技基础前沿研究，提升原始创新能力"④。

历年的中央一号文件为我们发展现代农业指明了路径，提出了要求，具体来说，包括以下几个方面：

第一，进行制度创新，实现"三权"分置。目前，我国人均耕地只有0.1公顷，农户户均土地经营规模只有约0.6公顷，而随着现代农业技术

---

① 尹成杰.关于建设中国特色现代农业的思考[J].农业经济问题（月刊），2008（3）：4-10.
② 参见中共中央、国务院2015年2月1日印发的《关于加大改革创新力度 加快农业现代化建设的若干意见》。
③ 参见中共中央、国务院2016年1月27日印发的《关于落实发展新理念 加快农业现代化 实现全面小康目标的若干意见》。
④ 参见2017年2月5日发布的《中共中央 国务院关于深入推进农业供给侧结构性改革 加快培育农业农村发展新动能的若干意见》。

装备的发展,大型农业机械种植不断出现,以家庭联产承包经营责任制为基础的小块土地经营模式已经不适合现代大型农业机械种植的要求,使我国的农业发展再次陷入瓶颈。改变土地权属,会引发我国农村基本土地制度的变革,而不改变土地权属,则会影响生产力的发展,影响新型技术装备的应用。2016年10月,中共中央办公厅、国务院办公厅联合印发《关于完善农村土地所有权承包权经营权分置办法的意见》,明确将土地所有权、承包权和经营权分置并行,这使农民从土地中解放了出来,既有利于明晰土地产权关系,更好地维护农民集体、承包农户、经营主体的权益,又有利于促进土地资源合理利用,构建新型农业经营体系,提高土地产出率、劳动生产率和资源利用率,推动现代农业发展。

第二,实现规模经营,培育龙头企业。土地"三权"分置适应新型农村社区发展需求,因为新型农村社区创建的初衷就是不再将农民捆绑在土地上,而土地"三权"分置恰好从制度上予以了保障,这也为农村实现适度规模经营、培育龙头企业创造了条件。部分拥有土地收益权的农民从土地中解放出来以后,将土地的经营权转让出去,就形成了以农业发展为主业的龙头企业。据2013年的数据,"全国各类龙头企业近12万家,各类农业产业化组织达到30多万个,带动农户1亿多户"①。近年来,随着我国新型农村社区建设的不断推进,农业产业化、集约化的程度不断提高,农业龙头企业的发展呈加速趋势,在农业生产领域发挥着越来越重要的作用。事实证明,发展现代农业必须依靠新型农村社区建设,通过集约节约利用土地,积极改变传统农业发展方式,因地制宜,实现农业规模化经营和发展。

第三,培育经营主体,发展合作组织。改革开放以来,我国农村"空心化""老龄化"问题越来越突出,大量青壮年劳动力纷纷进城务工,"谁来种田"的问题日益突出,而解决这一问题的关键就是培育现代农业经营主体,积极发展农业合作组织。农业合作组织不同于农业经营龙头企业,农业经营龙头企业是将农民的土地经营权买断,而农业合作组织则是"通过股份合作、家庭农场、专业合作等多种形式"②联合经营。农村中的农业合作组织发展很快,据2012年底的一份数据,"全国农民专业合作社达

---

① 钱克明,彭廷军. 关于现代农业经营主体的调研报告[J]. 农业经济问题,2013(6):4-8.
② 唐萍. 城镇化背景下新型农村社区建设的目标诉求与路径探析[J]. 云南行政学院学报,2013(6):65-68.

到68.9万余家,比2011年增长约35%,实有入社农户达到5300多万户,约占全国农户总数的20%"①。这些数据表明,至少在2007年以前,农村中的专业合作组织就已经兴起,成为新型农村社区农业发展的主要力量。建设中国特色现代农业客观要求"把大力发展多种形式的新型农民合作组织放在创新农业经营体系的重要位置。既要把它作为发展集约化、规模化、专业化、标准化的现代农业经营体,以提高农业生产的组织化和社会化程度;又要把它作为国家支持农业发展的重要渠道,使家对农业的投入更多地向具备条件的农民合作组织倾斜,以形成更多有效资产和现实生产力"②。新型农村社区规划建设优化整合了大量社会资源,它培育形成了各类农村合作组织,不仅为现代农业生产提供便捷、高效的政策咨询和生产"一条龙"服务,而且推进了农业生产的现代化进程。

第四,满足资金需求,加大农业投入。长期以来,加大农业投入都停留在文件上,但是近年来,随着我国工业实力的增强,工业帮助农业、城市反哺乡村的时机已经成熟,政府财政在农业上也相应加大了投入,取消农业税、发放种粮补贴和提高国家粮食收购保护价等一系列组合拳代表了21世纪党和政府处理三大产业关系的一个基本态度。

但是,毋庸置疑的是,我国长期形成的城乡二元结构并未完全消除,城乡之间所享有的发展资源之不平衡状态并未完全得到根治,广大农村无论是从发展空间还是从发达程度上与城市相比还有明显差距,农业的发展状况并未得到根本改变,农业的发展基础仍然非常脆弱,所以加大农业投入仍然是当务之急。发展农业生产必须把加大农业投入放在政府公共财政支持的优先位置,其中的重要方面就是要将新型农村社区建设放在政府公共财政支出的优先位置,只有提高农业投入在政府财政支出中的比重,才能促进新型农村社区的稳定持续发展。

第五,注重科技创新,培养农业人才。2013年11月,习近平在山东农业科学院召开座谈会时指出,"农业出路在现代化,农业现代化关键在科技进步。我们必须比以往任何时候都更加重视和依靠农业科技进步,走内涵式发展道路。矛盾和问题是科技创新的导向。要适时调整农业技术进

---

① 钱克明,彭廷军.关于现代农业经营主体的调研报告[J].农业经济问题,2013(6):4-8.
② 陈锡文.加快发展现代农业[J].求是,2013(2):38-40.

步路线，加强农业科技人才队伍建设，培养新型职业农民"①。习近平同志的讲话高屋建瓴，指出了农业发展的根本问题在于科技和人才。但是目前，中国科技进步对农业增长的贡献率为53%②，远低于世界发达国家70%~80%的水平，我国农业科技发展水平的滞后，极大地影响了现代农业的持续稳定发展。所以，我们必须加大农业的科技投入，通过科技的发展引领农业向前发展。

有学者指出，人类进入21世纪以后，农业的发展可以分为前现代农业和后现代农业，前现代农业时期干农业的都是穷人，当下已经进入后现代农业时期，干农业不再是穷人的象征。"后现代农业依靠的是让成百万的农民受良好的教育，得到很好的保健，从事各种不同的工作，参加多样的消遣活动，包括艺术活动……农民的价值应该与教授、医生、官员是一样的。"③这深刻地说明了农业结构正在发生深刻变化。随着农业的发展，科技与人才将成为现代农业的核心支撑，而绿色朝阳产业最终将成为现代农业的发展核心。现代农业的竞争实质上就是现代农业科学技术的竞争，是现代农业创新能力的竞争，也是在科技竞争的背景下朝阳绿色产业之争。在新型城镇化的背景下，大力发展现代农业必须以农业科技创新和培养农业人才为支撑，积极培养朝阳绿色产业。

四、非农绿色产业是朝阳绿色产业的重要组成部分

新型农村社区的发展和治理是"一肩挑两头"，一头连着新型工业化，一头连着新型农业现代化。新型农村社区是新型工业和新型农业的结合状态，所以新型农村社区在积极发展现代农业之外，还应大力培育其他产业，尤其是第三产业，如农业观光休闲旅游业、电商业、养老服务业、仓储业、文化产业、物流业以及低耗能、低排放的工业（绿色加工业、制造业）等。

我国新型城镇化规划要求农村要大力发展劳动密集型产业，实现产业规模化、集约化、特色化和绿色化发展。新型农村社区居民搬进高楼后，

---

① 习近平：手中有粮　心中不慌 [EB/OL]．[2013-11-28]．http：//www.news.163.com/13/1128/18/9EPNTD3C00014JB5.html．
② 我国科技进步对农业增长贡献率已达53% [N]．科技日报，2012-02-28．
③ [澳] 大卫·弗罗伊登博格．中国应走后现代农业之路[J]．周邦宪，译．新华文摘，2009（10）：145-148．

使其没有后顾之忧的有效办法就是实现居民就近就地就业和创业，参与到社区产业链中。在这一方面，青海省互助县小庄新型农村社区的做法就具有典型意义。多年来，小庄新型农村社区以打造"土族民俗旅游文化接待名村"为目标，以创建国家级高原旅游度假区和国家5A级旅游景区工作为重点，坚持把壮大民俗旅游产业、挖掘民俗文化作为特色产业来抓，积极挖掘土族特色饮食，不断利用和丰富安召舞、"轮子秋"①、土族盘绣②为主的土族民俗文化，发展具有民俗特色的"农家乐"旅游接待点，形成了以品尝土族民俗小吃、领略土族传统文化、休闲娱乐为一体的农家乐经营模式。2015年以来，村"两委"班子经过多方协调，成立了旅游协会和社区花绣旅游有限责任公司，定制了民俗特色餐具24000套，走访确定了30户提档升级旅游接待户，不断使民俗旅游业发展走上了规范化的道路。2016年，该社区共接待游客13万人次，经济总收入达726.52万元，居民人均纯收入达1.13万元。其中，旅游收入达到552万元，占全村总收入的76%。

小庄新型农村社区充分发挥旅游协会的作用，多措并举打造"最放心"景区，坚持把旅游景区餐饮服务管理作为打造"最放心"景区的重要内容，规范管理旅游接待户，扎实开展了以流程统一、景点标识统一、接待礼仪统一、歌舞节目统一、工作着装统一、菜品价目统一"六统一"为主要内容的景点提升改造工程，重点对农家院室内、庭院、厨房、厕所等进行了改造，积极开展接待户星级评定，严格落实餐饮服务食品安全责任，进一步加强民俗餐饮管理，配合相关单位，每年对旅游接待户餐具消毒保洁状况，从业人员证照，物资采购渠道，食品加工流程，菜品、传统

---

① 轮子秋是一项土族人集体合作的传统体育运动项目，是融运动和歌舞为一体的土族民间娱乐形式。最早的形式是劳动丰收后，人们利用木车轮绑木梯，两人推动旋转，围观的人载歌载舞，为荡秋者加油、喝彩，木车轮载着荡秋人在空中飞速旋转，并不时做出"寒雀探梅""雄鹰展翅""倒挂金钟""海底捞月""龙凤呈祥""丹凤朝阳""百鸟朝凤"等20多个优美的空中绝技动作，表达喜悦之情。这种运动主要锻炼人的平衡能力、坚强意志和团队合作精神。如今，象征土族人民勤劳、勇敢、智慧结晶的"轮子秋"已被列入第二批国家级非物质文化遗产保护名录。2008年，土族轮子秋表演队参加了北京奥运会开幕式展演，赢得了国内外各界人士的广泛好评。

② 土族刺绣：其刺绣品与土族乡民的生活息息相关，以品种多样、做工精细、构思饱满、朴拙纯厚、色彩艳丽、寓意深厚饮誉四方。颜色以黑、红、蓝三色为主，线有丝线、棉线、铜丝线、金银捻线等，绣法有平绣、盘绣、挂绣、挑绣、堆绣、切针绣、剪贴绣等。其中，盘绣是土族刺绣品中的珍品，常见图案有孔雀戏牡丹、寒雀探梅、太极图、五瓣梅、狮子滚绣球、云纹、指甲纹、菱形、雀儿头等。

手工产品、工艺品物价等进行检查,对存在的问题限期整改,切实保障食品消费安全,进一步完善从业人员服务行为规范、业务培训制度、激励制度和投诉处理制度,营造了安全、放心的旅游餐饮消费环境,推动全村旅游发展迈上新台阶。

培育和扶持特色产业发展,是小庄新型农村社区试点项目建设的重要内容之一,不但考虑了产业链的延伸,而且注意到了产业发展对周边地区的辐射,使本村及周边乡镇 700 余人稳定就业,新发展旅游接待户 30 户,打造较高档次民俗旅游接待示范户 20 户、高档次民俗旅游示范户 1 户;对存在卫生条件差、基础设施不齐全、庭院杂乱、经营档次不高等问题的旅游接待户进行了整改。通过社区和示范户建设,真正把小庄新型农村社区打造成了宜居宜商、环境优美、管理有序、服务完善的农村"社区之家"。

小庄新型农村社区的做法证明,非农产业是朝阳绿色产业的重要组成部分,新型农村社区发展治理的重要内容是优化产业布局,发展非农朝阳绿色产业,实现生产的规模化、专业化和产业化,能增加农民收入,提高农民生活水平。在进行新型农村社区规划建设的时候,应当筹划当地产业结构,注重产业支撑,有目的地培育一批非农新兴产业,这不仅能够拓宽农民就业渠道,还能够解决农民增收难、创业难的问题,从而实现农民就地就近城镇化。

五、建立新型农村社区朝阳绿色产业园区

新型农村社区各类产业发展到一定程度,必然走向规模化和集聚化,形成社区特色产业园区。"特色产业园区是以区域特色产业或优势产业为基础,为适应市场竞争、产业升级和城镇化进程的要求,由各地政府引导和扶持,优势企业为主导,适当集中布局所形成的现代产业分工协作的专业化产业园区。"[①] 在新型农村社区发展与治理中,要着力发展以朝阳绿色产业为主的特色产业园区,以实现新型农村社区的可持续发展。

新型农村社区特色产业园区如何建设,这是每一个新型农村社区都会遇到的问题。在制定新型农村社区产业规划时,要坚持以产业促就业,以产业促发展,根据各个社区不同的区位优势和资源,通过建设产业聚集区、规划农民创业园、发展现代农业、促进土地规模经营等途径,着重发

---

① 刘文俭. 新型农村社区与特色产业园区共建模式研究 [N]. 青岛日报, 2013-06-23.

展不同产业和优势项目。具体说来，有以下三个方面：

一是规划引导，科学谋划。新型农村社区特色产业园区应该是在县级政府的统一安排部署下，由乡镇或街道办负责，结合原有村庄产业，宜农则农，宜工则工，宜商则商，宜游则游，确立主导产业。

二是村企合作，互利共赢。新型农村社区特色产业园区要依托资源优势，采取企业参与、合作共建、直接投资、土地入股等方式进行建设，要区分功能组别，将特色农业园区、工业园区或服务业园区分别合理设置，以最大程度发挥不同园区对经济社会发展的不同作用。

三是转型发展，打造特色。在传统农区，要将结构调整、土地流转、生态旅游等"三篇文章"放在一起做，促进农业"接二连三"。"接二"，就是承接第二产业即工业；"连三"，就是连接第三产业即服务业，让农民转变为农业工人或自主创业者。①

小庄新型农村社区建立之初，就着重打造朝阳绿色产业园区，为其以后民俗旅游业的蓬勃发展奠定了良好基础。小庄新型农村社区产业布局规划遵从《青海省互助县城市总体规划（2011—2030年）》对小庄新型农村社区的布局要求及产业定位，充分利用小庄新型农村社区的优势条件，打造"一心、一环"的产业链条，"一心"即以民俗旅游为核心，"一环"即围绕民俗旅游发展劳务输出，旅游商品加工、销售，观光农业，生态养殖等产业项目，与周边彩虹部落等土族风情园及古城村等其他民俗旅游村合作互补，形成民俗特色旅游服务区、观光农业区、生态养殖区、山地公园观光旅游区共4个产业片区。

民俗特色旅游服务区是社区产业发展的中心，开展农家餐饮、农家宾馆经营，土族特色旅游商品加工、销售，土族风俗体验等项目，总面积16.43公顷。观光农业区分为东西两个部分，东部位于社区建设用地周边，以蔬菜、水果种植为主，开展农作物采摘体验项目；西部位于社区西侧的后山，作为旅游业的辅助区域，保留农田，以种植油菜为主，总面积24.55公顷。生态养殖区在社区西南侧山沟内，利用当前闲置土地，建设土鸡生态放养基地，总面积8.94公顷。山地公园观光旅游区位于社区西侧山体的前山，目前该区域已完成退耕还林，规划将其作为社区旅游业的辅

---

① 于洪光，吕兵兵. 青岛：产业园区支撑农村社区 [EB/OL]. [2015-04-15]. http://finance.china.com.cn/roll/20150415/3058213.shtml.

助区域，提供花儿演艺、登山、休闲健身、摄影等服务，总面积13.17公顷。

二郎庙新型农村社区在制定社区规划时，也充分考虑了依托二郎庙新型农村社区的区位优势和生态旅游资源，通过集约节约用地，调整优化产业结构，着重发展朝阳绿色产业。他们将1.23万亩土地规划为"五园一基地"，即8000亩高产粮食生产基地，1500亩高效、生态、休闲农业园，1500亩现代花卉苗木园，500亩高科技畜禽养殖园，700亩生态旅游度假、老年产业项目园，130亩农民创业园。河南省许昌市建安区苗店社区也有类似做法，他们重点发展第一产业和第二产业，提出农业和工业协调发展。在第一产业方面，他们规划了12000亩现代农业区，1500亩花卉苗木生产区，200亩养殖示范区，1000亩蔬菜种植基地。在第二产业方面，他们规划了800亩工业用地，主要发展包装、粮食加工等劳动密集型产业，可转移劳动力4000余人。

上述三个新型农村社区在设计产业园区时，无一例外地都将产业园区定位于绿色发展、环保发展，采用的划分不同产业园区的方法，不仅仅产生了产业聚集效应，而且避免了不同产业之间的相互影响，这是发展朝阳绿色产业的必由之路。

第三节 打造宜居宜业美丽乡村

宜居宜业是新型农村社区最基本的功能，也是新型农村社区的生命力和活力所在。新型农村社区实现安居的目标，社区居民就能舒适安心地在新型农村社区居住和生活；新型农村社区实现宜业的目标，社区居民才能找到自身存在和发展的价值。新型农村社区在建设时，必须充分考虑社区的自然环境和产业发展等因素，实现社区居民居住安心和满足社区居民就业需要。

一、建设美丽乡村的理论基础

早在中国共产党第十七次全国代表大会的开幕式上，胡锦涛同志代表第十六届中央委员会作报告时就明确提出，要将"建设生态文明"作为全面建设小康社会的新要求，这体现了我们党和政府在新世纪和新阶段，对我国发展中呈现出的一系列阶段性特征的科学判断和对全人类社会发展规律的深刻把握。这个判断和把握将建设生态文明提升到一个新高度，与经济建设、政治建设、文化建设、社会建设共同构成"五位一体"的建设目标。

在建设社会主义生态文明的理论背景下，2012年11月8日，习近平同志在党的十八大报告中首次提出了"美丽中国"的执政理念，强调要把生态文明建设放在突出地位，融入经济、政治、文化、社会建设中。2013年，习近平同志在哈萨克斯坦纳扎尔巴耶夫大学发表演讲时，再一次阐述了他的这个执政理念，强调中国要"把生态环境保护摆在更加突出的位置。我们既要绿水青山，也要金山银山。宁要绿水青山，不要金山银山，而且绿水青山就是金山银山"。

根据党的十八大和习近平同志重要讲话精神，2013年的中央一号文件第一次明确提出了努力建设"美丽乡村"的奋斗目标。紧接着，2013年2月，农业部办公厅发布了《关于开展"美丽乡村"创建活动的意见》，指出：近年来，我国农业乃至农村经济社会发展面临着资源约束趋紧、生态退化严重、环境污染加剧等严峻挑战①，要采取新措施、新方法，大力推进美丽乡村建设，使广大人民群众的生产生活环境得到持续改善。2014年9月，中央城镇化工作会议召开，明确提出当前城镇化建设的要求是："让居民望得见山，看得见水，记得住乡愁。"2015年4月，国家质检总局、国家标准委发布《美丽乡村建设指南》国家标准，明确指出"美丽乡村指经济、政治、文化、社会和生态文明协调发展，规划科学、生产发展、生活宽裕、乡风文明、村容整洁、管理民主、宜居宜业的可持续发展"。质检总局原党组成员、国家标准委主任田世宏说："《美丽乡村建设指南》作为推荐性国家标准，为开展美丽乡村建设提供了框架性、方向性技术指导，使美丽乡村建设有标可依，使乡村资源配置和公共服务有章可循，使美丽乡村建设有据可考。"他认为："标准对乡村个性化发展预留了自由发挥空间，不搞'一刀切'，也不要求齐步走，鼓励各地根据乡村资源禀赋，因地制宜、创新发展。"在2015年10月召开的党的十八届五中全会上，"美丽中国"被纳入"十三五"规划，这也是生态文明建设首次被写入五

---

① 农业部办公厅关于开展"美丽乡村"创建活动的意见[EB/OL]. [2013-02-22]. 中华人民共和国农业部网站，http：//www. jiuhan. moa. gov. cn/zwllm/tzgg/tzgg/iz/201302/t20130222. 3223999. htm.

年规划。

二、美丽乡村建设面临的困难

2014年9月，中央文明办原专职副主任徐令义提到美丽乡村建设的标准，他将美丽乡村的"美"表述为环境美、风尚美、人文美、秩序美、创业美五个方面①，这代表了国家层面对美丽乡村建设目标的解读。然而在当下，中国农村经济社会大发展的同时，一些现象不但不美，而且很丑，如在广大农村地区，空气、土地和水源遭到污染；焚烧秸秆垃圾、污水乱排乱倒等现象屡禁不止，农民的生态意识薄弱、环保意识不强；市场化机制的驱动，使不少村庄日渐荒芜，大量村庄呈现"空心化""老龄化"状态，为了解决这些问题，我国的城镇化发展出现了急于求成的情况，牺牲环境以求发展、不顾实际急速推进的现象日益严重。

河南省是我国的农业大省和人口大省，其发展状况、面临的问题都具有普遍性，可以说，河南省的省情在某种程度上代表了整个中国的国情。因此，河南省建设美丽乡村的规划、设计、实践、成果及遇到的困难不仅对于河南省具有深刻的启示意义，而且对于整个中国的新型城镇化具有深刻的借鉴意义。改革开放40年，河南省的农村经历了一个从出现问题解决问题，到出现新的问题解决新的问题的过程。

美丽乡村建设遇到的首要问题是农村的"空心化"和"空巢化"。由于历史的原因，河南省经济文化都相对比较落后，而其居于中国之"中"，交通方便，这就造成了大量人口"南雁北移"和"孔雀东南飞"，甚至人口西进。河南省北部如安阳、新乡的农民经常北上北京、天津打工；河南省南部如信阳、驻马店的农民习惯于南下广东、福建打工；河南省东部如商丘、周口的农民经常东去上海、浙江、江苏打工；河南省西部地区如洛阳、三门峡的农民习惯于到新疆打工。改革开放以来，外出打工的农民日渐增多，农村只剩下老人和小孩，出现了"留守老人""留守妇女"和"留守儿童"的问题，造成了农村"空心化"。"所谓空心化，是农村人口、经济、社会、文化等多重要素偏离正常轨道的结果，它既是村落要素缺失的综合展现，也是乡村社会生态失衡的具体体现，更是新型城镇化时

---

① 徐令义.建设美丽乡村 扮靓美丽中国［N］.学习时报，2014-09-01.

代乡村变迁的阶段性表征。"① 大批优秀青壮年劳动力"认为在家种田,不如外出挣钱",② 于是他们纷纷涌进城镇,不愿从事农业生产活动,造成了"异地城镇化"。与此同时,农村留下了大量的留守老人、留守妇女、留守儿童。随着我国经济的进一步发展,乡村吸引力日渐消失,大量进城务工的年青一代不愿意再回去,"农村人口外流所形成的空心化现象日渐突出,对农业生产、农村公共服务、村民自治以及乡村社会秩序等产生了消极影响,导致农村社会整体性衰落与凋敝"③。"空心村"现象的日益严重,不仅造成大量土地抛荒、村庄衰败,而且给基层治理和农村和谐稳定带来了新的挑战。

美丽乡村建设面临的最重要问题是如何减少"异地城镇化"、实现农民"就地就近城镇化"。一直以来,城乡二元结构都是我国城乡差距越来越大的根本原因。牺牲农村发展城市、牺牲农业发展工业的发展方式在促进我国工业化迅速发展、城市化迅速推进的同时,也给我国经济社会带来了一系列社会问题。虽然党和政府采取了一系列政策措施来改善这种局面,例如,拓宽农民进城打工的渠道、对农业给予诸多优惠服务等,但是到目前为止,这种城乡二元体制的藩篱并没有根本打破,农村居民与城市居民之间在医疗卫生、福利保障、教育就业等诸多方面存在的制度性、政策性不平等和不公正依然存在。所以,要想在解决农村"空心化""异地城镇化"问题上有质的突破,就必须加快实现城乡一体化发展。

三、建设美丽乡村的基本要素

目前,从河南省的情况来看,新型农村社区建设遇到了一些困难,但这并不是说新型农村社区这条路走错了,而是新型农村社区建设的设计与规划在短时间内超出了经济基础,规划太过超前。如果过几十年我们回过头来看新型农村社区建设,就会发现,新型农村社区必然是美丽乡村建设的发展方向。事实上,美丽乡村建设是新型农村社区的基础,而新型农村社区是美丽乡村的升华。在新型农村社区建设的背景下创建美丽乡村,要牢牢把握以下几个基本要素:

---

① 项继权,王明为. 新型城镇化与乡村治理转型[J]. 求实, 2016 (10): 78-86.
② 张志胜. 土地流转视域下的"空心村"治理[J]. 新视野, 2009 (2): 30-32.
③ 陈家喜,刘王裔. 我国农村空心化的生成形态与治理路径[J]. 中州学刊, 2012 (5): 103-106.

一是生产发展。"仓廪实而知礼节",生产发展是美丽乡村发展的基础,只有生产发展了,生活宽裕了,人民才会有更高的精神需求,美丽乡村就是更高精神需求的表现。另外,建设美丽乡村也能够促进生产发展,新型农村社区这种生产生活方式本身是适应更高生产力需求的,它将更多的农民从土地中解放出来,使农村实现集约化经营,更进一步地促进了生产发展。可以说,在新型农村社区建设背景下,生产发展与美丽乡村建设相辅相成。

二是生活宽裕。生活宽裕是生产发展所带来的一个必然结果。生产的发展必然使农民收入相应提高,在新型农村社区建设背景下,农民收入由单一农业收入转向多元化收入。过去,农民被束缚在土地上,要么千方百计增加粮食产量,要么外出务工挣钱,收入渠道较少,收入水平较低。如今,农民通过流转土地可以获得一份收入,在新型农村社区就近就业又可以获得一份收入,既能像城市工人一样获得工资,还能同时照顾家庭,生活成本低,生活压力小,手头宽裕,实现了安居乐业。

三是乡风文明。美丽乡村不仅表现为生产发展、收入提高等外在美,还表现为内在美,那就是乡风文明。过去,我国广大农村没有文化娱乐设施,人们日出而作、日落而息,劳动之余就是喝酒打牌,赌博闹事,甚至有的地方偷盗成风,斗殴成习。但是在新型农村社区建设背景下,大部分社区都建有娱乐健身设施,人们在工作之余有了更多的选择,易于倡导文明的生活方式。另外,新型农村社区一般都有治安室,有专门人员维护社区秩序,能够对不健康生活方式和不文明生活行为进行制止。

四是村容整洁。"中国要强,农业必须强;中国要美,农村必须美;中国要富,农民必须富"①,这充分说明了农业发展、农民致富与农村美丽是农村发展三位一体的过程。过去的农村根本谈不上村容,垃圾遍地、污水横流,大街小巷都是黄土路,下雨变成"水泥路",晴天变成"扬灰路",即便有个别道路得到了资金支持,修建了柏油路,也往往是没有维护,年久失修,坑坑洼洼。新型农村社区,对大街小巷进行了硬化,对主干道两侧进行了绿化,对社区节点如广场、景观进行了美化,村容村貌得到了根本改变。可以说,新型农村社区的美来自于美丽乡村的打造,来自

---

① 中共中央党史和文献研究院.十八大以来重要文献选编[M].北京:中央文献出版社,2014:658.

于社区的小桥流水人家,来自于社区的青山绿水、蓝天白云、空气清新、地净花美。

五是管理民主。与传统农村相比,新型农村社区的管理方式也发生了巨大变化。传统农村的管理往往是家长制,笔者在调研时发现,个别地方的村党支部书记、村主任常常是"人物头""大家长"。在新型农村社区中,治理主体由一元演变为多元;新型农村社区一般规模较大,上级往往更加关注;新型农村社区人口相对集中,上级也易于加强管理,所以村民自治得到了较好落实,民主管理也会得到较好的拓展。

六是可持续发展。在《自然辩证法》一书中,恩格斯曾经深刻指出:"我们不要过分陶醉于我们人类对自然界的胜利。对于每一次这样的胜利,自然界都对我们进行报复。"习近平总书记也说:"人与自然的关系是人类社会最基本的关系……人与自然是相互依存、相互联系的整体,对自然界不能只讲索取不讲投入、只讲利用不讲建设。保护自然环境就是保护人类,建设生态文明就是造福人类。"① 但是,自20世纪80年代初开始,我国工业化进程不断加快、城镇化进程迅速推进,生态环境问题越来越严重,水污染、空气污染、土壤污染等频频出现。越来越多的人明白,保护环境就是保护生产力,不能以牺牲环境为代价去实现农业和农村的现代化,要走出一条保护生态环境、节约资源的绿色、低碳、循环发展道路。

因此,在新型农村社区建设中,我们只有牢牢树立尊重自然、顺应自然、保护自然的生态文明理念,才能优化人类生存和发展的空间和环境,推进美丽乡村实现可持续发展。

四、新型农村社区是美丽乡村建设取得的初步成就

当前,广大农民群众已经由过去"盼温饱"转变到现在"盼环保",已经由过去"求生存"转变为现在"求生态"②。在此背景下,构建宜居宜业美丽乡村对于推进新型农村社区治理有着十分重要的现实意义。近年来,全国各地纷纷开始开展"美丽乡村"建设活动,探索建设适合自身实际的"美丽乡村"模式(见表4-3),并取得了一些成功经验。

---

①② 习近平系列重要讲话读本:绿水青山就是金山银山[EB/OL].[2014-07-11]. http://opinion.people.com.cn/n/2014/0711/c1003-25271026.html.

表 4-3 中国美丽乡村建设十大模式

模式	乡村特点	集中地区	典型乡村
产业发展型模式	产业优势和特色明显，初步形成"一村一品""一乡一业"	东部沿海等经济相对发达地区	江苏省张家港市南丰镇永联村
生态保护型模式	自然条件优越，具有传统的田园风光和乡村特色	生态优美、环境污染少的地区	浙江省安吉县山川乡高家堂村
城郊集约型模式	经济条件较好，公共设施和基础设施较为完善	大中城市郊区	上海市松江区泖港镇
社会综治型模式	区位条件好，经济基础强，带动作用大，基础设施相对完善	人数较多、规模较大的村镇	吉林省松原市扶余弓棚子镇广发村
文化传承型模式	有优秀民俗文化及非物质文化	具有特殊人文景观，包括古村落、古建筑以及传统文化的地区	河南省洛阳市孟津县平乐镇平乐村
渔业开发型模式	通过发展渔业促进就业，增加渔民收入，渔业在农业产业中占主导地位	沿海和水网的传统渔区	广东省广州市南沙区横沥镇冯马三村
草原牧场型模式	草原畜牧业是牧区经济发展的基础产业	我国牧区半牧区县（旗、市）	内蒙古锡林郭勒盟西乌珠穆沁旗浩勒图高勒镇脑干哈达嘎查
环境整治型模式	农村环境基础设施建设滞后，环境污染问题严重	农村脏乱差问题突出的地区	广西壮族自治区恭城瑶族自治县莲花镇红岩村
休闲旅游型模式	旅游资源丰富，住宿、餐饮、休闲娱乐设施完善	适宜发展乡村旅游的地区	江西省婺源县江湾镇
高效农业型模式	以发展农业作物生产为主，农产品商品化率和农业机械化水平高	我国农业主产区	福建省漳州市平和县三坪村

资料来源：麦婉华. 留住乡愁，乡村价值的重塑与再发现[J]. 小康，2015（4）：17-20.

美丽乡村建设是我国新农村建设的一个方向，要因地制宜，不能盲目地搞"一刀切"。在有产业基础的地方，国家可以扶持产业发展，规划出一定的产业园区，实现"一村一品""一乡一业"；在具备自然条件的地方，国家可以保护生态环境，实行生态搬迁，发展旅游产业；在具有文化传承基础的地方，国家可以抢救性地保护古村落、古建筑，保护文化传承，发展文化产业，并发展文化旅游；在有特色农业的地方，国家可以重点扶持农业产业发展，发展高效农业和种养殖业，形成产业品牌等。

新型农村社区是美丽乡村建设所取得的初步成就，美丽乡村的进一步发展要依靠新型农村社区带动，没有新型农村社区带动的美丽乡村将仍然是低层次的美丽乡村，只有依靠新型农村社区的科学设计、大力推进和勇于实践，美丽乡村建设才可能有质的飞跃。当下，通过新型农村社区建设美丽乡村，有利于在农林牧副渔产品生产基础上发展观光休闲、文化传承等非物质产品生产，拓展农业功能，推进农业供给侧结构性改革；有利于改善农村居住环境、繁荣农村经济，吸引人口、资金流向农村，促进城乡一体化发展；有利于发展新兴业态，增加农民就业机会，拓宽农民增收渠道，建成全面小康社会；有利于科学处理农业农村废弃物，节约农业资源、保护农村生态环境，实现可持续发展。[①]

第四节　促进新型农村社区文明和谐

社区和谐是新型农村社区治理的重要目标，代表着整个社区的精神风貌，是一个社区居民是否幸福的重要条件。在新型农村社区治理中，我们要高度重视和谐、全力营造和谐，采取措施消灭不和谐的音符。

一、构建和谐社区的理论基础

和谐作为一个哲学术语，是反映事物协调、适中、完美的存在状态的范畴。社会和谐是人类的奋斗目标和共同追求，它不仅提倡个人的幸福，更提倡人类的共同幸福，而城乡和谐是社会和谐的重要组成部分，对于构建整个社会的和谐稳定具有非常重要的意义。

---

① 张红宇. 美丽乡村建设要留住乡情乡愁[J]. 人民论坛, 2016 (23): 112.

和谐思想在马克思主义创始人那里有极其重要的地位，它不仅是其思想理论体系的重要范畴，甚至从某种意义上来说是其思想理论的旨归。①马克思、恩格斯在批判空想社会主义时曾经明确主张，"提倡社会和谐"是"他们关于未来社会的积极主张"。按照马克思和恩格斯的思想，未来的和谐社会是"代替那存在着阶级和阶级对立的资产阶级旧社会的，将是这样一个联合体，在那里，每个人的自由发展是一切人自由发展的条件"②，到那时，"人终于成为自己社会的主人，从而也成为自然界的主人，成为自身的主人——自由的人"③。

中国共产党提出"和谐社会"理念是在2002年党的十六大报告中，当时，党把"和谐社会"理念当作我国社会治理的重要目标，它的基本要求是："民主法治、公平正义、诚信友爱、充满活力、安定有序、人与自然和谐相处。"2004年9月党的十六届四中全会上，党再次明确提出，要"坚持最广泛最充分地调动一切积极因素，不断提高构建社会主义和谐社会的能力"。到了2006年10月，中共十六届六中全会审议通过了《中共中央关于构建社会主义和谐社会若干重大问题的决定》，全面深刻地阐明了中国特色社会主义和谐社会的性质和定位、指导思想、目标任务、工作原则和重大部署。2007年10月，党的十七大再次强调了构建社会主义和谐社会的重要性，并对改善民生为重点的社会建设作了全面部署。

我们党提出社会主义和谐社会的理念基于这样一个背景：2003年，随着我国经济社会的迅速发展，中国的人均国内生产总值首次突破1000美元。按照"中等收入陷阱"理论，发展中国家在人均国民生产总值超过1000美元的时候，就会进入一个矛盾凸显期，如果处理好了，经济社会将继续发展，进入一个新的"黄金期"，如果处理不好，经济发展将停滞、社会动荡不安，整个社会甚至会大幅度倒退。我国在新世纪之初也遇到了这样一个矛盾高峰期，经济放缓，失业人口增多，信访稳定态势严重，党提出构建社会主义和谐社会，是基于经济社会发展规律提出的应对之策，对我国政治经济发展具有重大意义。

根据党的十七大报告，我们构建社会主义和谐社会的总体目标是：扩大社会中间阶层，减少低收入和贫困群体，理顺收入分配秩序，严厉打击

---

① 田伟宏.简论马克思的社会和谐思想[J].济南大学学报，2004（1）：16-20.
② 马克思恩格斯选集（第1卷）[M].北京：人民出版社，1995：294.
③ 马克思恩格斯选集（第3卷）[M].北京：人民出版社，1995：760.

腐败和非法致富，加大政府转移支付力度，把扩大就业作为发展的重要目标，努力改善社会关系和劳动关系，正确处理新形势下的各种社会矛盾，建立一个更加幸福、公正、和谐、节约和充满活力的小康社会。

二、构建和谐社区是新型农村社区治理的重要目标

美国政治学者塞缪尔·亨廷顿指出："在传统社会和现代化初期，稳定的基础在于农村。"[①] 农业是我国的基础性产业，农村是我国地域最多的地方，而农民是我国人数最广大的群体，农业安则国安，农民富则国富。在社会的转型期，我国农村经济社会发展面临的挑战来源于经济发展给整个经济社会所带来的深刻变革。

改革开放后，随着经济社会的发展，由城乡二元结构张力的释放所引起的各种矛盾和问题逐渐进入一个高发期。我国城市和乡村之间的贫富差距将整个社会撕裂为两个群体，城市对乡村所具有的虹吸效应使矛盾持续积累，在我国政治经济文化等各个方面表现得越来越明显，尤其是在广大农村地区，新旧观念之间的冲突更是激烈，利益矛盾也更加尖锐，这些情况给构建文明和谐的新型农村社区及实现新型农村社区有序治理带来了很大的挑战。

面对日益激化的矛盾，构建和谐社会将成为我们的必然选择。构建和谐社会是中国特色社会主义的基本特征，新型农村社区治理最终也必将以和谐为目标。我国的新型农村社区要么是从原先的村居直接转换而来，要么是采用合村并居的方式，由诸多不同社会关系和元素构成，那么，如何协调统一他们之间的利益关系，是促进社区文明和谐的重中之重。当下，新型农村社区的文明和谐对于实现我国社会主义和谐社会全面发展具有重要意义。我国新型农村社区的文明和谐呈现的一般特征有以下几点：邻里友善、家庭和睦、关爱感恩、孝老爱亲、文明礼貌、扶危救困、低碳生活等。这种文明和谐新型农村社区是以和谐为内在要求和本质特征的新型社区，是一种处于和睦团结、协调融洽状态下的居民社会生活共同体，它注重社区成员之间的和睦相处、团结互助、协调融洽。文明和谐新型农村社区通过自我管理、自我教育、自我服务、自我监督的组织体系，通过民主

---

① [美] 塞缪尔·亨廷顿. 变化社会中的政治秩序[M]. 北京：生活·读书·新知三联书店，1989：267.

决策的方式形成组织机构、组织制度、社区领导,以民主自治为主要特征,社区成员自觉自愿地参与社区管理,概括起来就是人与人和谐、人与组织和谐、人与环境和谐。①

三、构建文明和谐新型农村社区的途径

新型农村社区规划不仅使农村面貌和卫生环境发生了巨大变化,而且使农村基层管理方式发生了变化,越来越注重社区居民的精神生活需求,注重社区的内涵式发展,不断促进农村社区文明和谐。但是当下,我国广大农村地区仍存在着一些不良风气、"黄、赌、毒"、封建迷信等社会丑恶现象,非法宗教活动等严重干扰了我国农村地区的改革、发展和稳定。因此,在新形势下,如何构建文明和谐的新型农村社区是我们面临的一项艰巨任务。

第一,要构建文明和谐的新型农村社区,就要大力加强社区民生工程的建设。政府部门要积极转变政府职能,构建服务型政府,注重民生工程,尤其是要在社区内配套建设学校、医院及文化体育设施,让社区居民老有所养、学有所教、住有所居、业有所就、乐有所娱,提高居民生活质量和水平。另外,还要提升社区基础设施建设和公共服务水平,满足社区居民不同层次的需求。

第二,要构建文明和谐的新型农村社区,就要构建新型农村社区积极向上的人际关系。首先,要善于发现社区先进典型,比如开展评选表彰好媳妇、好公婆活动,通过宣传"平凡好人"激发社区居民的道德热情,增强社区的文化凝聚力。其次,要做好对先进典型代表的大力宣传,比如利用多媒体、广播以及微信、微博、微电影等多种方式宣传身边的好人好事等,或采用农民群众喜闻乐见的方式进行宣传,使村民重拾忠孝文化、贵和理念、义利观念等。

第三,要构建文明和谐的新型农村社区,就要经常性地开展社会主义理想信念教育。思想是灵魂的向导,小到一个社区,大到一个社会,如果没有思想引导,必将迷失方向,最终在寻找幸福的道路上误入歧途。中国特色社会主义道路是我们今天幸福生活的来源,习近平总书记的一系列重要讲话是中国特色社会主义道路的最新表述,我们要学习习近平总书记系

---

① 李飞星,陈万灵. 新农村建设目标在于农村社区和谐[J]. 南方农村,2008 (3):24-26.

列重要讲话精神，了解当前国家发展形势和农村发展形势，利用社区宣传栏、社区居民代表大会等渠道进行宣传教育，真正从灵魂深处触及，起到思想教育的作用。

第四，要构建文明和谐的新型农村社区，就要经常性地举办特色文化活动。广大农村地区有源远流长的传统文化和传统习俗，要利用节日、假日、传统庙会举办社火、戏剧、广场舞、体育赛事等，吸引广大社区居民参与其中，这不仅能够丰富居民的文化生活，而且能够传承当地文化。

第五，要构建文明和谐的新型农村社区，就要大力治理黄、赌、毒及封建迷信等丑恶现象。黄、赌、毒及封建迷信使许多家庭发生了惨剧，是新型农村社区不和谐根源之一，要对它们始终保持高压态势，坚决依法查处封建迷信、不法宗教等黑恶势力的活动，更要严防和打击某些敌对势力利用农村进行所谓的"松土运动"，创造良好的新型农村社区文化环境，切实维护新型农村社区的和谐稳定。

第六，要构建文明和谐的新型农村社区，还要积极培育社区居民的认同感和归属感。"从社区重建与发展的角度看，乡村社区发展的目标主要在人，在于人精神层面的满意度、归属感、凝聚力。"[①] 农民的收入不仅包括经济收入的增加，还包括精神收入的获得，社区居民在新型农村社区进行生产生活，他们也需要一种参与感。社区可引导居民通过多种方式参与新型农村社区的直接治理，使居民不仅能表达自己的利益诉求，而且能从中得到自我满足和认可，有利于培育社区居民的归属感和认同感。

第五节　提升新型农村社区居民幸福感

所谓幸福感，是指"个体按照自己的标准对其生活质量进行情感性和认知性评价的一种心理感受"[②]，"包括三方面的内容：一是主观幸福感，主要包括幸福快乐及满意感，其可能会受个人年龄、性别、宗教等自身因素影响；二是心理幸福感，主要包括自尊、乐观、精神健康等方面，受个人性格影响；三是社会幸福感，主要包括社会接纳、社会实现等，主要受

[①] 甘信奎. 新农村社区建设模式及政策推进[J]. 江汉论坛，2009（2）：134-137.
[②] Diener E. Subjective Well-Being [J]. Psychology Bulletin, 1984（3）：542-575.

社会生活环境等方面的影响"①。新型农村社区居民的幸福感是居民对社区生产生活进行的总体性判断，不仅受到经济收入、福利保障、生活环境等方面的影响，还会受到身份认同、价值认同、人际关系、精神因素等方面的影响。新型农村社区在很大程度上改变了农民原先的生产生活方式，集居的生活空间、社会交往受到的限制慢慢开始改变原先那种浓浓的乡情和邻里关系，引起社区居民心理上的不适应和失落感，所以，建设新型农村社区的一个关键在于提升新型农村社区居民的幸福感。

一、提高社区居民收入是根本保障

一直以来，我国都是一个农业大国，"三农"问题一直是全党工作的重中之重，而在"三农"问题中，农民的经济收入问题是解决其他问题的根本和关键。对于新型农村社区居民来说，影响其幸福感的首要因素就是经济收入的多少。从图4-2、图4-3可以看出，2010~2015年我国城乡居民之间的收入差距越来越大。

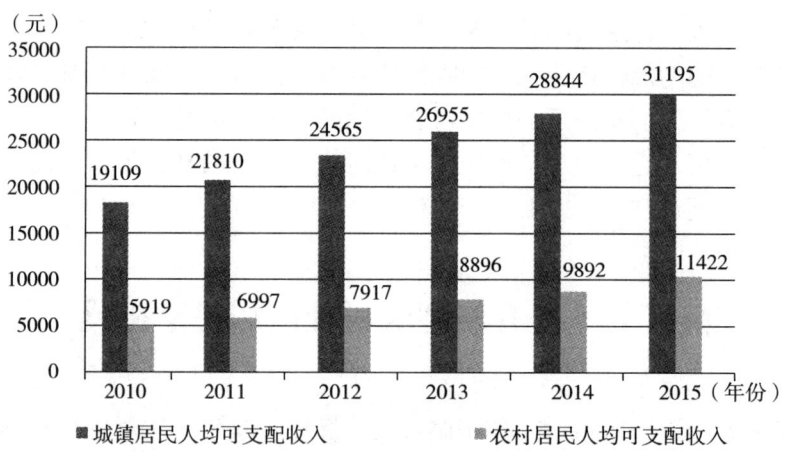

图4-2　2010~2015年中国城乡居民人均可支配收入情况

资料来源：2016年中国GDP、恩格尔系数、城镇化率及居民可支配收入分析［EB/OL］.［2016-09-05］. http：//www.chyxx.com/industy/201609/445170.html.

---

① "居民幸福感研究"课题组. 居民幸福感影响因素及提升途径研究［J］. 中国井冈山干部学院学报，2014（3）：114-120.

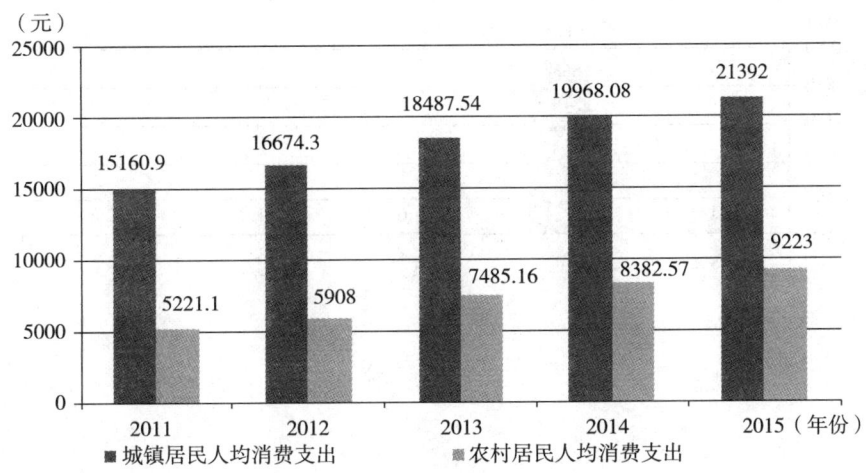

图 4-3　2011~2015 年中国城乡居民人均消费支出情况

资料来源：2016 年中国 GDP、恩格尔系数、城镇化率及居民可支配收入分析［EB/OL］.［2016-09-05］. http：//www.chyxx.com/industy/201609/445170.html.

城乡居民收入差距的扩大，不仅影响农村居民的幸福指数，而且影响整个社会的和谐稳定。新型城镇化的进程和新型农村社区的发展，就是逐渐实现城乡均衡发展，努力提高新型农村社区居民的经济收入，逐渐减小城乡收入差距的过程。

笔者在对新型农村社区居民的收入结构进行调研时，发现在搬迁入住新型农村社区以后，居民的收入来源已经不仅限于农业了，务工收入、财产性收入（主要指出租房屋、出租土地的收入以及股息和利息）、转移性收入（主要指国家向农民、农业、林业的转移支付）和其他经营性收入也逐渐成为新型农村社区居民的主要收入来源。对青海省互助县小庄新型农村社区居民的收入来源进行调查时，在所收回的 192 份有效调查问卷中，认为家庭经营收入是主要收入来源的有 180 人，占有效样本比重为 92.7%，认为务农、土地租金等其他收入是主要收入的有 12 人，占有效样本比重为 7.3%（见图 4-4）。

由此可见，在小庄新型农村社区，传统的务农收入在居民收入中所占的比重非常小，仅占 2.1%。小庄新型农村社区的情况实际上是整个国家新型农村社区的一个缩影，说明新型农村社区居民的收入越来越多元化，农业收入所占比重越来越小。通过深入调查了解到，小庄新型农村社区始终把提高社区居民的经济收入水平作为重中之重，积极采取措施不断推动

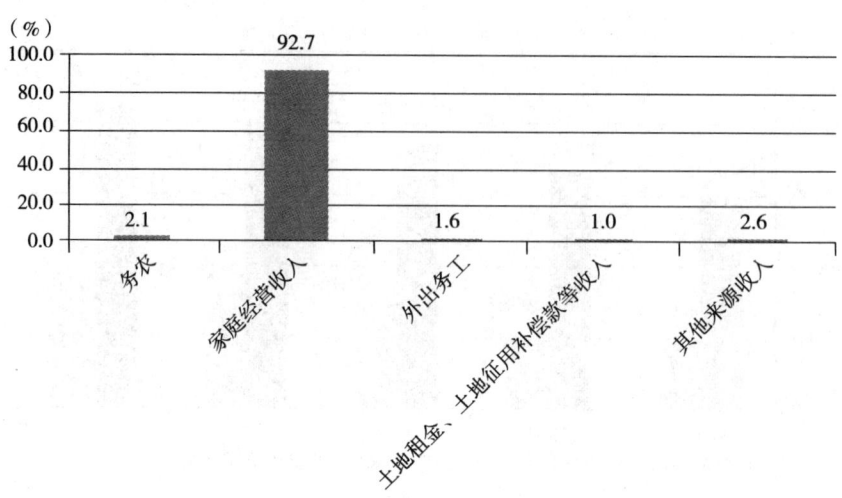

图 4-4 小庄新型农村社区居民家庭收入主要来源

产业结构升级和优化发展,尤其是推动民俗旅游业发展,使民俗旅游业成为小庄新型农村社区居民的主要收入来源。

对小庄新型农村社区居民的收入水平进行调查,在问及社区居民认为"建立新型农村社区后,您家经济收入比之前是好了还是差了"时,192份有效居民问卷样本中认为比过去好多了的有51人,占有效样本比重为26.6%;认为比过去好一点的有97人,占有效样本比重为50.5%;认为和过去差不多的有21人,占有效样本比重为10.9%;认为比过去差一点的有15人,占有效样本比重为7.8%;认为比过去差多了的有8人,占有效样本比重为4.2%(见图4-5)。

由此可见,在建立新型农村社区后,随着小庄新型农村社区居民收入形式的多元化,小庄新型农村社区居民的收入水平有所提高,而伴随居民收入提高的是居民幸福感的增强。这里有一份对小庄新型农村社区居民幸福感的调查数据,在问及"您感觉您现在的生活幸福吗"时,192份有效问卷中感觉现在的生活比原先幸福多了的有116人,占有效样本比重为60.5%;认为现在的生活和原来没有什么变化的有36人,占有效样本比重为18.7%;认为说不清的有28人,占有效样本比重为14.6%;认为不幸福的有12人,占有效样本比重为6.2%(见图4-6)。以上三项调查充分说明,居民的收入多元化和居民的收入水平及居民的幸福感呈正相关关系,可以得出一个结论:居民收入水平是居民幸福感的根本保障。

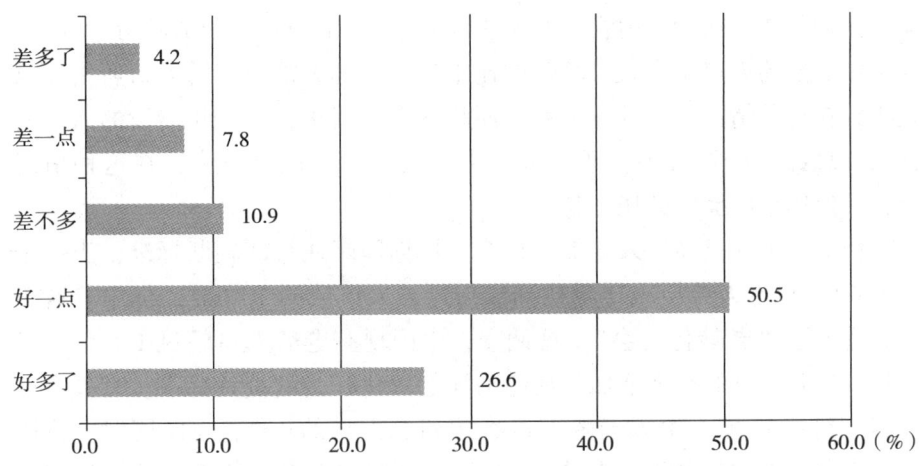

图 4-5 小庄新型农村社区居民对社区建立前后家庭收入的看法

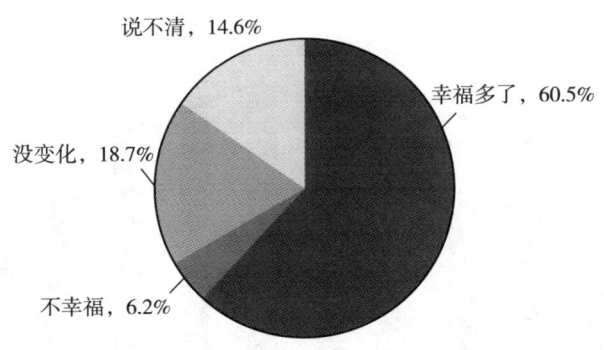

图 4-6 小庄新型农村社区居民幸福感调查

二、建立健全社会保障体系是现实途径

城市居民一般拥有健全的社会福利保障体系,而农村居民则没有这种保障体系,这是当前新型农村社区区别于城市社区的一个重要方面。在新型农村社区建设中,我们经常听到这样的声音,要求以"政府兜底"的形式,为新型农村社区中的居民建立比拟于城市居民的社保体系。笔者认为,至少就目前的经济社会发展现状而言,实现这一目标还任重而道远。

在一个特定社会阶段,社会保障体系完美与否的根源不是政策而是社会经济发展程度。特定社会在特定时期具有一定的财富总额,这些财富总额由劳动创造，而创造财富的基本上是社会中18~60岁的适龄劳动人口，这个年龄段的人口所占人口总数的比重较大，那么被保障的人口所占比重就小，在这种情况下，社保体系所面临的压力就小；这个年龄段的人口所占人口总数的比重较小，那么被保障的人口所占比重就大，在这种情况下，社保体系所面临的压力就大。

目前，中国已经进入老龄化社会，根据国际通行的判断标准，当一个国家60岁以上人口所占比重达到或超过总人口数的10%时，标志着这个国家进入了"老龄化社会"。据调查，中国现有老龄人口超过1.6亿，且每年以近800万的速度增加，远超国际老龄化社会的统计标准。有关专家预测，到2050年，中国老龄人口将达到总人口的1/3。与此同时，我国15~59岁的工作年龄人口却在2010年达到顶点以后，呈现持续下降趋势（见图4-7）。

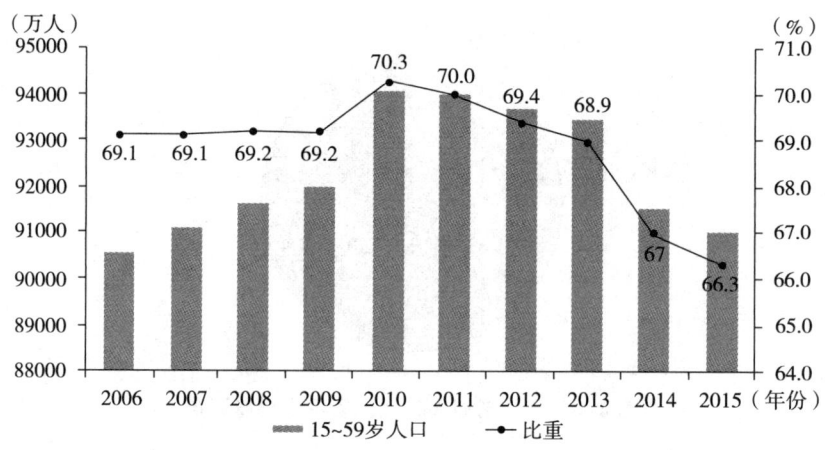

图4-7　2006~2015年我国15~59岁人口变动情况

资料来源：2016年中国人口发展现状分析及2017年趋势预测［EB/OL］．［2016-12-09］．http：//www.sohu.com/a/121134680.350221.

中国的老龄化不仅严重，而且具有一个不同于世界老龄化的特征：未富先老。老年人口的快速增加，特别是80岁以上的高龄老人和失能老人以年均100万的增长速度，使老年人的生活照料、康复护理、医疗保健、精神满足等问题日益凸显，养老问题日趋严峻。在此情况下，如果将新型农村社区居民全面纳入社保体系，必将给我国经济带来巨大压力。

因此，在新型农村社区建立健全社会保障体系，只能根据各地经济社会发展状况分批次、分步骤进行；新型农村社保体系并不一定要完全比照城市居民进行，要考虑农村的村情民意及社会特征，建立有别于城市居民的社保体系。在这方面，河南省许昌市建安区出台了一系列的方法措施，建立了以"两证""两保""三金""一补"为主要特征的农村社会保障体系，值得参考。

(1)"两证"，即房屋产权证和责任田承包经营权证。房屋产权证区别于过去的农村宅基地证，过去农村宅基地无法进入市场流通，是将农民约束在土地上的重要抓手，而在新型农村社区，居民所居住的房屋拥有和城市商品房一样的产权，可以进入市场自由流通。责任田承包经营权证则落实了土地所有权、经营权和收益权，农民凭借责任田承包经营权证获得责任田的承包经营权，继而获得收益权。即便农民将责任田转包出去，也能够凭借责任田承包经营权证获得收益权。

(2)"两保"就是就业、产业、创业的保证，低保、农保、失业保险等的保证。政府针对新型农村社区出台一系列的政策增加就业、发展产业和鼓励创业，如河南省许昌市就出台了《中共许昌市委关于全面实施创业富民就业惠民工程的意见》，对符合条件的农村社区居民提供小额贷款和免费创业培训等相关扶持政策，同时政府在进行产业布局时，将一些涉农产业布局在新型农村社区周边，便于居民就业。新型农村社区的居民也逐步享有低保、农保等社会保险。低保是最低生活保障，指家庭人均收入低于当地城乡居民最低生活保障标准时，均有从当地人民政府获得基本生活物质帮助的权利。农保是指由政府主管部门负责组织和管理，农村经济组织、集体事业单位和劳动者共同承担养老保险费缴纳义务，劳动者在年老时按照养老保险费缴纳状况享受基本养老保险待遇的农村社会保障制度。随着经济社会的发展，新型农村社区的居民和城市居民一样，也会逐步享有失业保险，也会有住房公积金。

(3)"三金"即租金、股金和薪金。一是租金，把社区土地流转给当地农业公司或者合作社进行生产经营，他们为社区居民支付土地的租金，租金一般以每年1000~1200斤小麦为标准进行支付。由于事实上土地的平均亩产量一般都达不到1000斤，而且种田要有化肥、农药、人工等方面的投入，所以农民的收入实际上是增加了。二是股金，农民可以将社区内的土地拿来入股，企业利用土地发展农业生产、在国家政策范围内进行与农业产业相关的生产经营，农民可以根据企业的生产效益获得分红，并且拥有企业的股份成为股东。三是薪金，主要指农民可以到企业里面上班，通过自己的劳动获得工资。农民也可以自己做生意，从而获得劳动报酬。

（4）"一补"指农补，主要指良种补贴、种粮直补和农资补贴，这是国家为促进农业生产，防止农业生产大起大落，尤其是为了保护农民利益，防止"谷贱伤农"而采取的政策。比如 2016 年，国家在小麦主产区实行小麦最低收购保护价每斤 1.18 元，以稳定粮食生产，促进粮食产业健康发展。据悉，目前中央层面上的农业补贴项目有 50 多种，补贴对象为所有拥有耕地承包权的种地农民，可以真正做到"谁种粮谁受益"。2016 年，国家将良种补贴、种粮直补和农资补贴统一调整为"农业支持保护补贴"，实现"三补合一"。新型农村社区的居民将继续享受国家农补政策。

第五章 完善新型农村社区的治理主体

中共十八大以来,在中央新型城镇化政策的正确引领下,我国新型农村社区治理理论取得了明显进步,治理实践取得了初步成效。但是,随着新型农村社区中各种新的社会组织及公益组织的不断出现,再加上广大人民群众政治意识的苏醒,当前新型农村社区由谁来治理,怎样开展有效治理等问题也随之出现。笔者通过实地调研和案例分析发现:新型农村社区治理普遍存在政府主导过多、农民参与较少或缺失、社区企业和社会组织参与机制不健全等现象,这就给新型农村社区建设和管理设置了较多障碍,无法实现多元主体的合作治理。要解决这一问题,实现新型农村社区良性治理,必须改善政府过分主导的现象,探索出新型农村社区治理的多元主体合作路径。在新型农村社区,多元主体分别承担着不同的治理职责,形成了一种全新的治理机制(见图5-1)。

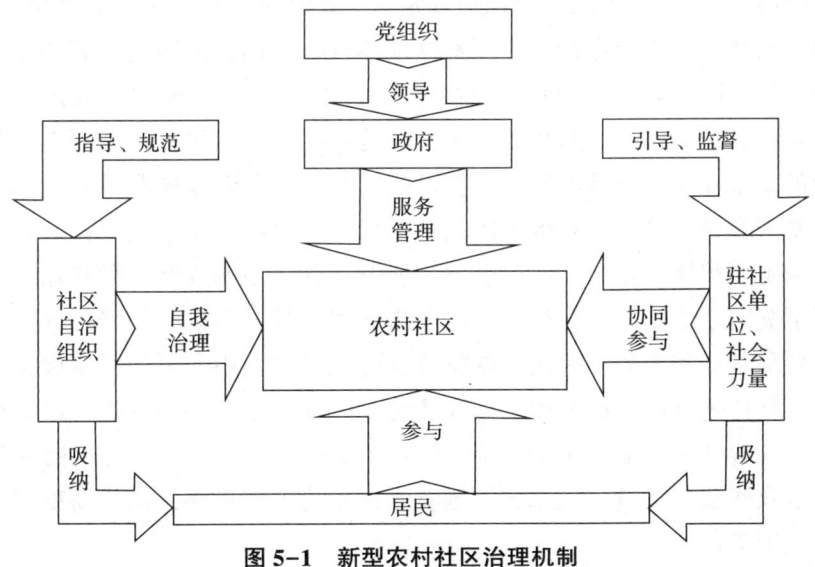

图 5-1 新型农村社区治理机制

资料来源:项继权,王明为.农村社区建设:发展态势与阶段特征[J].青海社会科学,2015(2):1-8.

这种新型治理机制具有明显的多元化特征，以新型农村社区为对象的管理格局，不仅具有政府机构这个治理主体，还有社区基层党组织、社区管理委员会、社区社会组织、社区企业和居民个人等主体。当下，"基于现代社会的多元化特征，现代治理理论普遍推崇多中心治理，即由不同治理主体分别承担不同治理职责，共同实现治理目标"①。不同的社会主体发挥着不同的功能和作用，只有治理主体的不断完善和相互合作，才能在新型农村社区治理中产生合力，从而推动新型农村社区健康快速发展。

第一节 发挥新型农村社区基层党组织的核心作用

1999年2月，《中国共产党农村基层组织工作条例》发布并实施，强调了农村基层党组织是农村民主政治建设的领导核心，也是党在农村全部工作和战斗力的基础。因此，新型农村社区基层党组织就是党在农村的领导核心，也是社区治理的领导核心，在社区治理中发挥着重要作用。

一、基层党组织是党在农村的领导核心

《村民委员会组织法》第四条规定："中国共产党在农村的基层组织，按照中国共产党章程进行工作，发挥领导核心作用；依照宪法和法律，支持和保障村民开展自治活动、直接行使民主权利。"新型农村社区党组织作为党在新型农村社区的基层组织，也是党在新型农村社区全部工作和战斗力的基础和堡垒，是治理新型农村社区的一个有效载体和重要保障。此外，新型农村社区基层党组织还是尊重民意、改善民生、凝聚民心、激发民力的重要载体，在社区各项事务处理中有着"定海神针"的作用，不仅保证了党的路线、方针、政策在社区的贯彻执行，而且有利于协调和处理社区各种利益和矛盾。因此，在新型农村社区建设中，要加强基层党组织建设，坚持把社区党组织建设与社区建设一体谋划、共同推进，以凝聚党员、服务群众为核心，紧紧围绕"组织怎么设、党员怎么管、社区如何建、群众咋致富"这一主题积极创新农村党建工作思路，构建新型农村社区党组织建设新格局。

---

① 丁志刚，侯选明. 政治学视野中的西北地区治理研究[M]. 兰州：兰州大学出版社，2010：367.

青海省互助县小庄新型农村社区在社区建设中，充分发挥了党组织的领导核心作用。他们在社区建设之初，就建成了党员活动中心作为党员开展活动、进行思想教育的主阵地，在这块阵地上，小庄新型农村社区党组织带领群众共商村务，党员带头开展公益活动，通过党员远程教育系统发布最新致富信息，使小庄新型农村社区党组织凝心聚力。有了党组织这个主心骨，也就有了发展的动力和活力，有了党员服务中心这个大平台，也就有了发展的基本思路和基本信息。在党组织的带领下，整个小庄新型农村社区人心思动、人心思富；闲人少了，忙人多了；杂人少了，游客多了，居民收入节节攀升，社区面貌焕然一新。

二、发挥基层党组织的战斗堡垒作用

党的十八届四中全会做出的《中共中央关于全面推进依法治国若干重大问题的决定》明确提出："全面推进依法治国，基础在基层，工作重点在基层。发挥基层党组织在全面推进依法治国中的战斗堡垒作用，增强基层干部法治观念、法治为民的意识，提高依法办事能力。"对于多元治理主体共存的新型农村社区来说，社区基层党组织对于宣传党的路线方针政策、推进农村社区有效治理、调解不同利益群体之间的矛盾有着十分重要的意义。社区党组织的发展和壮大有利于基层民主的扩大和社情民意的表达，有利于快速提升社区党组织在新型农村社区中的治理能力。因此，在研究新型农村社区治理时，不能忽视社区党组织的战斗堡垒作用。今后，我们要进一步探索完善新型农村社区党组织党建工作，并逐步健全以社区党组织为核心的物业管理、医疗服务、学前教育、经济协会等配套组织，努力构建社区高效管理运行体系。

（1）宣传政策，发挥引导作用。党的路线、方针、政策是我们开展各项工作的根本指南。要充分发挥新型农村社区党组织在社区治理中的政策宣传和引导作用，保证党和国家各项涉农政策在社区的全面落实。加强党的路线、方针、政策宣传是基层党组织所肩负的一项重要任务，要通过宣传教育，使新型农村社区居民了解党的政策、理解党的政策，自觉执行党的政策。

（2）疏导民意，扩大基层民主。新型农村社区党组织是基层民主的重要标志之一，具有强大的凝聚力和社会整合能力，应整合多方资源，积极吸纳各方面的优秀人才入党，使之积极参与新型农村社区建设和治理，发挥先锋模范作用，积极构建多种渠道，让社区居民参与到社区民主政治建设中来，使新型农村社区党组织成为疏导民意、反映民众诉求的平台和窗口。

（3）调解矛盾，促进社区和谐。随着新型农村社区的建设，农村中各种利益格局也进行着深刻调整，新矛盾不断涌现，新问题不断产生。新型农村社区基层党组织应该及时了解社区居民的思想动向和基本诉求，对其进行积极有效的引导和疏通。社区党组织作为党与人民群众联系沟通的桥梁，要充分发挥协调沟通作用，积极搭建相互交流的平台，畅通基层政府和社区居民的沟通渠道，解决不同利益群体之间的矛盾，促进新型农村社区的文明和谐。

三、加强党员管理，发挥优秀党员的先锋模范作用

党的十六届四中全会明确提出要"更新管理理念、创新管理方式、拓宽服务领域，发挥基层党组织和共产党员服务群众、凝聚人心的作用"。中国共产党由工人阶层的先进分子组成，她是中国工人阶级的先锋队，同时是中国人民和中华民族的先锋队。中国共产党员政治立场坚定、文明素质高、业务能力强，有着强大的影响力和号召力，能够积极引导社区居民参与社区治理。因此，在新型农村社区建设和治理中，我们不能忽视优秀党员的先锋模范作用。

随着时代的发展，在新型农村社区中，党员管理面临着新情况，党员组织化程度提高、流动范围扩大、居住空间交叉。面对这些新情况，各地新型农村社区在从严管党治党，发挥党员先锋模范作用中不断探索着新方法。例如，河南省许昌市建安区委在创新党员教育管理上提出了党员层级式管理模式；在新型农村社区建设前和建设中，将拟定的并点村党员统一划归社区党工委管理，但不打破原村、党支部和党小组，党工委只负责宏观管理，日常教育管理仍由原所属支部负责。另外，将无职党员设岗定责的岗位进行了拓展，创设政策宣传岗、政策咨询岗、开展无职党员设岗定责工作并建设质量监督岗、环境维护岗等岗位，使广大党员积极参与社区建设，服务社区建设。针对社区建成后党员的管理，提出了以党工委为主，以行业协会、新经济组织为辅的党员管理模式，大力推行"支部+企业""支部+协会"等党建工作模式，把党支部建在产业链上，社区党组织负责党员"生活圈"的教育管理服务，协会党组织负责党员"工作圈"的

规范、指导和服务。协会党组织定期组织社区实用人才党员开展技术培训，为他们提供市场供求信息，并建立行业自律规范，引导协会党员科学管理、依法经营，大大提高了农民党员在市场经济中的竞争能力。

第二节 推进乡镇政府治理能力现代化

乡镇政府是我国乡村治理的核心主体，当然也会是新型农村社区治理的核心主体。乡镇政府不仅是国家权力在乡村中的运行载体，也是我国基层民主政治在乡村的重要组织机构。在新型农村社区建设中，乡镇政府作为最重要的社区治理主体，其治理能力对于新型农村社区治理具有十分重要的影响。因此，乡镇政府在进行新型农村社区建设与治理的同时，要积极实现自身治理能力的现代化，这种现代化是指"政府自觉适应整个社会的进程，是政府施政理念、组织结构、管理方式、运行机制、行政决策、职能服务等方面不断科学化、制度化、规范化、民主化的过程"①。

一、乡镇政府的发展与现状

乡镇政府作为我国行政体系的最低一级，直接面对农村基层，是国家、社会和基层的衔接者，是农民群众利益诉求的重要传递者。长期以来，我国乡镇政府实行权威性的一元化管理机制。1958年7月，我国第一个人民公社——河南省遂平县嵖岈山卫星人民公社成立，代表着这种基层威权制管理模式的建立。人民公社实行工、农、商、学、兵政社合一，规定一切生产资料和公共财产转为公社所有，由公社统一核算；在分配制度上，实行工资制和口粮供给制相结合的方式；推广公共食堂，成立托儿所、幼儿园、敬老院、缝纫组等，将群众一律编组安排生产劳动；公社设立农业、林业、畜牧、粮食、供销、卫生、武装保卫等若干部门，下设生产大队，有的人民公社还在生产大队下面设有生产队，实行统一领导，分级管理。

最初，人民公社化调动了人民群众的劳动积极性，但是在很短的时间内，它的弊端就一一表现出来，农民群众没有了自己的责任田，所有田地

---

① 丁志刚. 论国家治理体系及其现代化[J]. 学习与探索，2014（11）：52-57.

归公家所有,在耕种时没有直接的责任感,生产积极性不高,发生了消极怠工现象,致使粮食产量大幅下降。在经历了"浮夸风""共产风"及"文化大革命"等一系列事件后,伴随"文化大革命"的结束而走向了末路。1978年,安徽省凤阳县小岗村包产到户的自发改革犹如一声春雷,惊醒了沉睡多年的中国广大农村,就此拉开了中国改革开放的序幕。在邓小平的坚定推动下,我国广大农村很快全面实行了家庭联产承包经营责任制。

根据马克思主义基本原理,经济基础决定上层建筑,家庭联产承包经营责任制是我国农村领域在经济上发生的一场根本性变革,它必然会带来政治上层建筑的变化。从1983年开始,我国基层政权陆续由人民公社改成乡政府,打破了过去那种政社合一的高度集中管理体制,使广大人民群众能够自主安排自己的生产经营,农民经营所得归自己所有,这从根本上解决了农民生产经营积极性的问题。在短短时间内,我国农业产量大幅度提高,农村生机盎然,发展形势一片大好。

改革开放以来,尽管我国农村的政治经济文化等得到了突飞猛进的发展,但基层政权的威权管理体制并没有得到根本改变,致使基层民主建设和社区自治功能的发挥受到很大限制。为了推进基层民主,我国颁布了《中华人民共和国村民委员会组织法》,赋予广大人民群众自我管理、自我教育、自我服务、自我监督的职能。但是,受多年来计划经济体制惯性的影响,乡镇政府还未能完成从管理型政府向服务型政府的转变,基层政府工作人员还未能从思想上接受服务型政府的理念,致使当前乡镇政府的管理职能还不适应经济社会发展的需要,以至于到目前,"我国政府机构现有的设置、职能、体制与发展社会主义市场经济的要求不相适应的问题,已十分突出。政企不分,职能重叠,机构臃肿,人浮于事,效率低下,官僚主义严重,这些问题阻碍生产力发展,影响党和群众的关系,也给国家和群众造成了沉重负担,已经到了非改不可的时候了"[①]。

二、大力推进乡镇机构改革

2010年的中央一号文件明确提出,建设社会主义新农村的首要任务之一就要深入推进乡镇机构改革,强化乡镇政府的社会管理和公共服务职能。改革开放以来,我国乡镇机构改革持续推进,尤其是农业税废除以

---

① 江泽民文选(第2卷)[M].北京:人民出版社.2006:107-108.

第五章 完善新型农村社区的治理主体

后,以农业收入为主的乡镇财政收入大幅度减少,使我国乡镇基层的财政体制发生了重大转变,大部分乡镇由以地方财政收入为主转变为以上级转移支付为主,乡镇财政十分困难,而与此同时,乡镇机构人员超编严重,迫使乡镇机构改革进入一个综合改革的新阶段。就农业税取消后的乡镇改革实际情况来看,党政机构核编定员,精兵简政;财政体制上下捋顺,权责对等;运行方式政务公开,效率提升;管理机制上下分开,权责分明,多数乡镇机构改革取得了一定成效。乡镇机构改革的关键是要逐步建立精干高效的乡镇行政管理体制和运行机制,从而促进农村社会管理和新型农村社区治理高效协调运转。因此,如何深入推进乡镇机构改革,对于实现新型农村社区有效治理显得尤为重要。

第一,调整区划,撤并乡镇。"行政区划是基于一定的地理、人口、政治、经济、文化、财政、城乡建设和交通等条件而决定的,并且应该随着这些客观条件的变化来进行调整。"[1] 近几年来,我国进入新型城镇化快速发展的新时期,新型农村社区的建立更是如"雨后春笋",农村社会环境发生了巨大变化,这些现象势必推动乡镇机构改革的进行,其中撤并乡镇就是乡镇机构改革最彻底、最有效的途径和方式。我国自古以来就有"皇权不下县"的传统,并且从一些发达国家的经验来看,他们也没有设置乡镇政府。因此,目前机构繁多、机构臃肿,乡镇政府会在某种程度上阻碍农村经济社会发展。然而近几年来,我国乡镇一级政府机构不仅没有减少,反而有所增加。部分地方政府以提高效率为名,将一个乡镇拆分为几个与其平级的办事处,客观上增设了机构、增加了编制。

第二,精简机构,裁汰冗员。乡镇机构长期以来机构臃肿,人浮于事,造成乡镇财政支出庞大,办事效率低下。近几年,我国各级政府提出要裁汰冗员,提高办事效率,然而却陷入了"精简—膨胀—再精简—再膨胀"的怪圈,因此,能否成功精简乡镇机构和工作人员对于推进乡镇机构改革起着关键作用。乡镇机构的工作人员来源一般都比较复杂,而且普遍存在严重超编的情况,尤其是基层事业站所的大量存在,使得乡镇机构编制精简起来相当困难。近几年,在上级的部署安排下,我国乡镇基层采取"只出不进"的办法,进一步优化乡镇党政机构设置,采用多种措施对乡

---

[1] 景东辉,景旭辉. 新农村建设中乡镇政府机构改革:影响因素与实现路径[J]. 江西农业大学学报(社会科学版),2010(3):49-52.

镇工作人员进行分流,把"精简"落到实处,提升了基层工作人员的业务素质,提高了基层政府的办事效率,有效降低了行政治理成本,推进了乡镇政府高效运转。但是,在精简机构的过程中也出现了一些问题,有的地方在乡镇政府机构改革中"换汤不换药",采用"一刀切"的办法让某个年龄段的人提前退休,实际上并没有减少财政负担。

第三,多措并举,提升素质。由于乡镇政府工作人员来源复杂,学历普遍较低,素质参差不齐,在一定程度上影响了行政执行力。因此,要把提高乡镇机关工作人员的道德素质、能力素质、业务素质等作为一项重要任务常抓不懈。要经常性地进行思想教育,树立为人民服务的思想。近几年,在中央的统一安排部署下,各级国家机关先后开展了"保持共产党员先进性教育""创先争优"活动和"三严三实"专题教育等,通过思想教育触及灵魂,激发了乡镇工作人员的工作动力。要树立先进典型和业务标兵,通过典型示范的带动作用激发乡镇工作人员向先进看齐,向标兵看齐,积极主动地为老百姓服务,让老百姓少跑冤枉路。另外,还要有"引进人才"的意识。农村地区条件艰苦,发展机会少,优秀人才不断流失,所以要通过考试、选拔和提高待遇等多种方式,坚持"公平、公正、公开"的原则,择优录取优秀年轻人才来充实基层政府工作人员队伍。

第四,转换角色,强化职能。1954年,我国宪法和地方组织法首次明确规定,乡镇是我国最基层的政权组织,村一级退出政权体系。这就明确了乡镇政府在农村社会事务中的角色定位,即对村民委员会的各项工作给予指导、支持和帮助。然而,在实践中我们发现,乡镇政府更多的是注重农村的经济发展,他们"重经济轻政治""强管理弱服务",在乡镇管理工作中往往习惯于控制和干预而非帮助和指导,使政府的公共服务职能遭到弱化。乡镇政府在新型农村社区治理中起着关键性作用,要积极主动作为,注重职能转变,提升治理能力和责任意识,确保新型农村社区建设和治理工作扎实有序推进。

三、积极转变乡镇政府职能

随着改革的进一步推进,农村的社会治理环境和乡镇政府的治理基础发生了变化,各种利益诉求不断涌现,各个利益群体之间的矛盾变得日益复杂。因此,乡镇政府在农村社会治理尤其是新型农村社区治理方面面临着巨大的压力,经历着不断的挑战。针对这些挑战,我国乡镇政府要积极采取措施进行自我转变，尤其是向"服务型"政府转变；要强化服务意识，有意识地加强城乡社区在政策、制度、资源分配等方面的针对性；要提高执行能力，努力提升自身的行政效率和治理水平；要积极转变角色，切实发挥好在新型农村社区发展治理中的各项职能。

1. 突出规划引领职能

从我国新型农村社区的兴起背景和发展进程来看，乡镇政府在这场城镇化变迁中是最直接的执行者和推动者，很显然，新型农村社区治理离不开政府的科学规划、组织和指导，更离不开其调动多方面的人力、物力和资源去推动。从目前情况来看，由政府推动的新型农村社区治理多停留在空间意义上，缺乏实质意义上的引导和融合，其主要根源在于没有进行科学的规划。乡镇基层政府只有坚持以人为本的原则，对所在区域内新型农村社区制定出战略性规划，才能从根本上改变农村面貌，改善社区居民的居住环境和生产生活条件。另外，乡镇政府还应充分发挥能动作用，把新型农村社区规划与经济、政治、文化、社会和生态相结合，在经济方面，想方设法增加新型农村社区居民经济收入，提高其生活水平，保护他们的合法财产不受侵害；在政治方面，积极推进新型农村社区基层民主政治建设，赋予新型农村社区居民当家作主的民主权利，充分发挥新型农村社区管理委员会的管理作用；在文化方面，继承和发扬社区文化传统，倡导培育新型农村社区特色文化，积极开展各种各样的文化活动，提升居民的精神文化素质；在社会方面，积极搭建多方平台和利用多方资源吸引投资，建构重视民生和保障民生的各种体系；在生态方面，注重新型农村社区生态环境的保护，加强社区环境治理，建造一个美丽和谐的生态环保社区。

2. 保留科学指导职能

乡镇政府自身职能的积极转变，使其在新型农村社区治理中能够充分发挥科学指导作用。首先，村级组织在新型农村社区建设与治理中往往比较盲目，如果没有乡镇基层政府的指导，他们往往不知道新型农村社区的运行机制、基本功能，存在的问题以及未来发展的计划，在这个时候，就能够突出乡镇基层政府的作用。乡镇基层政府往往比村级自治组织了解更多的政策，并在县区的统一部署安排下开始规划、建设与治理，能够进行全县全区一盘棋的统筹考虑。其次，在实现城乡均等化方面，城乡之间的差距仅仅靠经济的自我发展是不可能消除的，它离不开政府的财政引导作用。在协调城乡关系方面，政府财政投向哪里，哪里就会发展，政府完全可以利用财政投入机制使自身的科学指导作用充分发挥出来。最后，乡镇政府积极加强国家政策的引导。农民群众对国家政策往往不甚了解，包括国家对农村的一些惠农政策，国家对弱势群体、困难群体的保护政策，如果没有乡镇政府的科学指导，这些惠民政策不可能得到落实。

3. 转变公共服务职能

乡镇基层政府在我国新型农村社区建设中发挥着提供公共服务的职能，是推进国家治理体系和治理能力现代化的重要主体。转变政府服务职能来自西方新公共服务理论，强调了"政府是服务者而不是掌舵人，公民的权利和义务至为重要，要'以人为本'，确立公平正义的原则"[1]。温家宝同志也曾说过："强化公共服务的职能就是提供公共产品和服务，包括加强城乡公共设施建设，发展社会就业、社会保障服务和教育、科技、文化、卫生、体育等公共事业，发布公共信息等，为社会公众生活和参与社会经济、政治、文化活动提供保障和创造条件。"[2] 在我国，经济社会的迅速发展要求在新型农村社区推进公共服务体系建设，但长期在农村形成的小农思想势必对公共服务体系形成阻碍，没有乡镇政府，公共服务体系就不可能建立，乡镇政府能够在新型农村社区建设中发挥协调作用，它最广泛、最经常也是最直接的方式是听取农民群众诉求，并将农民群众的呼声转化为建立公共服务体系的行动。

四、充分发挥乡镇政府的重要作用

在新型农村社区建设与治理中，无论是规划选址、建设推进还是治理规范，乡镇政府都起着不可替代的作用，乡镇政府的这种重要作用主要体现在三个方面：投入资金、改善民生、服务群众。

1. 投入资金

学者张晓山认为，所谓农村治理就是指"以乡村政府为基础的国家机构和乡村其他权威机构给乡村社会提供公共产品的活动"[3]，而提供公共产品离不开乡镇政府的资金投入。自乡镇政权建立以来，乡镇政府在发展农

---

[1] 赵秀玲. 新世纪以来中国乡村治理研究概观[J]. 江苏师范大学学报（哲学社会科学版），2015（5）：116-126.

[2] 温家宝. 提高认识，统一思想，牢固树立和认真落实科学发展观[N]. 人民日报，2004-03-01.

[3] 张晓山等. 中国农村改革30年研究[M]. 北京：经济管理出版社，2008：295.

村经济、维护农村稳定等方面起着不可替代的重要作用，在社会主义市场经济体制下，这种重要作用基本上都是通过资金的导向作用实现的。然而从目前情况来看，制约我国新型农村社区发展的最大难题却是乡镇政府缺乏对新型农村社区的资金支持，其根本原因在于乡镇政府进行机构改革以后，财权事权被县一级政府收回，乡一级政府基本上没有能够支持新型农村社区发展的人力、财力和物力。从调研的二郎庙新型农村社区建设情况来看，资金缺乏一直是二郎庙新型农村社区建设和发展的最大障碍。据统计，二郎庙新型农村社区计划总投入36984万元，其中社区一期建设总投资是1.43亿元，许昌市建安区财政垫付了资金1.32亿元，建设方垫付了1133.5万元，对于前期社区的基础设施、公共服务设施建设及农民搬迁入住补贴，县级财政支付了大笔费用，而五女店镇政府在二郎庙新型农村社区建设中根本无力投入。乡镇财政的匮乏使其在新型农村社区建设治理中捉襟见肘，直接影响了二郎庙新型农村社区的建成入住。在一期工程基本建设完工之际，五女店镇政府急于回收投资，尽可能压缩了对搬迁入住居民的补贴，致使居民将原有住房与社区新房置换时所需支付的费用过高，大部分居民不愿意搬迁，造成目前二郎庙新型农村社区建设与治理的困境。

2. 改善民生

新型农村社区建设客观上要求城乡之间能够实现统一规划和均衡发展，这在一定程度上要求当地基层政府部门积极推进城乡一体化进程，优化资源配置，着重改善民生。当前，新型农村社区往往都面临着这样一种情况，即社区由当地政府统一规划，一次性补偿和安置，这就容易让搬进去的农民群众变成无土地、无就业、无保障的"三无"居民。虽然有的新型农村社区保留了部分土地，但居住地离农作地往往比较远，再加上生活方式发生了巨大变化，造成社区居民生活成本的增加。要解决这些问题，必须要着力改善民生，通过一系列的政策措施，让新型农村社区居民学有所教、业有所就、病有所医、老有所养、住有所居、乐有所娱。

第一，加快发展新型农村社区教育事业。李克强总理在2014年"两会"后答记者问时提出，我们"特别要注重起点公平、教育公平。政府就是应该创造条件，让每个人都能通过自己的奋斗有公平发展的机会，我们要把公正贯彻到社会最基层"。教育公平是实现社会公平的基础性工作，在新型农村社区治理中，实现城乡教育资源均衡化发展，从而实现教育公平具有非常重要的意义。乡镇基层政府要整合新型农村社区教育资源，借新型农村社区建设的东风,实现农村中小学软硬件设施的升级换代。要在县教育部门的大力支持下,按照城乡教育均衡发展的标准配备中小学老师,补齐农村中小学教育的短板。要保障社区居民子女人人享有接受教育的机会,实现教育的公平公正。对于经济困难的家庭,要登记入册并建立资助档案,保障这些家庭的孩子不辍学、不失学。要落实对农村地区义务教育阶段学生学杂费全免制度,并确保农村家庭贫困学生享有"两免一补",真正使教育公平成为新型农村社区保障民生公平的基础性制度。

第二,积极促进新型农村社区居民就业。针对部分社区居民在搬进社区之后发生的结构性失业问题,乡镇政府要千方百计地创造就业岗位,促进就业。在传统广大农村,由于农民被束缚在土地上,不存在农村居民就业问题,但是随着新型农村社区的建立,社区内出现了一些"闲人",如果不解决他们的就业问题,就会引发社会贫困,导致两极分化,从而引发社区矛盾甚至社会矛盾。乡镇政府要将新型农村社区的就业当做一件根本大事来抓,除创造就业岗位以外,还要建立社区居民劳动就业服务中心,为新型农村社区广大居民提供自愿、无偿的招工信息咨询、就业上岗培训等服务,保障其劳动权。

第三,推进新型农村社区医疗卫生事业发展。与城市相比,我国广大农村的医疗卫生条件非常落后,新型农村社区建立以后,这一落后状况并未得到改变,同时新型农村社区居民新的生活方式要求加强医疗卫生保健,因此,完善新型农村社区医疗保障体系,提供城乡一体的疾病预防控制和妇幼保健等公共卫生服务已成为新型农村社区建设的重中之重。要加强新型农村社区医疗卫生服务设施建设,每个新型农村社区在建设时都要配套建立医疗服务中心,并在全县(区)、全乡镇统一调配医疗资源,建立一支公立与私立相结合、专职与兼职相结合的医疗保障队伍,使新型农村社区居民生病时就近可医,享受到安全、方便、廉价的医疗卫生服务。

第四,建立健全新型农村社会保障体系。落实城乡居民最低生活保障制度,让每一个收入在最低生活水平以下的新型社区居民都得到救助。同时,参照国家社会保障体系,建立实事求是、符合实际的社会保障体系。要加强对特殊群体的关爱关心,对于失地农民,应该采用"政府兜底"的方式,将其全部纳入社会保障体系中;对于五保老人,要采取应保尽保的方式,将其全部供养起来。通过多方面措施,在我国广大农村建立社会养老与家庭养老相结合的社会保障机制。新型农村社区保障体系的目标是：通过一段时间的努力，最终建成与城市社区基本一致的社会保障体系。

第五，实施民生安居工程。目前，在我国广大农村地区尤其是偏远贫困地区、游牧地区，仍有相当多的农民存在着住房困难的问题，乡镇政府要结合新型农村社区建设，建立健全新型农村社区住房保障体系，加大对农村危房、棚户区的改造，逐步改善农村居住条件，保证社区居民"住有所居"。对于偏远的少数民族地区，政府部门更要注重政策倾斜和资金倾斜，搞好少数民族游牧民的安居工程，从根本上解决群众住房难的问题。

3. 服务群众

乡镇政府在新型农村社区治理中，无论是加大资金投入，还是着力改善民生，其最终目的是服务人民群众。要关心群众的生产生活，才能够心系群众之所系、心想群众之所想，所做出的决策才能符合群众的意愿，得到群众的支持，并最终取得成功。笔者在青海省互助县威远镇小庄新型农村社区进行调查时，就发现当地政府关心群众、服务群众，在新型农村社区发展与治理中得到了群众的支持，并最终取得了新型农村社区建设的成功。据了解，威远镇政府在新型农村社区建设之初，坚持以人为本、服务群众的理念，从社区居民的根本利益出发进行社区建设。为保证新型农村社区建设能最大程度地符合村民意愿，他们于2012年9月发放民意调查表，开展了广泛的民意调查，了解群众所需。调查表涵盖了与居民切身利益息息相关的各个方面，如对住宅的规划和要求、土地流转、就业意愿、基础设施添加等，为社区的发展治理奠定了坚实的群众基础。

在小庄新型农村社区调研期间，笔者对小庄新型农村社区居民对当地政府的看法做了一个调查，在问及"您觉得当地政府对你们搬迁入住是否关心"时（见图5-2），192份有效居民问卷样本中认为当地政府很关心的社区居民有121人，占比为63.0%；认为比较关心的社区居民有42人，占比为21.9%；认为一般的有21人，占比为10.9%；认为不太关心的有2人，占比为1.0%；认为说不清的有6人，占比为3.2%。由此可见，青海省互助县威远镇当地政府关心群众，真正做到了权为民所用、情为民所系、利为民所谋，得到了广大人民群众的一致支持，新型农村社区改造也得到了极大成功。

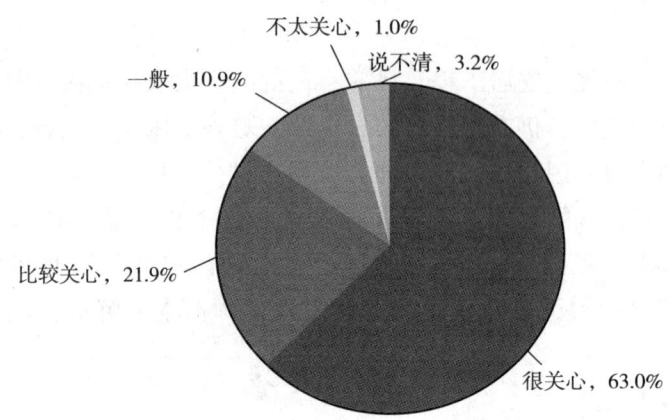

图 5-2　小庄新型农村社区居民认为当地政府对其入住是否关心的调查

第三节　实现新型农村社区自治

绝大部分新型农村社区都是把几个行政村或十来个自然村整合成一个社区，致使原来的村庄格局或进行重组，或不复存在，这必然会引起农村社会管理模式的改变。在合并之后的新型农村社区中，原来的村委会已经难以担负起新型农村社区管理的职能，这必然会导致新型农村社区管理制度的创新。在新型农村社区成立社区管理委员会（以下简称"社区管委会"），就是根据新形势的需要而成立的维护社区居民根本利益并对社区各项事务进行管理的新型自治组织，它代替村民委员会行使着自治职能。

一、社区自治是新型农村社区治理架构的必然选择

2010 年 10 月 28 日，《中华人民共和国村民委员会组织法》修订并实施，明确规定了农村村民委员会是农村村民自我管理、自我教育、自我服务的基层群众性自治组织，实行民主选举、民主决策、民主管理和民主监督。村民委员会办理本村的公共事务和公益事业，调解民间纠纷，协助维护社会治安，向人民政府反映村民的意见、要求和提出建议。[①]

---

① 参见《中华人民共和国村民委员会组织法》。

但是，在新型农村社区建立以后，原先以行政村为基础的村民自治形式被打破了。在地域上，原先的行政村村民居住相对集中，但是新型农村社区建成以后，居民并不是以行政村为建制搬到同一栋楼宇或者相近楼宇；在邻里关系上，原先的邻里关系密切，大家彼此熟悉，但是搬到新型农村社区以后，生活空间类似于城市，邻里之间交往减少，人际关系相对疏远；在生活习惯上，原先在村庄生活的村民卫生意识不强，但是新型农村社区干净整洁，环境优美，对卫生习惯、环保意识均有了一定要求。此外，多个行政村合并以后，原有行政村之间的资产和债务势必发生重组，这也会在村与村之间形成新的利益纷争。与此类似的问题还有很多，这就要求新型农村社区在管理体制上进行创新，以适应新情况给农村社会治理带来的挑战。

在我国，农村社区最早实行的管理体制是社队制，即人民公社下属生产大队和生产队的行政体制。社队制以后，随着人民公社改成乡镇政府，我国农村社区的管理体制转变为村组制，即行政村下属各个村民小组。从社队制转换为村组制不仅仅是形式的转换，社队制中"社"对"队"拥有绝对的控制权，而"村"对"组"的控制权却非常放松。组与组之间不再有实质性的利益纠葛，村成为组与组之间相对松散的基层行政联合体，维系这种行政联合体的一个重要治理方式就是以民主选举为基础的村民自治。到了新型农村社区，这种基层行政联合体进一步打破，发展为社区制。

当前，社区制在我国新型农村社区中大概分为几种情况：一是社区基本上由原来的行政村转换而来，直接将村民自治转换为社区自治，保持了社区自治的行政村建制，村民自治不存在上移或者下沉的情况，如青海省互助县小庄新型农村社区。二是社区建制打破了行政村的固有建制，进行村社分离。一般是原有行政村宗族势力纷争，各种矛盾聚集，为了缓和矛盾，上级治理主体对村民自治单元进行拆分，将自治权力下沉到自然村。有学者认为，自治单元的下沉将会激发新型农村社区的活力，但也有学者认为，从长远来看，我国民主政治建设是一个自下而上推动的过程，自治下沉，会限制和影响参与的领域。三是随着村庄的合并，在社区自治模式上选择村社一体，将合并后的行政村建成一个以社区为基本单元的大集体，在社区内进行民主选举，产生新的社区自治组织，这是大多数新型农村社区采取的形式。

2014年的中央一号文件明确提出要"探索不同情况下村民自治的有效形式",2015年的中央一号文件又进一步明确:"在有实际需要的地方,继续进行以社区为单元的村民自治试点,探索符合各地实际的村民自治有效实现形式。"这为我们开展社区自治探索提供了理论依据。笔者认为,社区自治究竟选择哪种模式,需要参照党组织在新型社区中的有效管理形式。我国是党政合一的高度集中的无产阶级专政国家,政治架构的基本形式是党政分工,而不是党政分开。新型农村社区建立后,无一例外成立了社区党工委,那么,根据党政分工的原则,也要对应成立社区管委会。由整建制转换而来的新型农村社区很容易解决这个问题,原来的党支部转换成党工委,原来的村委会转换成管委会,但是多建制合并而来的村庄情况比较复杂,有的地方为了避免矛盾,图一时之便,进行了自治下沉,这是一种饮鸩止渴的做法。将自治下沉到自然村增加了管理层级,村干部的数量不仅没有减少,反而有所增加,而且将民主选举下沉到村民小组,虽然是进行村民自治的探索,对于法无据,真正实践起来很有可能会激发出更大的矛盾。所以,多建制转换而来的行政村唯一可行的就是在社区的层面上实行统一选举,成立与社区党工委相对应的社区管委会,打破行政村与行政村之间的壁垒。

二、新型农村社区居民大会是新型农村社区自治的基本形式

当前,我国新型农村社区管委会有三种基本形式:第一种是社区管委会由乡镇政府工作人员组成,乡镇政府根据实际工作需要,选派乡镇工作人员直接进行社区管理。这种情况一般在新型农村社区组建之初比较常见。但是,乡镇在进行机构改革以后,人员大幅度减少,而乡镇基层工作任务又日趋繁重,在这种情况下,选派乡镇机关工作人员组成社区管委会要投入大量的人力物力,增加乡镇基层财政负担。因此,在乡镇管理层级之下、行政村层级之上又增加一个管理层级,这显然是不现实的。第二种是社区管委会由社区居民大会选举产生。参照《村民委员会组织法》,由社区党工委提出候选人或者社区居民推选候选人,让全体社区居民民主选举出社区的当家人。这种形式往往在新型农村社区建立多年,各方面条件基本具备,居民对候选对象有了基本的认识,选举不至于造成大的混乱后开始推行。第三种是前两者的混合,即部分社区管委会的成员是乡镇机构工作人员,部分成员是本社区居民,由社区党工委或者社区居民推选作为

社区管委会的候选人。在这三种形式中，前两种是基本形式，第三种是前两种形式的过渡，但无论哪种形式，都要召开居民大会以选举的方式进行。

新型农村社区居民大会一般是由在本社区居住的、年满十八周岁以上的居民定期或者不定期召开，除了选举本社区管委会的组成人员之外，还包括以下职责：一是制定和修改所居住社区的《社区居民自治章程》；二是对所居住社区的发展规划和工作进度进行监督检查和民主评议；三是讨论和决定关于所在社区治理和社区居民利益的重要事项。

社区居民大会是社区居民表达利益诉求和参与社区治理的重要渠道和载体，是他们行使民主权利最直接、最有效的形式。定期召开新型农村社区居民大会，把社区居民大会制度化，有利于推进社会主义基层民主，化解新型农村社区各类矛盾和纠纷，维护最广大农民群众的根本利益。新型农村社区的重大问题是通过召开社区居民大会来解决的，推进新型农村社区有效治理离不开社区居民大会。因此，新型农村社区管理委员会要努力保证居民大会正常顺利召开，广泛听取民众诉求，推进基层民主。

三、社区管理委员会是新型农村社区自治的日常管理机构

新型农村社区管委会成立以后，取代了村民委员会，有力地推动了我国基层民主政治建设。在新型农村社区中，社区管委会成为实现社区居民当家作主的平台和载体，其自治功能的发挥与加强关乎着农村社区民主管理的真正实现。它有利于社区居民参与社区规划和社区治理，有利于社区居民的自主建设和自主治理，保证了社区居民根据村民委员会组织法获得相应的知情权、话语权和监督权，从而维护了社区的稳定和谐。坚持以新型农村社区管委会为基础的社区自治，不仅有利于资源整合，而且有利于解放和发展生产力，解决长期以来困扰我国整个国民经济结构的"三农"问题。

在社区党工委的领导下，新型农村社区管委会为社区居民办事，维护居民合法权益，调解居民纠纷，维护社区治安，为社区居民自治的实现提供了组织保证。它的职责主要表现在：一是加强对宪法法律、党和国家政策等的宣传，做好政策导向；二是定期召开新型农村社区居民大会，依法实现民主选举、民主决策、民主管理和民主监督；三是依法管理所在社区

集体财产，规范土地流转，做好集约经营；四是积极处理所在社区的公共事务和重大事项，尤其是居民之间的纠纷，为社区居民服务；五是积极开展各种形式的文化活动，增强社区凝聚力。

青海省互助县小庄新型农村社区属于单村独建型新型农村社区，其农村社区管委会一共有五人，由原来的村委会演变而来。近年来，小庄新型农村社区管委会一班人主动转变服务方式和服务理念，在维护社区和谐稳定方面发挥了重要作用。社区干部认识到，纠纷起于忽微，有时一件很小的事情，如果解决不好就会形成纠纷，纠纷多了自然就谈不上和谐稳定。为了解决好哪怕是很小的矛盾纠纷，他们牢固树立服务理念，提升服务能力；做好矛盾纠纷排查和畅通居民利益诉求表达渠道；设立民意恳谈室，不定期召开民意恳谈会；成立村级便民服务点和村民事务代办点，组建便民服务队，主动为群众提供生产生活帮助。社区管委会的积极努力带来了小庄新型农村社区的明显变化：干部跑得勤了，群众的心却热了；干部的腿酸了，村里的纠纷却少了；邻里之间为鸡毛蒜皮的事争吵少了，客客气气嘘寒问暖的多了。小庄新型农村社区几年来都没有发生群访、越级上访等事件。对小庄新型农村社区居民进行问卷调查，在问及"您对您所在社区管委会的工作是否了解"时，所回收的192份有效问卷中认为对社区管委会的工作非常了解的有57人，占比为29.7%；认为对社区管委会的工作有所了解的有112人，占比为58.3%；认为对社区管委会的工作完全不了解的有23人，占比为12.0%（见图5-3）。由此可见，小庄新型农村社区管理委员会在群众中有一定的知名度。

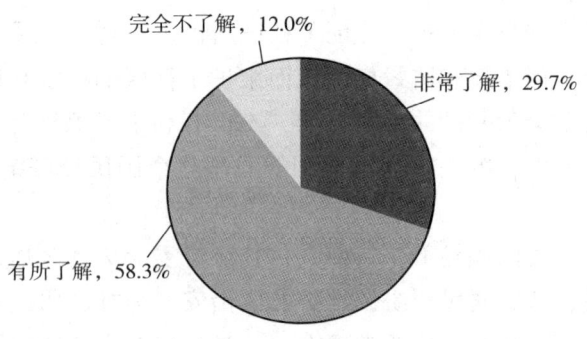

图5-3 小庄新型农村社区居民对所在社区管委会工作是否了解的调查

第四节 发展新型农村社区社会组织

"社会组织一般是指人们为了追求和实现一定的宗旨或目标,依照有关的法律、法规,以公民或团体的身份自愿结成,并按其章程开展活动,不事经营或不以营利为目的的社会组织。在我国,通常认为社会组织是人们为实现特定目标而建立的共同活动的群体,是政党、政府之外的各类民间性组织。"① 当前,随着我国农村社会经济的迅速发展,农村社会组织日益壮大并逐渐发挥重要作用,成为新型农村社区治理的重要力量。在社区治理中,农村社会组织能够为社区发展积极筹措资金、引入资源,有利于激发社区活力,有利于维护社区秩序。但是,由于我国农村地区社会组织发展不平衡、规模小且不够成熟,服务水平和能力有待提高,所以,在新型农村社区治理中并没有充分发挥出其应有的作用,不能满足社区居民多样化的服务需求。在当前形势下,如何完善新型农村社区社会组织,并通过社会组织来加强新型农村社区治理就成了创新农村社会治理方式的一项重要任务。

一、我国新型农村社区社会组织的类型

2015年中央一号文件明确指出:"创新和完善乡村治理机制,要激发农村社会组织活力,重点培育和优先发展农村专业协会类、公益慈善类、社区服务类等社会组织。"随着人民公社体制的解体和改革开放以后农村社会的迅速发展,我国农村地区出现了许多在经济、社会、文化等方面表现突出的农村社会组织。20世纪80年代,我国实行村民自治制度以后,农民群众的参政意识普遍增强,参与农村公共事务治理的积极性、主动性不断提高,各种农村社会组织也应运而生。改革开放之后,国家对于农村社会组织加强了政策保障和资金支持。据统计,目前我国各类农村社会组织约有200万个,它们由社区居民自愿组成,涉及经济、社会和文化等多个领域。

---

① 丁志刚,侯选明.政治学视野中的西北地区治理研究[M].兰州:兰州大学出版社,2010:370.

首先是新型农村社区专业合作组织。这一类组织改革开放以后大量出现,以资金、技术、生产、加工等为纽带,实现了农村资源的有效整合与利用,有利于农业的规模化和集约化经营。改革开放之初,我国农村中很少有专业合作组织,这主要是因为实行家庭联产承包经营责任制以后,农村中以家庭为主的小规模经营完全适应了农业生产的需要。但是,随着生产力的发展,农村中以家庭为主的小规模经营逐渐向规模化、集约化经营转变,在资金、技术、人才等方面需要统一协作,这促进了农村中专业合作组织的出现。特别是新型农村社区生产组织形式的转变客观上需要更多更全面的专业合作组织,这促使了新型农村社区专业合作组织的兴起。

其次是新型农村社区文化艺术组织。此类组织采取开展各种文化艺术活动的形式丰富社区居民生活,推动新型农村社区文化发展,主要包括成立社区广场舞蹈队、戏迷会,社区合唱团举办狮子会、龙灯会等。目前,我国广大农村娱乐设施不健全,影响了农村居民的身心健康,影响了居民思想道德文化素质的提高。新型农村社区要大力培育和发展文化艺术组织,并对其进行相应的人才、资金和场地等支持。新型农村社区文化艺术组织不仅有利于传承和发扬优秀传统文化,而且有利于维护社区和谐稳定和形成社区文化凝聚力。

最后是新型农村社区公益类自发组织。这一类组织主要包括为老人提供福利的老年协会、福利慈善性质的育婴堂和养老院、社区志愿者服务组织和互助协会等,对解决留守老人、留守妇女和留守儿童问题具有十分积极的作用。公益类组织的不断发展壮大反映了新型农村社区文明程度的普遍提高,对新型农村社区的稳定和发展有着越来越重要的影响。

党的十八届三中全会明确指出要"激发社会组织活力",但是,由于我国农村发展仍然比较落后,广大新型农村社区建设仍处于摸索之中,造成了农村社会组织的发展壮大还存在着一些问题,面临着一些困难,影响了社会组织在新型农村社区中作用的发挥。因此,政府部门和新型农村社区管理委员会要积极加强对新型农村社区中社会组织的培育、监管和扶持,促进其持续健康发展,使其在新型农村社区治理中发挥应有的作用。

二、新型农村社区社会组织在社区治理中的作用

党的十八届三中全会通过的《中共中央关于全面深化改革若干重大问题的决定》,明确提出要"改进社会治理方式,鼓励和支持社会各方面参

与，实现政府治理和社会自我调节、居民自治良性互动，同时要激发社会组织活力，加快实施政社分开，推进社会组织明确权责、依法自治、发挥作用"。社会组织在新型农村社区治理中起着极其重要的作用，是"农村社区管理体制的有机组成部分和重要主体，它对于促进基层政府转变职能、提供农村居民公共服务、拓宽就业和再就业途径、强化农村社区自治能力、紧密联系干部群众具有十分重要的意义，对于打破政府部门提供基本公共服务的垄断作用也有一定影响"[1]。

在新型农村社区中，发展社会合作组织对于加强和完善新型农村社区治理有着重要的现实意义。新型农村社区社会组织是改革开放之后我国农村出现的新兴社会力量，也是新型农村社区多元治理的重要主体。社会组织的发展壮大不仅有利于整合和加强社区综合实力，而且有利于推进社区民主政治建设和农村社会建设。多年来，我国农村中社会组织一直缺位，有学者指出："中国农民之所以弱，非常重要的一条不在于他们的数量有多少，而在于农民的组织化程度太低，凝聚不起来，没有自己的组织和声音。"[2] 社会组织是平等、自助、自主的合作共同体组织，它的成员有着极强的自主意识、责任意识和组织能力。现在，新型农村社区社会组织的积极发展，表达了农民群众的利益诉求，是我国当前农村社会的一大进步。时至今日，这些社会组织不仅成了新型农村社区发展经济的重要载体，也成了新型农村社区基层民主政治建设的一个重要载体。因此，对于近些年来不断涌现的农村社会组织，政府部门及社会各方力量要注重对它们的引导、扶持和帮助，使其更快进入规范化、法制化、制度化的轨道。

目前，在我国农村各类社会组织中，发展速度最快、规模最大、影响力最广泛的是新型农村社区专业合作组织。随着经济社会的发展，它们呈现出多元化的趋势，主要包括由社区龙头企业或规模经营大户牵头组成的专业合作组织、社区专业技术人员带头创办的农民合作社、由社会人士围绕社区产业创立的专业合作社等，并发挥着极其重要的作用。2013年3月8日，习近平总书记在参加十二届全国人大一次会议江苏代表团审议时指出，农村合作社是新时期推动现代农业发展、适应市场经济和规模经济的一种组织形式。当前，新型农村社区不断整合农村优势资源和资产，给社

---

[1] 李熠煜. 农村社会组织和社区管理[M]. 湘潭：湘潭大学出版社，2014：140.
[2] 陈锡文. 中国农村的五大问题[N]. 经济观察报，2004-07-25.

区专业合作组织提供了良好的发展机遇。目前,绝大多数新型农村社区专业合作组织主要是围绕当地的特色产品和优势产业来开展生产经营活动,形成了"一村一品""一乡一业"的区域产业化发展格局,极大地推动了社区经济发展,增加了社区居民经济收入,维护了社区和谐稳定。

三、新型农村社区社会组织的自我定位与管理

新型农村社区社会组织建设是社区建设的一个重要组成部分,其自身的自我定位和管理与新型农村社区的发展和治理紧密相关。2007年,我国首个针对农民合作组织的《中华人民共和国农民专业合作社法》正式实施,明确了农民合作组织的自身定位与管理主要是依靠组织内所有成员共同遵守的规则和协议等,从而提升社会组织的高度自治能力和水平[①]。

目前,我国农村的一些领域仍然存在着政治失灵、权力真空现象,这就给农村地区社会组织提供了参与新型农村社区治理的机会,如社区公益类组织自觉主动地承担和解决了社区公共服务和公共物品供给等方面的责任和问题,协调了社区各方不同的利益和需求,充当了新型农村社区治理中的"减震器"。由于农民利益诉求的多元化,新型农村社区社会组织如何实现更好的自我定位与管理,以及如何更好地促进社区社会组织的自我发展,对于推进新型农村社区治理非常重要。所以,新型农村社区社会组织要加强自身的自律与自制。

首先,健全自律机制,强化守法意识。新型农村社区社会组织的建立和发展一定要按照相关法律法规来进行,加强自身的社会责任感,健全自律机制。

其次,加强内部制度管理和人才管理。新型农村社区社会组织的发展需要科学、规范的内部管理制度来促进其良性运作和决策民主。另外,新型农村社区社会组织还需要专业的技术人才。目前,农村社会组织的专业管理人才非常匮乏,其管理者一般是由农户兼任,缺乏专业的管理意识和管理能力,不利于社会组织的良性运行和发展。

再次,政府及相关部门要对新型农村社区社会组织积极进行政策引导和资金扶持,鼓励新型农村社区居民坚持自愿、平等、合作的原则,构建多元化、多类型的新型农村社区社会组织。

---

① 丁志刚. 论国家治理体系及其现代化[J]. 学习与探索, 2014 (11): 52-57.

最后，乡镇政府要积极转变观念，加大对新型农村社区社会组织的监管，定期对其进行考核和绩效评估，从而不断加强对新型农村社区社会组织的治理。

第五节 动员社区企业参与新型农村社区建设与治理

近年来，乡镇企业的异军突起使乡村发生了结构性变迁，也意味着我国新型农村社区出现了新的治理主体。乡镇企业日渐成为我国新型农村社区发展和治理的重要力量，充分发挥其在社区治理中的重要作用，可带动农村社区经济的迅速发展，促进更多社区居民在更广范围内就近就地就业。

一直以来，我国走的都是工业优先发展的现代化发展道路，在20世纪80年代后，我国乡镇经济得到了飞速发展。乡镇企业的迅速发展极大地促进了农村经济繁荣，如"温州模式""苏南模式"，两者都以乡镇企业的发展带动当地农村经济社会的迅速发展而著称。"温州模式"主要是依靠当地企业参与农村社区建设与发展，"苏南模式"主要是依靠集体经济下的乡镇企业来带动农村、农民向城镇化发展。随着各类企业在新型农村社区的日益兴起和蓬勃发展，社区企业成为新型农村社区治理的重要推动力量，促进了新型农村社区的良性运转和稳定发展。新型农村社区企业为居民提供了更多就业岗位和就业机会，有利于增加农民收入和维护社区和谐稳定。反之，良好的新型农村社区环境能为社区企业提供好的生产环境，促进企业更好更快发展。在沿海和发达地区，工业与农村社区紧密联系了起来，以乡镇工业为载体的农村社区逐渐形成，农民的生活方式、从业方式及管理方式都发生了质性变化，社区环境及质量都发生了变迁，传统农村社区向现代城市型社区转型。[①] 由于社区企业扎根于或立足于新型农村社区，所以它们与社区的发展和治理有着天然的密切联系。在具体实践中，企业参与新型农村社区治理呈现出不同模式，有学者对此进行了总结，认为主要有"交叉型"治理、"互挂型"治理和"党组织整合型"治

---

① 成新华，王钰．乡镇工业推动型农村社区的生成、功效及对策研究——关于当前农村社区建设的"瓶颈"问题[J]．齐齐哈尔大学学报（哲学社会科学版），2000（5）：37-40．

理三种[①]。

一、"交叉型"治理

"交叉型"企业参与农村社区治理模式（见图5-4），主要提倡村民委员会（社区管委会）、村办企业和社区服务组织之间的交叉任职。村民委员会（社区管委会）可以派出人员担任村办企业和社区服务组织的领导，而村办企业与社区服务组织的主要负责人也可以兼任村民委员会（社区管委会）的职务。村办企业和社区服务组织之间，也可以互派人员兼任职务。在"交叉型"模式中，无论是村民委员会（社区管委会），还是村办企业和社区服务组织，它们都要接受社区党组织的领导。

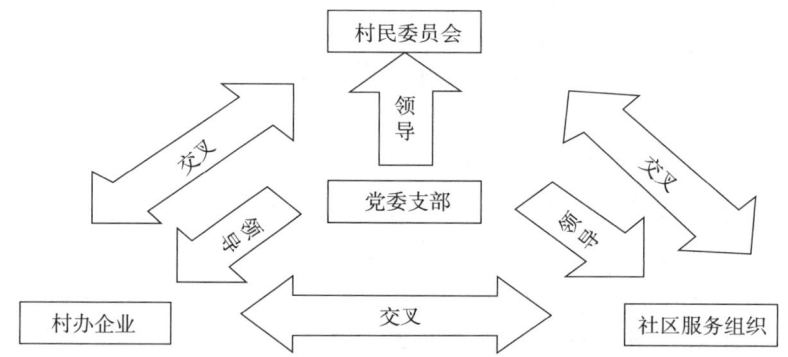

图 5-4　"交叉型"社区组织体制

资料来源：李增元，宋江帆．"企业推动型"农村社区治理模式：缘起、现状及转向[J]．甘肃行政学院学报，2013（2）：12-21．

"交叉型"任职模式有利于村民委员会（社区管委会）、社区企业和社区服务组织之间的整合沟通，能够提高社区事务决策与执行的效率。

二、"互挂型"治理

"互挂型"企业参与农村社区治理模式（见图5-5），主要指村党支部和村委会（社区管委会）与企业之间进行职务互挂。村党支部派遣党支部

---

① 李增元，宋江帆．"企业推动型"农村社区治理模式：缘起、现状及转向[J]．甘肃行政学院学报，2013（2）：12-21．

成员挂职厂长助理，进入企业权力机构参与企业管理；企业权力机构也可以派遣党员干部在村委会（社区管委会）中挂职村主任助理，参与社区管理。这种模式可以密切社区企业与社区党支部、村委会（社区管委会）之间的关系，使村两委的决策能够在企业里面得到有力执行，也能够让企业的呼声迅速传递到社区决策机构，提升社区企业在社区治理中的参与度。

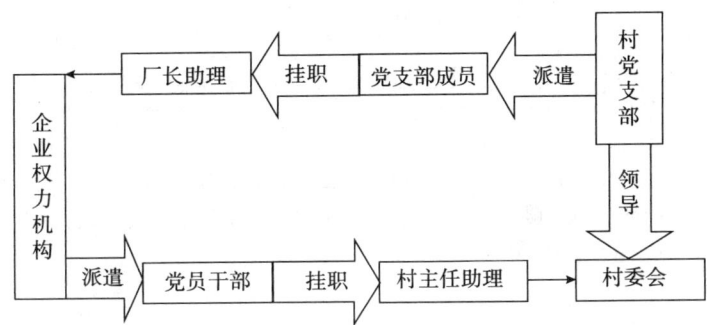

图 5-5　"互挂型"社区组织体制

资料来源：李增元，宋江帆．"企业推动型"农村社区治理模式：缘起、现状及转向[J]．甘肃行政学院学报，2013（2）：12-21．

三、"党组织整合型"治理

"党组织整合型"企业参与农村社区治理模式（见图 5-6），是以村党总支为核心，村党总支包含村党支部、协会党支部和私营企业党支部，村党总支积极占领阵地，在没有支部的协会、企业建立支部。党总支提名党员作为村委会成员候选人，成立党员服务队伍进入农村社区企业进行帮扶，而农村社区企业也可以派出人员进入村委会，参与对新型农村社区各项事务的管理。

上述三类模式是企业参与新型农村社区治理的基本模式，无论采用哪种模式，企业履行自身的社会责任，积极参与社区公益事业，带头积极参与新型农村社区各项建设，都取得了显著成绩。随着各类企业在新型农村社区的蓬勃发展，其在社区治理中发挥着越来越重要的作用，还会产生更多的新模式。无论何种模式，我们都要大力支持农村企业在新型农村社区发展治理中发挥作用，使之成为社区治理的重要主体。

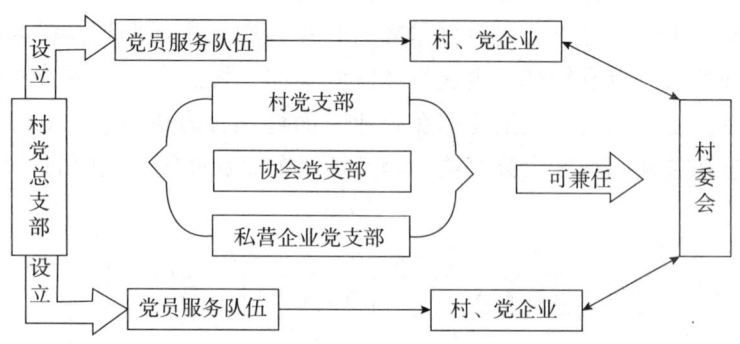

图 5-6　"党组织整合型"社区组织体制

资料来源：李增元，宋江帆．"企业推动型"农村社区治理模式：缘起、现状及转向[J]．甘肃行政学院学报，2013（2）：12-21．

第六节　发挥社区居民参与新型农村社区治理的主体作用

毛泽东说："群众是真正的英雄，而我们自己则往往是幼稚可笑的，不了解这一点，就不能得到起码的知识。"[1] 过去，大多数人将社区居民看作新型农村社区治理的对象而非主体，这一观念随着经济社会的发展正在逐渐发生转变。农民群众既是新型农村社区的居住者和生产消费的主体，又是进行农村建设和加快农村经济发展的核心力量，因此，新型农村社区建设必须明确和发挥居民个人这一主体的积极作用。

一、培养新型农村社区居民的认同感和归属感

马克思指出："在再生产的行为本身中，不但客观条件改变着，例如乡村变为城市，荒野变为消除了林木的耕地，等等；而且生产者也改变着，炼出新的品质，通过生产而发展和改变着自身，造就新的力量和新的观念，造成新的交往方式、新的需要和新的语言。"[2]

---

[1] 毛泽东选集（第3卷）[M]．北京：人民出版社，1991：790．
[2] 马克思恩格斯全集（第46卷）（上）[M]．北京：人民出版社，1974：494．

新型农村社区建设既改变着农村这个客体，同时也改变着居民个人这个主体。在历史发展过程中，农民群众一直处于弱势，缺乏主体意识，只是被动参与者。搬进新型农村社区以后，农民群众由于文化素质不高，民主政治意识薄弱，参与新型农村社区建设与治理没有热情，没有真正成为新型农村社区建设与治理的重要力量。在新型农村社区建设过程中，我们要尊重农民群众的主体地位，激发其主观能动性，提高其综合素质，增强其主人翁意识，增加其参与社区事务管理的自信心，使其自觉主动地为社区的发展做出贡献。

目前，我国广大农民群众受教育程度和经济收入等偏低，对新型农村社区建设不理解、不支持，搬进新型农村社区以后，对新型农村社区感觉很陌生，对生产生活很不习惯，主动参与社区事务的积极性并不是很高，最根本的原因就是大部分社区居民对所居住的社区还没有形成认同感、使命感，认为社区治理是政府和社区管委会应该做的事，与自己无关，只关心与自身利益相关的事情，导致社区没有凝聚力、向心力。

另外，我国新型农村社区的主要形式是将多个村庄合并，把这些村庄的村民从空间上集中在一起居住，从表面上看似乎没有了行政界限和地域边界，但实际上，组合后的村民在情感上并没有完全融合，他们对于自己原来的村庄有很深厚的感情，对合并而成的社区在某种程度上有着排斥情绪，导致新型农村社区出现比较严重的认同危机。

居民个人是参与新型农村社区治理的主体力量，社区发展要从其切身利益和真正需求出发，不断改善社区生产生活环境，充分尊重社区居民意愿，才能让社区居民切实产生对社区的认同感和归属感，促进其与社区之间的密切融合。究其实，广大农民群众的认同感和归属感源自于其自身利益诉求的实现，只要广大人民群众的生产生活需要真正得到满足，其自然就会对所在社区产生强烈的认同感和归属感。此外，要培养新型农村社区居民的认同感和归属感，还应注意引导社区居民发扬自力更生、自强不息、艰苦奋斗的精神，为新型农村社区发展和自己的幸福生活付出努力。广大农民群众也只有努力奋斗创造美好生活，才能在新型农村社区中找到自己的位置，从而在经济上、文化上、情感上与新型农村社区凝结在一起。

二、发挥社区居民参与社区公共事务管理的积极性

居民个人作为新型农村社区的重要主体，通过参与社区事务管理保障

了自己的基本权利和根本利益。同时，社区居民的积极广泛参与也成为新型农村社区发展的直接动力。因此，我们必须采取有效措施，激发农民群众的积极性、主动性和创造性，充分发挥农民群众的主体作用，让社区居民充分参与新型农村社区公共事务的管理。

一是营造社区居民参与社区公共事务管理的条件。社区公共事务与社区居民的切身利益密切相关，也是社区居民密切关注的焦点。对于一些政治观念和民主意识较强的社区居民来说，他们十分希望自己能够参与到社区事务管理中，为社区发展和居民幸福奉献自己的力量。因此，要积极营造社区居民参与管理的条件，充分发挥社区居民的主体作用。

二是加强社区居民文化水平与专业技能的培训。农村经济的迅速发展提高了农民的生活水平，但是农民的科学文化素质仍有待提高。新型农村社区治理的扎实有序推进离不开居民个人文化素质的提升，所以新型农村社区的建设和治理，一定要注重让社区居民通过多种方式和途径参加科学文化知识学习、农业专业知识学习和农业专业技能培训，使其有能力、有自信、有参与意识，积极发挥其主体作用。

三是保证社区居民在公共事务中的参与权和监督权。随着广大农民在新型农村社区治理中的主体意识的逐渐提高，他们对社区事务的参与和关注意识越来越强烈，社区管理者要积极进行政务公开和财务公开，建构社区居民参与机制和监督机制，充分利用社区居民参与管理的积极性、主动性，共同维护社区的和谐、稳定与发展。

当前，在党委政府的引导下，新型农村社区居民渐渐觉悟，他们借新型农村社区建设这个东风，改变了自己的生产生活方式。有的农民群众不再外出打工，转换思路在本地经商办企业；有的农民群众过去对村民自治漠不关心，现在对参与社区民主选举非常热心；有的农民群众过去对农村卫生、环保毫不在意，现在主动请缨，担任社区的卫生监督员；有的农民群众义务参与社区志愿服务，为新型农村社区的发展奉献自己的力量。这些都充分说明，社区居民在参与社区公共事务的管理中发挥了积极作用。

三、发挥"新乡贤"群体的独特作用

新型农村社区是在农村建的社区，根在农村，农民群众是其存在主体以及重要的治理主体。"新乡贤"作为根在农村的有能力、有见识的优秀代表，对新型农村社区的治理发挥着极为重要的作用。

1. "新乡贤"参与新型农村社区治理的可行性

"乡贤"一词始于东汉,是对那些乡间邻里所推崇敬重的人的称呼。"他们之所以被旌表,主要是在五个方面发挥作用:崇文重教、敦化民俗、管理公产、促进公益、协和乡村。"[1] 在古代,乡贤亦是乡魂,他们参与地方教育和文化事业的兴起,推动乡村的经济繁荣和发展,在乡村治理中确实起着非常重要的作用。

我国新型农村社区在治理过程中,乡村环境和场域悄悄地发生了一系列变化,村民赖以生产生活的家园正在逐渐消失,那种安土重迁的乡情和熟人社会在不少乡村已经毫无踪迹,农村的精英人士也在不断流失,乡村治理出现人才匮乏的局面,呼唤"新乡贤"的出现。

"新乡贤"参与新型农村社区治理有其理论上的依据。2014年9月,中央政治局委员、中宣部部长刘奇葆指出,乡贤文化根植乡土、贴近性强,蕴含着见贤思齐、崇德向善的力量,我们要继承和弘扬有益于当代的乡贤文化。2016年,全国两会讨论通过的《中华人民共和国国民经济和社会发展第十三个五年规划纲要》提出要"培育文明乡风、优良家风、新乡贤文化"。当下,"乡贤"一词的内涵随着时代和社会的发展发生了变化,人们将农村地区的精英人士称为"新乡贤",一般指那些在家乡威望高、口碑好、能力强的贤达人士。新乡贤不仅对我国传统文化和乡村情况非常了解,而且有着丰富的新知识和开阔的眼界,有利于协调新型农村社区各类矛盾、维护乡村秩序。

"新乡贤"是我国新型农村社区治理和发展的现实需要,许多学者认为,"新乡贤""既是社会主流价值理念的感知者和认同者,也是乡村共同利益的代表者和维护者,他们体现了国家和乡村社会的相对分离,更体现了国家与乡村社会的某种合一"[2]。因此,他们在社区事务中比普通村民有着更强的凝聚力和感召力,他们才是真正意义上的治理主体。

2. 提供多种途径和渠道,发挥"新乡贤"群体的独特作用

在新时期,我们需要把新乡贤吸纳到新型农村社区治理体系中,充分发挥他们的积极作用,从而使我国新型农村社区得到更好的治理。

一是创新制度机制,吸引新乡贤回归故乡。在我国几千年文明发展史

---

[1] 颜德如. 以新乡贤推进当代中国乡村治理[J]. 理论探讨, 2016(1): 17-21.
[2] 刘晔. 乡村治理的结构性变迁, 革命后社会的政治与现代化, 复旦政治学评论第一辑[M]. 上海: 上海辞书出版社, 2002: 265.

中，乡贤历来都是广受民众推崇和敬重的群体。当下的新乡贤可以分为两类，一类是土生土长的，他们一直都在农村生活，对乡土历史和文化有着深厚的了解，一直服务于村务民事的协调和治理，比如优秀基层干部、道德模范等；另一类是从小生活在农村，长大在外工作的成功人士，比如退休公职人员和在外创业功成名就者。第一类一直处于乡村邻里这张乡情关系网中，与村民沟通、联系都比较顺畅，目前在农村生活不存在什么问题。但是就第二类新乡贤来说，由于他们已经脱离了农村生活，回乡之后就会面临诸多问题。要想加强新型农村社区治理，特别是要想为新型农村社区找到一个发展的领头羊，群众的好当家，我们就必须拓展思路，创新机制，以情动人，给予荣誉，尽可能解决新乡贤返乡后遇到的问题，鼓励他们回到农村，伏下身子，为新型农村社区建设与治理做出贡献。

二是积极搭建平台，发挥新乡贤独特作用。作为成功人士的新乡贤对于农村经济社会发展有着非常重要的作用，我们要吸引和鼓励他们回乡支持农村建设，贡献自己的知识和力量来反哺桑梓。要积极拓宽与搭建新乡贤参与新型农村社区治理的途径和渠道，主动聘任他们到农村社区居民委员会任职，或者是到乡镇基层政府担任农村事务顾问等。

三是创造条件，助新乡贤充分发挥作用。对于返乡反哺农村的新乡贤来说，他们过去与村民联系少，缺乏沟通与了解，刚开始开展工作会受到诸多阻碍与误解。乡镇基层政府和社区管理委员会要积极采取措施与他们进行沟通，采取一定方式对他们的光荣事迹进行宣传报道，使之得到居民认同和尊重。同时，要帮助新乡贤实现他们的想法，比如帮助他们组织各种协会或者成立专业合作组织，让他们利用自己的特长在新型农村社区治理中充分发挥作用。

第六章 改进新型农村社区治理方式

新型农村社区治理具有多元治理主体，涉及多个领域，决定了新型农村社区治理包含制度、法律、政策、民风民俗与伦理道德等多个方面。制度方面主要指改进和完善基层群众自治制度、乡镇治理机制、社区居民信访制度等；法律方面主要指乡镇政府由"人治"向"法治"的转变以及居民法律意识和法律素质的不断提高；政策方面主要指积极加强国家涉农政策和新型农村社区政策的宣传和落实；民风民俗与伦理道德方面主要指充分发挥村规民约、传统伦理道德在新型农村社区治理中的重要作用。对于新型农村社区来说，制度、法律与政策是其发展和治理所依靠的基本机制[1]，同时民风民俗与伦理道德也同样有着重要的规范和约束作用。

第一节 加强新型农村社区治理的制度保障

罗尔斯提出："正义的社会制度，是每个人对其他人所拥有的最广泛的基本自由体系相容的类似自由体系，都应有一种平等的权利。"[2] 他认为，社会制度的首要价值就是保证正义和平等。从宏观角度来说，新型农村社区的发展是实现城乡平等、趋向社会正义的一个重大导向，而制度则是实现新型农村社区正义和平等的重要保障，具有十分重要的意义。当前，新型农村社区的发展和治理是一个多元主体共同参与的过程，面临着各种挑战，出现了多层次、多方面的矛盾和冲突。要处理这些矛盾和冲突，必须健全新型农村社区治理的各项制度，不断推进新型农村社区治理机制的完善。

---

[1] 丁志刚，侯选明. 政治学视野中的西北地区治理研究[M]. 兰州：兰州大学出版社，2010：11.
[2] [美] 约翰·罗尔斯. 正义论[M]. 何怀宏，等译. 北京：中国社会科学出版社，1988：302.

一、不断完善基层群众自治制度

"制度的作用在于它用法定的群体规范为准绳,来约束社会成员的社会行为,达到维持和稳定社会秩序的目的。"[①] 对于我国广大农村地区来说,基层群众自治制度最重要的就是村民自治,即依照宪法和法律,由村民选举的成员组成村民委员会,实行自我管理、自我教育、自我服务、自我监督,它的实质依据和有效载体是《村民委员会组织法》。1987年11月24日,第六届全国人大常委会第二十三次会议审议通过并公布了《中华人民共和国村民委员会组织法》,于1988年6月1日起开始试行。1998年11月4日,中华人民共和国主席令第9号公布其正式施行。到目前为止,《村民委员会组织法》已经颁布实行30多年。

《村民委员会组织法》的颁布并实施是我国广大农村人民群众政治生活中的一件大事,也是基层群众自治制度的一项根本性内容。《村民委员会组织法》的基本依据是《宪法》,其正式纳入中国特色社会主义政治制度体系范畴,是我国民主政治制度建设的重大进步和创新。在我国,基层群众自治制度最先在城市产生,在之后的民主实践过程中,逐渐成为广大农村地区的根本性制度安排。在我国广大农村,村民委员会作为建立在农村的基层群众性自治组织,虽然不是国家基层政权组织,不是一级政府,也不是乡镇政府的派出机构,但却是在民主选举的基础上,广大农民群众行使基本权利的一种基本形式。

当前,新型城镇化带来的农村社会的新形势和新变化,使新型农村社区的治理方式也发生了变化。"作为城镇组织体系末端的新型农村社区的建设是村民自治的延伸和拓展,是农村基层民主在新的历史条件下的创新和发展。随着新型农村社区生活的形成,先前那种以血缘宗亲为纽带、乡土生活为根基的村落熟人社会将逐渐解体,新的民主平等、法制健全的社区生活环境逐步形成。以往的村民自治开始向社区自治转型,有利于进一步扩大基层民主,完善群众自治制度,增强社会自治功能。"[②] 在新型农村社区,基层群众自治制度的实现形式就是社区管理委员会。当前进行的新型农村社区治理实践为不断完善基层民主自治制度提供了较多的理论总结

---

① 李熠煜. 农村社会组织和社区管理[M]. 湘潭:湘潭大学出版社,2014:67.
② 唐萍. 城镇化背景下新型农村社区建设的目标诉求与路径探析[J]. 云南行政学院学报,2013(6):65-68.

和创新思想；反之，基层群众自治制度也为推进新型农村社区建设提供了有力的制度保障。

为适应这种新形势，党的十七大将"基层群众自治制度"纳入中国特色社会主义政治制度范畴，明确提出了"要健全基层党组织领导的充满活力的基层群众自治机制，扩大基层群众自治范围，完善民主管理制度，把城乡社区建设为管理有序、服务完善、文明祥和的社会生活共同体"。社会主义政治制度的不断完善，从根本上保证了民主政治的实现。只有不断完善基层群众自治制度，不断巩固其地位，才能使新型农村社区建设拥有坚实的群众基础和动力之源。只有真正让新型农村社区居民掌握管理社区的权力，实现当家做主，才能切实推行民主选举、民主管理、民主决策、民主监督，使基层群众自治制度落到实处。

二、不断完善乡镇治理机制

党的十七届三中全会指出，要"继续推进农村综合改革，着力增强乡镇政府社会管理和公共服务职能。完善与农民政治参与积极性不断提高相适应的乡镇治理机制，实行政务公开，依法保障农民的知情权、参与权、表达权、监督权"，这是在党的历次中央全会文献中第一次正式出现"乡镇治理机制"这一概念。"所谓乡镇治理机制，就是在党的领导下充分发挥政府、社会组织、公民等多方面的积极性，最广泛地动员农民群众依法管理乡镇事务的制度、手段、途径的总称。"[①]

乡镇属于国家政权在农村地区最基础的行政区划，是广大农民进行生产生活的重要区域，乡镇的稳定和发展是整个国家和社会稳定发展的基础。从治理主体来看，乡镇治理是一个多元参与的过程，其中乡镇政府是乡镇治理中最重要的主体，发挥着至关重要的作用。20世纪80年代以来，我国乡镇治理逐渐形成并不断发展，对促进我国乡镇的经济、政治、文化、社会、生态发展起到了非常重要的作用。在全面建成小康社会的新时期，农村经济社会建设进入了新的发展阶段，促使农村利益格局发生改变。随着新型农村社区建设的不断推进，乡镇治理面临着新要求、新挑战。与此同时，随着农村社会的不断发展和农村综合改革的不断深化，乡

---

① 诸凤娟．农民政治参与积极性与乡镇治理机制完善的关系研究[J]．中国特色社会主义研究，2010（3）：60-65．

镇治理机制的弊端逐渐暴露并日益突出，如机构臃肿、人浮于事、乡镇财政困难、激励手段缺失等，严重影响了乡镇政府职能的发挥。

改革开放40年来，乡镇政府尽管进行过多次改革，但这些改革却并未触及乡镇治理矛盾的实质，乡镇机构改革"换汤不换药"的手法致使乡镇过去存在的弊端和矛盾今天依然存在。同时，新型城镇化和新型农村社区建设的快速发展，促使乡镇治理又面临着新的矛盾和问题。因此，在新的形势下，乡镇进行必要的改革，积极完善乡镇治理机制才能加强对农村社会的有效治理。也只有认真、彻底解决乡镇治理中出现的问题和困难，才能为新型农村社区的长足发展和治理扫清障碍。

"乡镇治理的目的是为了有序、稳定，减少损耗，降低人民的生产、生活以及心理成本，实现当地人民的根本利益。一个治理机制有效与否并不取决于其设计有多么完美和与众不同，而是要考虑其能否顾及到当地的实际情况，能否为当地民众认可，能否和当地实现有效的融合，能否达到治理的目的。"① 因此，健全和完善乡镇治理机制需要注意以下几个方面：首先，需要有相应的利益诉求表达机制、矛盾调解机制、利益协调机制和权益保障机制；其次，要积极畅通与拓宽农民群众政治参与的渠道；最后，要求乡镇政府积极实行财务、政务公开，建设透明政府，保证新型农村社区居民的政治知情权，实现乡镇政府的科学民主决策和廉洁高效运转。

在具体实践中，很多地方对乡镇治理手段进行了不断探索并取得了明显成效。比如，湖北省运用市场机制进行乡镇治理，他们采用政府部门、社会资本、金融机构、第三方服务等多方参与的PPP②方式，吸引社会资本快速介入乡镇项目建设。河南省在乡镇治理中运用"四议两公开"工作法，在决定村级重大事务时，由村党支部会提议，村"两委"会商议，党员大会审议，村民代表会议或村民会议决议，并对重大事务的决议公开，实施结果公开。江西省余干县运用"查、看、访"工作法进行乡镇治理，

---

① 徐方正，周庆行. 新型乡镇治理机制的研究——基于民主发展的不均衡性和治理的有效性分析[J]. 行政论坛，2010（3）：14-17.

② PPP（Public-Private Partnership）是指政府和社会资本合作，让非公共部门参与提供公共产品和服务的一种公共基础设施项目运作模式。该模式鼓励私营企业、民营资本利用自己所掌握的资源服务社会，同时从社会上获得一定的补偿，从而达到合作各方比预期单独行动更为有利的结果。

及时排查社会矛盾源头,解决矛盾纠纷,消灭信访不稳定因素。

　　青海省互助县小庄新型农村社区所在的威远镇也积极探索乡镇治理方式,他们在积极推进社区治理过程中,根据社区项目建设工作的需要,不断进行体制机制创新,建立了四项工作机制,吸引多方社会力量参与乡镇事务管理,营造了良性、稳定、有序的新型农村社区政治环境和生活环境。一是联系协调机制。针对新型农村社区建设中的重大事项,建立机构联席办公处理制度,及时协调处理重大问题。比如,小庄新型农村社区在建设过程中,先后召开由城建、环保、文化、社保等10余个部门参与的协调会议,统一处理社区建设中遇到的问题,克服社区建设中遇到的困难,保证了社区建设进度。二是督促检查机制。政府机构部门主要领导定期或者不定期检查和督促社区项目进展情况。比如,乡镇政府在社区广场的建设过程中,采用"盯建"的做法,派人专门盯住广场建设进度,及时处理了遇到的问题,排除了施工干扰,加强了施工力量,使原本计划三个月的工期缩短为一个月,减少了广场建设对整个社区环境及旅游经济的影响。三是项目管理机制。严格按照建设规模、标准、安全生产规程进行施工,杜绝了超规模、超标准、超概算等现象的发生。狠抓工程质量,加强审计监督,杜绝了工程建设过程中的腐败问题。四是责任追究机制。由乡镇纪委牵头,建立健全项目质量、监理等责任追究制度。实行以预防为主、追究为辅的责任追究机制,在项目建设前和建设中,对相关参与各方持续不断地进行廉政教育,确保每一项工程、每一个项目成为廉洁工程、廉洁项目。一旦出现工程质量问题,严格追究相关责任,并确保追究责任有主体、有责任人。

第二节　改善新型农村社区治理的法治环境

　　亚里士多德说:"法治应该包括两重重要意义:已成立的法律要获得普遍的服从,而大家所服从的法律又应该本身是制定得良好的法律。"[1] 法律不仅是我国农村社会发展的必要保障,也是推进新型农村社区有序治理的强大后盾,新型农村社区法治建设就是依靠法治来调节和规范社区运

---

[1] 亚里士多德. 政治学[M]. 吴寿彭, 译. 北京:商务印书馆, 1965:167.

行。通过立法来解决农村发展问题，有利于引导乡村实现有序、规范、协调发展，这一做法在国外早已有之。世界上最先通过立法来解决乡村发展问题的国家是英国。1760~1851年，英国开始了农村城市化的过程，在农村城市化的过程中，大量失业工人生活居住条件恶化，死亡率上升，社会贫富差距拉大，环境污染严重。"在伦敦，拥有万人以上的贫民窟约有20个，那里的悲惨景象是英国任何其他地方都看不见的，就说是地狱生活，也不算过分。"① 面对这种情况，英国出台了一系列法律法规来解决农村发展问题，从1875年英国通过《公共卫生法》到1909年英国第一部涉及住房和城乡规划的法律《住房及城市规划诸法》，再到1952年的《城镇发展法》，英国已经基本形成了一套比较完善的农村发展法规体系。日本在城市化后期也制定了大量与农村发展相关的法律。20世纪五六十年代，针对在城市化进程中乡村地区出现的凋敝现象，日本通过了《过疏地区活跃法特别措施法》《山区振兴法》《町村合并促进法》《向农村地区引入工业促进法》《关于促进地方中心小都市地区建设及产业业务设施重新布局的法律》等法规，以促进农村地区发展。针对农村地区的发展与治理，我们党和政府也采取了一系列措施，制定了一系列法律法规，形成了完备的法律法规体系。

一、完善新型农村社区治理法律法规体系

法律具有相对稳定性，要想推进新型农村社区快速、稳定发展，必须依靠法律，依靠新型农村社区法治环境的改善。改革开放以来，我国农村地区的法治建设取得了长足的进步，但在新型城镇化建设快速发展的当下，其仍有待进一步加强和完善。改善新型农村社区治理的法治环境，是推进新型城镇化建设的迫切需要，也是促进新型农村社区治理走向法治化的重要途径。

在新型农村社区建设全面推进的当下，国家对新型农村社区法治建设给予了高度重视，多次下发重要文件以推进其法治建设进程。党的十八届四中全会提出了"法治国家、法治政府、法治社会"三位一体的新目标和新要求，要求将农村社区建设与治理活动纳入法律规范体系，将法治与农村社会生产、生活秩序有机结合起来；2015年2月，中央一号文件要求

---

① 马克思恩格斯选集（第2卷）[M].北京：人民出版社，1957：300.

第六章 改进新型农村社区治理方式

"必须加快完善农业农村法律体系，同步推进城乡法治建设"，首次提出农村社区法治建设的政策框架；2015年11月，中共中央办公厅、国务院办公厅公布《深化农村改革综合性实施方案》（中办发〔2015〕49号），特别提出了"农业农村法律法规进一步完善并加强，农村基层法治水平进一步提高"的要求，充分肯定法治建设对于"三农"问题的重要作用；2016年1月，中央一号文件更进一步聚焦农村社区建设，提出要"加强农村法律服务和法律援助。推进县乡村三级综治中心建设，完善农村治安防控体系"。

截至目前，我国新型农村社区建设法律法规体系的基本框架可以分为以下四个层次：①确立推动城乡一体化的原则，推进城乡一体化立法。2007年10月通过的《城乡规划法》，在推进城乡统筹发展、城乡一体化发展方面迈出了坚实的一步。②农民平等保障立法，特别是加强农村基础设施、社会保障、社会服务、公共产品的供给、权益保障等领域的立法保障。③农业支持和保护立法。④建立健全农村治理与农民组织等领域的专门法律和法规。①

当下，新型农村社区在全国已遍地开花，在促进新型农村社区治理的各种社会规范中，我们必须重视法律的基础性地位。新型农村社区法治建设是我国农村法治化建设的一个重要方面，也是整个中国法治化进程的一个重要环节。我国农村地区的法律体系不断得到完善和有效落实，对于保障农民群众的根本权利具有重要意义。当今与村民自治和农民群众根本利益关联最为密切的《村民委员会组织法》，在新型农村社区治理中具有基础性地位。

《村民委员会组织法》是我国一项基本法律，于1988年6月1日起试行以来屡次修订，目前实行的《村民委员会组织法》是2010年10月28日由第十一届全国人民代表大会常务委员会第十七次会议修订通过的，它不仅为我国农村社区居民自治和民主政治奠定了法律基础，而且使之走上了规范化、制度化的道路。《村民委员会组织法》有力促进了农村的发展和稳定，保障了农村社区居民自治。"把'充分尊重农民群众的意愿'作为推动农村基层治理方式变革的前提，保证村民在直接选举中的推选权、选举权、直接提名权、投票权、罢免权落到实处，还保证了选前的村级财务清理审计不再走过场，落选的老班子拒不办交接、不交公章、不交账簿事

---

① 黎昕. 新型农村社区建设研究[M]. 武汉：华中科技大学出版社，2015：77-78.

件不再发生,使农村基层治理方式得以健康地向前发展。"① 严格遵守《村民委员会组织法》是改善新型农村社区法治环境的重要保证,所以,在《村民委员会组织法》的贯彻执行过程中,必须确保基层政府、社区基层党组织、社区管委会及其成员做到有法必依、执法必严、违法必究,并建立相应的监督制约机制,保证新型农村社区居民自治的实现。

二、乡镇政府要积极向法治政府转变

"法治是现代社会普遍的组织形式和治国方略,是人类社会进步和文明的标志,是现代化建设过程中不可或缺的内容,是衡量一个社会是否现代化的重要参数。人类社会发展的历史轨迹和现实运动都不可辩驳地表明,如果缺少法治,社会的现代化是不可能实现的。"② 乡镇政府作为我国政府大厦的基石,是新型农村社区发展和治理的重要主体,其依法行政体现了依法治国的根本要求,推进了民主政治进程。目前,我国有将近5万个乡镇政府,乡镇政府在新型农村社区治理中发挥重要作用离不开法治保障。因此,依法行政既是依法治国的关键点,也是乡镇政府对新型农村社区有效治理的重要基点。

乡镇政府向法治政府转变是我国法治建设进程的要求,要求乡镇政府依法行政、依法治理,这不仅能够推动我国基础法治建设,更能有效促进新型农村社区治理走向法治化。乡镇政府在推进依法行政的过程中,需要加强相关的法律规范和制度建设,提升其法治能力,维护新型农村社区的公平正义,保障社区居民的合法权益不受侵犯。上级政府培育法治型乡镇政府,一定要弄清依法治国对法治政府的要求,始终坚持党的领导,遵循"法治轨道",完善和规范执法的体制和程序,尤其是要通过制定一系列法律法规,促使乡镇政府由"人治政府"向"法治政府"转变,而要做到这一点,必须特别注意以下两个方面:

一是建立考核约束机制。依法行政需要考核约束机制的保障,建立考核约束机制要目标明确,责任到位。上级行政部门要将乡镇政府法治建设情况纳入政府绩效考核考评,并将其作为选拔任用干部的重要依据。

---

① 白钢. 中国基层治理的变革[J]. 民主与科学,2003(6):18-22.
② 丁志刚. 试论全球化背景下中国政治改革的基本价值取向[J]. 云南行政学院学报,2009(1):4-7.

二是建立健全监督机制和问责机制。乡镇政府要设立政务公开监督小组，坚持定期进行政务、财务公开，并引入社会监督，实现法律、群众、行政和社会等多主体监督相结合；对新型农村社区各项事务采取民主决策的方式，推进基层民主进程；对社区建设和治理实行问责机制，确保社区建设顺利进行。

改善新型农村社区治理法治环境的过程，也是提高乡镇政府治理能力的过程。河南省许昌市建安区五女店镇和青海省互助县威远镇在推进新型农村社区建设过程中，强调法治建设、坚持依法行政，让法治成为实现社区有序治理的根本保证，保障了社区居民的根本利益，实现了社区的长远发展。

三、不断提高新型农村社区居民的法律意识和法律素质

新型农村社区实现有效治理不单单表现为社区居民的生活水平得到较大提高，更重要的是他们的综合素质得到了全面提高。对于新型农村社区居民来说，良好的社区法治建设能够有力地促使社区治理走上法治轨道，这就要求要不断提高新型农村社区居民的法律意识和法律素质，也只有这样，才能巩固新型农村社区治理的法治基础，促进法治社会的形成。居民法律意识和法律素质不断加强，就会在社区管理中有着强大的自信心、责任心和参与热情，为社区发展做出贡献。反之，一个缺乏法治精神的农村社区，居民自治主体缺乏权利意识和责任意识，就不能够以饱满的热情自觉参与社区民主选举、民主决策、民主管理和民主监督，这样，广大社区居民的参与意识和公共意识也必将缺失，社区自治实践也必将缺乏持久的内在驱动力。

当前，居民法律意识和法律素质不强是新型农村社区法治建设中最突出的问题，怕惹事、怕招麻烦是我国广大农民普遍存在的问题。当社区居民的合法利益遭到侵犯时，他们往往采取"私了"的方法或者忍气吞声，很少有人拿起法律武器来维护自己的合法权益。因此，在新型农村社区建设中，一定要采取积极有效的措施推进社区法治建设，提高社区居民的法治意识。在这方面，河南省许昌市建安区五女店镇政府在苗店新型农村社区的一些具体做法值得我们参考。首先，做好新型农村社区法制教育宣传。利用社区广播、宣传栏、手机报等多种途径宣传法制，每周通过手机定期发送相关的法律法规短信，使社区居民不仅知法、懂法、守法，还会用法。其次，建立新型农村社区法律服务所。过去，法制环境的薄弱在很

大程度上影响了社区居民法治意识的提高，为此，五女店镇政府在苗店新型农村社区建立了法律服务所，提供法律咨询和帮助，提升了新型农村社区居民的法律意识和法律素质。最后，开展与"三农"密切相关的法律公益活动。农村地区相对闭塞落后，广大农民法律知识极度缺乏。为了提升居民的法律素质，苗店新型农村社区多次邀请县司法局工作人员到社区进行普法，司法工作人员通过活生生的案例给社区居民讲解法律知识，使社区居民养成了依法办事的习惯。

第三节 加快新型农村社区治理的政策推进

我国是一个农业大国，农村发展关乎国计民生，是整个社会发展的基石。"三农"政策的发布和实施对于我国新型农村社区发展乃至整个农村地区的发展有着至关重要的影响。改革开放之初，党中央连续出台了五个"一号文件"，2004年后，又连续出台了13个"一号文件"，这些文件都聚焦"三农"工作，表明了中央对"三农"问题的高度重视。

一、政策是保证新型农村社区各项工作正常开展的指南

农村工作历来是我国社会主义建设工作的重中之重，农村工作的顺利进展离不开国家方针政策的正确引导。"正确的农业和农村政策对我国农村改革、发展与稳定起到了明显的保障和促进作用，没有这些正确的农业和农村政策，也就没有今天农村经济的繁荣。"①

对于新型农村社区来说，农村政策是新型农村社区治理的先行和支撑，是社区各项工作正常开展的保证。中华人民共和国成立以来，我国一直坚持"强农""惠农"，积极进行农村改革，发布和实施有利于农业、农村、农民发展的一系列政策。特别是1978年以来，党中央审时度势，实行了以家庭联产承包经营责任制为主的双层经营体制，在集体所有的基础上，农户承包经营，自主管理，极大地促进了农村经济发展。进入21世纪后，特别是开展新型农村社区建设以来，全国各地新型农村社区在坚持家庭联产承包经营责任制的基础上，纷纷加强完善政策，通过加强社区治理

---

① 谷中原，吴晓林.农村社区建设与管理[M].北京：北京大学出版社，2012：327.

第六章　改进新型农村社区治理方式

领域的顶层设计和政策供给，实现了农村政策与基层实践的有效对接。这些政策始终坚持以增加农民收入和促进农村经济发展为核心，始终围绕促进城乡一体化加快发展农村公共事业，极大地促进了我国农村社会的进步。

但是，家庭联产承包经营责任制客观上在某些方面已经制约了经济社会的发展。比如，在河南省许昌市建安区陈曹乡，这里是国家小麦主产区，大部分村民人均承包地为1.2亩到1.4亩，根据地块长度，每个人平均承包地块的宽度大约为2米到6米，而收割小麦的大型农机具宽度基本上都在8米左右，如果一个农户家庭成员不多，大型农机具就基本无法进入地块进行收割。但在农业种植中，机械化程度越高，成本就会越低，大型农机收割的小麦地块每亩地的收割成本仅仅在25元左右，即使加上技术人员的工资、机械的折旧费等，每亩地的收割费用也仅在40元左右，而采用小型机械收割，成本将飙升到50元以上，人工收割的成本更会飙升到100元以上。河南省许昌市建安区有着全国最大的小麦农机具制造企业豪丰农机，这里有专门研究小麦农机开发的博士后流动站，为了适应分散地块的收割经营，豪丰农机不得不专注于研发小型农机，客观上制约了技术的进一步改进。这充分说明，就陈曹乡一部分村的情况而言，家庭联产承包责任制如果不进行改革，将会阻碍生产力的发展，而这种情况在全国大部分小麦主产区均不同程度的存在。

为适应新形势下农业生产经营的要求，2016年10月，中共中央办公厅和国务院办公厅联合印发了《关于完善农村土地所有权承包权经营权分置办法的意见》，就新形势下如何进行农村改革提出了更为切合实际的意见建议。"三权分置"指的是，农村土地所有权、承包权、经营权三权分开、促进土地经营权流转。在"三权分置"政策下，农村土地的所有权、承包权和经营权既存在整体效用，又具有各自的独立功能。当前，实施"三权分置"的重点是放活经营权，核心要义就是明确赋予经营权应有的法律地位和权能。"三权分置"政策的实施，代表着新一轮农村土地制度改革的春潮已经涌动，新一轮土改大幕正在开启。

自农村全面改革以来，除了宏观层面的家庭联产承包经营责任制和"三权分置"以外，微观层面国家也出台了多项与"三农"密切相关的惠农政策，如减免农业税、实行农业补贴、新型农村合作医疗、农村居民最低生活保障和农村免费义务教育等。这一系列政策解决了难点和焦点问题,让广大农民深刻感受到了来自于党和政府的温暖。

二、加强各项涉农政策的宣传和落实

改革开放以来我国农村政策的实践,给我们促进新型农村社区建设提供了借鉴。一是要制定符合实际的政策。这是制定政策所要坚持的首要原则。不管是国家出台的农村政策还是地方对国家政策的具体落实,都要始终围绕目前农村发展的实际。二是要大力落实政策。农村政策的落实情况直接影响新型农村社区的发展,新型农村社区的发展又直接关系到农村政策的落实,两者相辅相成。三是要积极创新政策。在农村发展的不同阶段,政策具有明显的阶段性特征。在不同的历史时期,农村政策发挥着不同作用,农村政策需要与时俱进,不断创新。只有不断地创新农村政策和落实办法,才能巩固新型农村社区发展成果。

我国的农村政策是与农业进步、农村发展和农民增收紧密相关的,在对我国部分新型农村社区的走访中,笔者发现,农村政策得到强有力贯彻执行的地区,社区建设和发展又好又快,而一些没有有效落实政策的新型农村社区,则存在着较多问题和矛盾,发展缓慢。政策是保证新型农村社区各项工作正常开展的指南,新型农村社区的发展和治理离不开科学的政策。新型农村社区建设和治理,必须大力宣传和普及关于新型农村社区的各项政策措施,用最直接的、群众最为喜闻乐见的方式把各项政策宣传到村、宣传到户,使广大社区居民充分了解政策、掌握政策,引导社区居民认清所面临的难得机遇和有利条件,解放思想,开动脑筋,进一步用好政策,促使社区居民充分发挥主观能动性自觉自愿参与社区建设。①

青海省互助县威远镇在建设小庄新型农村社区时,用活用足国家政策,取得了明显成效。笔者对小庄新型农村社区居民进行问卷调查,在问及"您对国家各项涉农政策了解程度如何"时,192份有效问卷中对国家各项涉农政策"非常了解"的社区居民占有效样本的3.6%,对国家各项涉农政策"了解"的社区居民占有效样本的87.5%,两者占绝大多数,"仅仅听过"和"不了解"的社区居民占有效样本的比重分别为7.9%和1.0%,所占比例非常小(见图6-1)。

图6-1充分说明,国家涉农政策在小庄新型农村社区的宣传和落实情

---

① 黎昕.新型农村社区建设研究[M].武汉:华中科技大学出版社,2015:211-212.

第六章 改进新型农村社区治理方式

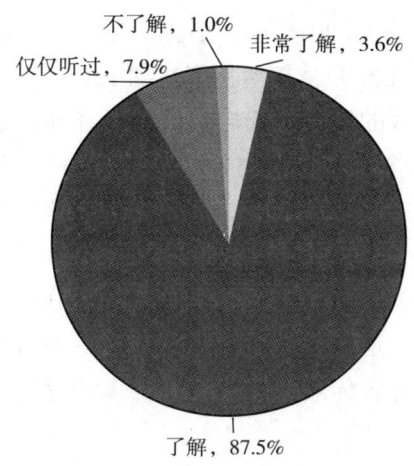

图6-1 小庄新型农村社区居民对国家涉农政策的了解程度

况比较好,这对小庄新型农村社区的发展和治理起到了积极作用。笔者经过调查得知,在具体实践中,小庄新型农村社区采用了以下方法:一是严格落实土地政策。他们按照社区用地规划划定社区范围,在村庄原址上进行社区建设,严格各类建设用地审批手续,优化整合社区土地,同时,严格实行一户一宅制度,做到了尽量不占或少占耕地,保证了村庄基本农田数量。二是严格落实税收政策。按照市场化运作的原则,优先办理经营单位和建筑施工企业参与社区工程建设的手续,简化办事程序。社区建设免收了部分行政事业性收费,土地行政事业性收费只收取工本费。三是严格落实金融政策。出台多项优惠政策,搭建融资平台吸引金融部门和其他机构支持小庄新型农村社区建设,发展和完善农村信贷担保体系。四是严格落实资金政策。小庄新型农村社区的迅速发展离不开县财政和乡镇财政的大力支持,社区建立以来,仅县级财政就投入补贴资金200万元用于社区建设。社区按照"渠道不乱、管理不乱、统筹安排、集中使用、各计其功"的要求,多元整合和吸纳其他渠道资金,达到可利用资金最大化。五是严格落实就业政策。充分利用小庄新型农村社区实用人才培训基地,积极开展烹饪等技能培训,采取就地转移的方式,引导更多的剩余劳动力从事旅游接待等工作,加快了小庄新型农村社区劳动力的转移步伐。由于对国家政策落实情况好,如今的小庄新型农村社区,环境优美、设施齐全、管理有序、服务完善、特色明显,受到了社会各界和广大群众的普遍好评，带动了餐饮、娱乐、旅游等相关服务业的蓬勃发展，促进了社区居民的持续增收。从2012年到2016年，小庄新型农村社区农民人均纯收入从7107元增加到12978元左右，年增长率达到了15%。

小庄新型农村社区的发展历程启示我们，在新型农村社区建设中，正确解读政策、用活政策，拓宽渠道宣传政策并积极把政策转化为实际效益，是我们当前面临的重要工作之一。新型农村社区要高度重视乡镇政府和新型农村社区管委会这两个政策宣传与落实的重要主体，多方采取措施调动其宣传和落实政策的积极性、主动性；要充分利用社区内广播、宣传栏等渠道，及时、准确地做好国家各项涉农政策的宣传；要采取多种宣传媒体相结合的方式提升宣传效果；要以整合多种宣传媒体资源的方式实现政策信息共享。

第四节 发挥民风民俗与传统伦理道德在社区治理中的重要作用

新型农村社区建设使我国农村发生了显著变化，新型农村社区外在面貌所发生的改变与社区居民内在心理之间的落差对社区建设和治理提出了更高要求。这就是说，新型农村社区治理不仅需要制度、法律和政策的强大保障，还需要民风民俗、传统伦理道德等方面的大力配合。

一、积极传承发扬优良民风民俗

民风民俗有着十分丰富的内涵，是广大人民群众在长期生产生活中集体智慧的结晶，是经过长年累月的积累、检验和调整之后以一定方式延续和传承到现在的瑰宝。从某种意义上说，民风民俗是特定社会文化区域内的群体对自己所属集团标识的认同，正是由于人们对这一标识的一致认可，它才能够使群体内的成员保持向心力和凝聚力，维系着群体的文化心理，统一着社会成员的行为[①]，成为人民群众共同遵守的行为模式。民风民俗像一只无形的手，发挥着对社区居民的规范约束功能。民风民俗与新型农村社区有着天然联系，它被世世代代传承下来，在新型农村社区治理

---

① 喻新安，刘道兴. 新型农村社区建设探析[M]. 北京：社会科学文献出版社，2013：294-295.

中发挥着重要而独特的作用。传承发扬优良民风民俗是新型农村社区文化建设的一个重要组成部分。

首先,传承和发扬优良民风民俗会使社区居民之间形成文化认同和凝聚力。因为民风民俗是一个共同地域内的社会群体形成的共同文化,所以优良民风民俗的传承必然会巩固和强化新型农村社区居民之间的社会关系认同,在心理上形成凝聚力。

其次,优良的民风民俗对社区居民言行有规范约束作用。众所周知,村规民约、风俗习惯对人们日常生产生活中的言行有着一种无形的约束和控制作用,能够引导新型农村社区居民按照一定的规则、秩序进行生产生活,潜移默化地支配着社区居民吃穿住行、休闲娱乐、婚丧嫁娶乃至精神世界的活动。

最后,优良的民风民俗对新型农村社区居民起着道德教化作用。对于一个人而言,"从他出生之时起,他生于其中的风俗就塑造着他的经验与行为。到他说话时,他就成为自己文化的小小创造物,而当他长大成人并能参与这种文化的活动时,其文化的习惯就是他的习惯,其文化的信仰就是他的信仰,其文化的不可能性亦就是他的不可能性"①。优良民风民俗是新型农村社区道德风尚的引领,无形地塑造着社区居民的思想观念和价值观念。

二、发挥村规民约在新型农村社区治理中的重要作用

自古以来,我国就有依靠乡约来治理乡村的历史,著名学者杨开道对我国乡约制度进行了详细的研究和探讨,他认为,乡约在现代社会发挥作用需要三个条件:第一,乡约只能适用于农村;第二,乡约要有高尚的领袖;第三,乡约是地方的自动。② 我国几千年来的"乡约"具有浓厚的地缘性和血缘性,经过长期的发展以后成为一种有着浓厚地方色彩的独特文化,在当下的农村,常常表现为村规民约。

村规民约有其理论依据,党的十八届四中全会公报明确指出:"支持各类社会主体自我约束、自我管理,发挥市民公约、乡规民约、行业规章、团体章程等社会规范在社会治理中的积极作用。"公报中的"乡规民

---

① [美]露丝·本尼迪克特.文化模式[M].何锡章,黄欢,译.北京:华夏出版社,1987:2.
② 杨开道.乡约制度的研究[J].社会学界,1931(5):20,41-42.

约"指的是乡村治理所使用的规范,人们通常称之为"村规民约"。《村民委员会组织法》在第 10 条、第 27 条和第 38 条等条文中多次提到"村规民约",对"村规民约"进行了明确的表达。其中,第 10 条规定:"村民委员会及其成员应当遵守宪法、法律、法规和国家的政策,遵守并组织实施村民自治章程、村规民约,执行村民会议、村民代表会议的决定、决议,办事公道,廉洁奉公,热心为村民服务,接受村民监督";第 27 条规定:"村民会议可以制定和修改村民自治章程、村规民约,并报乡、民族乡、镇的人民政府备案。村民自治章程、村规民约以及村民会议或者村民代表会议的决定不得与宪法、法律、法规和国家的政策相抵触,不得有侵犯村民的人身权利、民主权利和合法财产权利的内容。村民自治章程、村规民约以及村民会议或者村民代表会议的决定违反前款规定的,由乡、民族乡、镇的人民政府责令改正";第 38 条规定:"驻在农村的机关、团体、部队、国有及国有控股企业、事业单位及其人员不参加村民委员会组织,但应当通过多种形式参与农村社区建设,并遵守有关村规民约。"

由此可见,"村规民约就是法定的村民自治的权利表达。没有村规民约,就意味着法定的村民自治权利被搁置或闲置,也意味着有关村民自治的法律规定尚处于应然状态,而未转化为实践的实然状态"。[①] 综上所述,所谓村规民约,通常是指有着一定地缘和血缘关系的村民们所设立的一种乡村行为规范。村规民约不是国家法律规范,它属于内在的文化体系,是新型农村社区治理中的"软法",在新型农村社区治理中,它作为一种无形的约束力量,在社区各方利益和社区居民关系协调与处理中起着纽带作用。村规民约的作用主要表现在以下几个方面:

第一,村规民约有利于维护新型农村社区秩序。在历史上,乡约就起着"德业相劝、过失相规、礼俗相交、患难相恤"的作用。新型农村社区要想实现规范治理,也必须传承乡约,依靠新的村规民约这一纽带。

第二,村规民约有利于培养新型农村社区居民的主体意识。村规民约需要社区居民自觉、自愿、自发地去遵守,它是一种内在的、没有强制性的精神约束,能够形成强大的凝聚力,使社区居民积极主动参与社区管理。

第三,村规民约有利于培养新型农村社区居民的法治意识。村规民约

---

① 谢晖. 村规民约与村民自治 [N]. 中国民族报, 2015-10-30.

是"软法",是由农民群众自主、自愿制定的行为规范,完善的村规民约能够塑造和强化社区居民的规则意识和法律意识,使其具有法治思维。另外,我国农村问题纷繁复杂,矛盾纠纷众多,国家的法律制度不可能涵盖各个方面,村规民约在某种程度上可以作为国家法律在处理地方事务上的补充。

第四,村规民约对新型农村社区居民具有规范引导和道德教化作用。村规民约具有规范性和约束性,新型农村社区居民日常生活中的言行受其引导、教育、约束和奖惩。村规民约的奖罚性质是其力量之源,特别是其中的惩戒性条款具有强大的警示教育作用。

第五,村规民约具有价值引导和内化功能。2014年,中央办公厅印发《关于培育和践行社会主义核心价值观的意见》,将"爱国、敬业、诚信、友善"标定为个人层面价值准则,随后,全国各地农村地区纷纷把这一准则写进村规民约,逐渐成为新型农村社区共同的价值观。

村规民约不仅易于理解,而且体现了"广大村民在资源分配、生产互助、生活互帮、社会保障、社会关系维护、社会风气净化等方面的普遍诉求"[1],它"扬真抑假、扬善抑恶、扬美抑丑,移风易俗",在新型农村社区治理中具有"造血"功能,新型农村社区治理离不开村规民约。

三、重视传统伦理道德对新型农村社区居民的教化功能

除制度、法律、政策等一系列具有明确性和强制性的规范外,传统伦理道德也是加强社区治理的另一重要行为准则。中共中央政治局第十八次集体学习时,习近平总书记指出:"中华传统文化源远流长、博大精深,中华民族形成和发展过程中产生的各种思想文化,记载了中华民族在长期奋斗中开展的精神活动、进行的理性思维、创造的文化成果,反映了中华民族的精神追求,其中最核心的内容已经成为中华民族最基本的文化基因。"这种文化基因传承至今,就成为传统伦理道德。

我国具有丰富的传统伦理道德,"中国传统的儒家学说一开始便是一种道德沉思"[2],孔子讲"仁",他说,"克己复礼为仁。一日克己复礼,

---

[1] 党晓虹. 虚置与重构:乡规民约的当代困境及未来走向析论[J]. 理论导刊, 2016 (8): 8-12.
[2] 朱光亚, 李朝东. 德性和知识的分野——论中西哲学与文化精神的差异[J]. 探索, 2013 (5): 161-166.

天下归仁焉。为仁由己，而由乎人哉？"① "仁"的具体条目是："非礼勿视，非礼勿听，非礼勿言，非礼勿动。"②自孔子以来，中国文化始终带有重视伦理的色彩。当下，伦理道德已经渗透于我国精神文化生活的方方面面，新型农村社区建设也离不开伦理道德的教化引导。新型农村社区一般具有很强的地缘性、血缘性，多数社区居民具有共同的信仰、共同的道德价值观念，人们对于社区长期形成的传统伦理道德都会发自内心的遵守。但是，随着城市化和工业化的不断推进，现代文明对新型农村社区的影响越来越深刻，传统伦理道德在某种程度上受到冲击，带有浓厚乡土气息的传统文化渐渐被削弱和冷落，找不到发挥作用的空间。

当下，优秀传统道德文化在农村的没落给新型农村社区治理带来了新的难题，形成了新的障碍。经济社会在给人们带来物质财富和感官刺激的同时，也使人们产生了精神虚脱和认知迷茫，个别农村封建迷信等沉渣泛起，腐蚀了农村社会文明风气。"如果听任这种瘟疫的传播，将诱使许多思想意志不坚定的人道德败坏，精神堕落。③"因此，在新型农村社区中发扬优秀传统道德文化，事关整个新型农村社区发展与治理大局，也事关整个国家经济社会发展与治理的大局。我们要发扬优秀传统文化，把"仁、义、礼、智、信、忠、孝、悌、节、恕、勇、让"等道德价值观融入社区文化，使其在农村新型社区居民的日常生活中起到道德教化和渲染作用，这对于提高新型农村社区居民群众的思想文化水平和道德水平，形成民风淳朴、和谐稳定的社区文化氛围具有十分重要的现实意义。

总之，新型农村社区建设一定要加强对优良传统道德文化的继承与创新，通过多种方式积极弘扬优秀传统伦理道德文化，使其发挥"春风化雨""润物无声"的教化作用。

---

①② 论语[M].程昌明，译注.北京：书海出版社，2001：143.
③ 邓小平文选（第2卷）[M].北京：人民出版社，1994：383.

第七章 提升新型农村社区治理绩效

任何治理都会产生一定的结果,对治理结果的评价被称为治理绩效,治理绩效是最终衡量治理目标是否实现的客观依据。新型农村社区治理绩效体现了在科学合理的社区治理目标下,政府、社区管委会等多元主体利用制度、法律、政策和村规民约等多种方式,实现有效治理的程度。客观评价并由之提升治理绩效在一定程度上离不开科学合理的治理指标体系,但是,"由于公共机构缺乏像私营部门的利润那样具有普适性的评估尺度……因此,不同时期不同行政环境下,政府绩效关注的目标并不完全一致"。[①] 在新型农村社区治理研究中,我们根据新型农村社区居民的生产生活需求、政府的行政目标及对整个社会环境的影响等方面的基本情况,选取土地流转状况、基础设施建设、公共服务建设以及社区环境整治等作为指标,展开对新型农村社区治理绩效的评估和考核。

第一节 规范新型农村社区土地流转

党的十八大报告指出:"城乡发展一体化是解决'三农'问题的根本途径。要加大统筹城乡发展的力度,增强农村发展活力,逐步缩小城乡差距,促进城乡共同繁荣。"新型农村社区建设作为实现城乡一体化的重要突破口,是解决"三农"问题的一次重大历史机遇,代表了我们党和政府解决"三农"问题战略的重大突破和彻底革命。它的重要意义在于,通过土地流转实现我国农村土地生产经营的又一次革命,从而推动经济发展、增加农民收入;通过农业现代化和农业产业化增强社区经济实力和综合竞争力,从而推进我国的城乡一体化进程。

---

① 张敏.基于公民视角的政府电子化服务绩效评估[M].北京:当代中国出版社,2011:15.

一、当前我国农村土地权利机制遭遇的困境

家庭联产承包经营责任制极大地激发了农民的生产积极性,促进了农村生产力的发展。但是,随着时代的发展、生产力的进步、城市化进程的加快,家庭联产承包经营责任制中的一些深层次矛盾逐步凸显出来,主要表现在:

(1) 农村土地集中所有制与城市化进程背道而驰。当前,在我国城市化进程中,土地问题已经成为制约城市发展的瓶颈。随着经济的快速发展,城区面积势必要扩大,城区地域势必要向城郊农村扩展,而农村人口势必要向城市集中。但是,当前我国在城市和农村实行两种不同的土地政策:城市土地可以进行招、拍、挂,从而可以引入企业进行开发,但是农村土地不能进行招、拍、挂,只能在一定范围内流转。城市需要土地,而拥有大量土地的新型农村社区虽然事实上已经被城市化了,但由于国家政策,土地产权归集体所有,不能在政策上享有城市同有土地的红利。

(2) 农村土地分散经营阻碍农业机械化的进程。当前,农业生产已经普遍向机械化、集约化推进,但是由于农村土地经营权归农民所有,而农民自由分散的经营制约了农业技术的广泛应用,阻碍了农业工业化的进程。特别是在平原地区,土地平整,地块相连,一望无边,天然地适合规模化经营,将其分割成若干小地块,势必有诸多耕种的不便和小规模经营的缺陷。众所周知,农业现代化的实现绝不是建立在一家一户的小规模生产经营基础上的,一家一户的小规模生产,难以进行现代化科技的应用和推广,机械化的耕作、自动化的灌溉、优良品种的培育、农产品的深加工等都无法实施。在土地分散的情况下,要想提高农业的科学技术水平,提高农产品的科技含量,形成集约化经营,实现农业科学技术现代化几乎是一句空话。目前,我国农户的超小型经营规模所造成的"不经济"情况普遍存在,"非理性"选择比比皆是。小家小户小规模的农业生产属于传统农业的范畴,手工操作、畜力耕种是天性使然,对先进农业科学技术形成了天然排斥。因为分散的小块土地经营不可能带来规模效益,农民在土地上投入越多就会亏损越大,投入与产出形成反差,成本与效益不成正比。所以,农户在技术投入或劳动投入之间进行选择时,往往偏重于劳动投入,这极不利于先进农业生产技术的推广和应用,不利于农业生产装备水平的提高,不利于农业社会化服务体系的建设和发展,延缓了农业现代化

发展进程和劳动生产率提高的速度。

（3）农村土地经营分散难以形成规模效益。均田式的土地家庭承包经营方式造成了区域性人地关系的绝对平衡，但却形成了单家独户的小规模分散经营格局。这种人均承包的土地经营规模，是目前世界上最小的土地经营规模之一。单个农户从市场获得信息的能力有限，对市场的参与程度较低，也没有足够的能力抵御自然灾害等风险，更无力进行技术创新，而且还时常出现一哄而起或一哄而散的冷热不均局面，造成农产品买卖难的恶性循环，阻碍土地生产效益的提高。由此来看，区域均田式的土地家庭承包经营方式不利于农业生产的信息化、社会化、规模化和集约化发展，已经成为我国传统农业向现代农业转变的主要障碍，严重阻碍了农村经济的进一步发展。

（4）农村土地小生产不适合经济全球化市场的要求。随着全球化市场的形成，农业的发展目标从过去的追求产量、保障区域供给转变为追求质量、提高经济效益；农业生产也从过去的由市场需求决定转变为由市场竞争决定。但是，我国农产品市场竞争力差，家庭式经营方式在市场竞争中越来越处于不利地位，这表现在农民的单个分散经营导致农户经营规模狭小，生产的农产品有限，传统产品生产过多，新产品生产过少，又形不成规模，从而导致农产品市场参与能力和竞争能力低下。加之市场中介组织发育又十分缓慢，单个农户因缺乏信息渠道，难以掌握市场供求情况，更不能预测市场供求关系的变化，造成生产经营活动的盲目性。因此，分散的家庭承包经营方式不可避免地不适应国际市场竞争的形势。

二、新型农村社区土地流转的重要性

在新型农村社区建设中，我国现行土地制度与建设实践之间的矛盾日益突出，为缓解这个矛盾，党的十八届三中全会明确提出，我国将稳定农村土地承包关系并保持长久不变，赋予农民对承包地占有、使用、收益、流转及承包经营权抵押、担保权能，允许农民以承包经营权入股发展农业产业化经营。2016年10月，党和政府又进一步明确将土地所有权、承包权和经营权分置并行，这为我国解决当前土地问题指明了方向。可以说，这一方向，既具对过去政策的延续性和继承性，又具对解决新时代面临问题的挑战性和创新性，是我国在农村土地政策上的一次重要突破。这一突破有利于进一步完善农民同土地的关系，有利于维护农民土地权益，有利于保护土地使用权作为农民的用益物权,有利于扩展农村土地的生产经营功能,有利于促进农业农村发展。农村土地流转特别是承包经营权流转,具有多方面益处。

第一,农村土地流转可以助推工业化和城市化,加速我国经济腾飞。当前,我国经济发展中的重要矛盾之一是土地的限量供应与经济发展对土地的大规模需求之间的矛盾。急速发展的城市化已经一再突破城市行政区划范围,但是各个城市并不是可以随意扩张的,我国实行严格的土地政策尤其是耕地保护政策,城市建设用地受到国务院土地部门的严格监管。而实现农村土地流转,可以一定程度上解决这种工业代表城市在进程中的土地供需矛盾,助推经济发展。

第二,农村土地权利机制变革可以使土地利用率达到最大化。目前我国采取"一人一亩三分地"的种田模式,农村土地属于集体所有,农民只能成为土地的经营者而无法成为土地的所有者,那么,也就不能对土地进行最大限度地利用,最大限度地发挥土地的使用价值。这种状况也使广大农民被束缚在土地上,不仅不利于发挥土地的使用价值,而且也不利于农民生活水平的提高,并进一步影响了农村经济社会的进一步发展。如果允许土地承包经营权进行流转,就能使那些以土地谋生的农民获得更多的土地,发展农业生产,而欲另谋出路的农民也可以安心地放弃自己的土地,找到更适合自己的选择,实现土地从低效利用向高效利用的转变。

第三,农村土地权利机制变革有利于促进农村经济的发展。按照邓小平的设想,在中国社会主义农业改革和发展中,要经历两次大的飞跃。第一次飞跃的核心内容是家庭联产承包责任制的实行和统分结合双层经营体制的推行,实行包产到户。第二次飞跃的核心内容就是加快土地流转的速度,发展适度规模经营。目前在我国农村,第一次飞跃已经获得了极大的成功,第二次飞跃也已经自发开始。在社会主义市场经济体制下,将土地承包经营权的流转引入市场,通过市场机制实现土地承包经营权的流转,是农村社会主义市场经济历史和逻辑的必然选择。它有利于解决现阶段存在的土地供需之间的矛盾,有效地促进农村土地资源在土地经营者之间的合理流动,优化土地资源配置,从而大规模地集中土地进行农业产业化经营,促进农村经济的发展。

第四,农村土地权利机制变革能够促进农村劳动力转移,增加农民收入。目前在我国农村仍然存在着劳动力过剩的现象,农民收入增加缓慢。

如何探索有效的途径解决这个问题，降低农业人口比例，是我国农村工作中的一个重点。土地承包经营权是我国农民的一项重要的财产权，通过建立土地承包经营权流转市场，促进农村土地承包经营权转让和交易，可以使无力经营或不愿经营土地的农户通过转让使用权获得相应收益，从而将劳动力从有限的土地上解放出来，促使其转向城市和农村的第二、第三产业，这就会清除农村劳动力转移的障碍，保证农民收入的稳步提高。

三、新型农村社区土地流转存在的问题

随着新型农村社区建设的推进，土地流转越来越多，集约经营越来越普遍。但是，总体来看，新型农村社区土地流转进度较慢，土地流转中也存在着诸多问题，集中表现在以下几个方面：

首先，农民对土地流转认识不足，顾虑多。有些农户认为，随着农业机械化程度提高，农业劳动强度大大降低，农民种粮不需要太多的人力即可获得一定的稳定收入。而且近年来，种地不但不用缴纳农业税，还可以获得一定的农业补贴，土地能够给自己带来一份稳定的收益。他们害怕土地流转出去以后，流出的土地收益，也就是租金或承包费难以兑现；害怕自己缺少就业门路，生活无保障；害怕丧失土地承包经营权，认为流转出土地就会失地，就会失去赖以生存之本，所以他们不愿将土地流转出去。

其次，流转机制不健全，引导和服务不到位。目前，在土地流转市场，口头协议多，书面合同少，中介组织缺乏，流转信息不畅，流转价格缺乏科学依据，土地资源配置效率低。同时，管理机构缺失，乡、村两级引导和服务不到位，乡镇机构改革中乡镇农经机构撤并后人员流失，职责不明，兼职多专职少，无力对土地流转进行指导、服务和监管。这样，就没有形成统一规范、市场化运作的土地流转机制。

再次，土地零星分散，开发难成规模。土地承包到户时，各地都是根据土质、地力搭配，按人均承包分配到户，土地经营分散。后经数次承包地调整，每户的承包地更加分散。调查显示：目前农户承包的田地多的有六七块，少的有三四块。要把这些土地从分散的农户手中集中成片开发，没有较高的利益吸引，工作难度将会非常大。

最后，利益联动机制不完善，产业链条联结不紧密。目前，相当一部分农业企业与农户的关系不够稳定，没有结成风险共担、利益共享、协作发展的关系，这往往会出现两种极端情况：一是各种风险完全由业主承

担，企业与农户只能"同富贵"而不能"共患难"，一旦业主遇到自然灾害或市场风险，企业就可能中途而退，甚至倒闭关门；二是在企业与农户交易或协作关系中，企业往往处于优势地位，农户往往处于劣势地位，收益分配中往往是农户利益受损，导致利益纠纷时有发生。这些问题，给我们带来了风险和挑战，要求我们在土地流转中更好地坚持流转原则，创新流转方式，保证土地流转稳定发展。

四、新型农村社区土地流转问题成因分析

对于新型农村社区发展中土地流转存在的诸多问题，我们分析认为存在以下原因：

一是缺乏规范的土地流转组织管理制度。目前，各地土地承包经营权的流转缺乏规范，尤其是农户在进行土地流转时农地流转双方大多是用"君子"协议的方式确立流转关系，书面协议少之又少，即使有书面协议，条款不规范、不齐全、不具体的情况也很普遍，很少有统一、规范的土地流转合同式样。更有少数地区借土地承包经营权流转之名，改变土地用途，造成耕地减少，浪费土地资源，致使绝大多数耕地承包户实际承包期限与期望转包期限不一致，这种土地流转的无序状态如果不能及时改变，势必对农村经济的发展和社会的稳定产生不良影响。

二是政府在土地流转中强制干预。当前，在农村土地流转实际操作过程中，主要是以行政方式推动。一些基层政府定位不当、引导不力、服务不到位，对农村土地流转既有不引导、不支持，任其自然发展的"缺位"现象；也有干预过多，搞强制流转的"越位"现象，损害了农民的土地权益，严重破坏了土地承包经营权的流转秩序，同时也破坏了政府的信用。这直接影响了农村土地流转的合理有序进行，政府与业主、业主与农民、农民与政府之间矛盾时有发生。

三是缺少配套的新型农村社区社会保障体系建设。目前，土地依然是大部分农民就业、生存的基本依靠，对于广大农民具有社会保障功能，是农民的命根子。而大部分农村地区又因缺乏社会保障制度，农民仍把土地作为安身立命之本和农外就业的最后保障，即使农民已经有其他就业门路，宁肯种"粗放田""应付田"，甚至不惜暂时抛荒，也不愿放弃土地的承包权，致使土地流转发展速度缓慢，承包地无法向高产出、高利润方向流动。没有健全的社会保障制度，就不可能从根本上增强农民离土的安全

感和抵御市场风险的能力。新型农村社区社会保障制度的逐步建立和完善，能够弱化和部分替代土地的保障功能，从而有利于促进土地承包经营权物权化进程。

四是土地产权、土地流转法制不健全。从法律角度看，《中华人民共和国农村土地承包法》赋予了广大人民群众土地承包经营权，这个土地承包经营权具有产权结构的使用权、收入享受权和自由转让权三个重要职能。其中，《中华人民共和国农村土地承包法》第10条规定："国家保护承包方依法、自愿、有偿地进行土地承包经营权流转。"但是，在我国广大农村地区，在现实的土地流转过程中，相对于完整的产权而言，承包者只是拥有土地的部分产权，即承包经营权。但这部分产权是否可以构成农民的财产权，目前尚无法律依据。从物权法上讲，一般而言，人们对自己的财产享有"占有、使用、收益、处分"四项权利，但是我国宪法明确规定，农村土地归集体所有。物权法是下位法，不能违反作为我国根本大法的宪法，因此，我国农民个人对所承包经营的土地不能拥有完全的"处分"权利，导致农民被束缚在土地上，影响了农村经济社会的进一步发展。[①] 2016年10月，中共中央办公厅、国务院办公厅联合印发的《关于完善农村土地所有权承包权经营权分置办法的意见》将土地所有权、承包权和经营权分置并行，这是党和国家从政策方面对土地流转的推进，必将对新型农村社区土地流转起到重大的推动作用。从长期来看，三权分置的土地制度，也将要经过国家权力机构上升为法律法规，为土地流转提供可靠的法制保障。

五、二郎庙新型农村社区土地流转的经验

新型农村社区土地流转是一个"依法、自愿、有偿"的过程，从河南省许昌市建安区二郎庙新型农村社区的具体做法来看，细致的工作、主动的引导、经济的核算、行政的推动对于妥善解决新型农村社区土地流转问题是行之有效的。新型农村社区土地流转是一个非常复杂的过程，牵一发而动全身，富于挑战性。河南省许昌市建安区二郎庙新型农村社区把握历史方向，坚定从容、稳步有序地推进新型农村社区土地流转，取得了极大

---

① 黄蕾. 变迁、困境、突破与挑战——新中国成立后我国农村土地权利机制研究[J]. 江南社会学院学报, 2014 (4): 70-75.

的成功，具有重要的借鉴意义。

一是做好土地流转知识的普及和宣传。加强宣传，积极引导，利用电影、宣传页、广播、宣传栏以及其他群众喜闻乐见的形式，让群众充分了解政策，看到利益，算好细账。组织群众到土地流转取得成效的地区参观学习，打消群众顾虑，提高群众积极性，使群众由"要我流转"转变为"我要流转"。

二是建立健全组织，制定任务台账，明确分工，责任到人。土地流转工作实行责任分包制，主动对接县、乡、村三级联动的土地流转服务网络，明确专职人员、落实工作经费、规范流转程序，切实做到了"六有"（有人员、牌子、房子、桌子、柜子、电脑等办公设施）、"两规范"（管理制度规范、服务流程规范）。另外，每周都召集相关人员召开土地流转工作总结推进会，排查问题，总结经验，讨论并制定土地流转工作任务台账，细化分解任务，明确分工，责任到人。制定并出台符合社区实际情况的奖励措施，奖励那些工作认真负责的村干部。

三是规范流转程序，控制土地价格，落实好各项政策。建立健全土地流转制度，积极提供政策咨询与服务。在村党支部指导下，由村民委员会负责征求群众意见，村民同意后村委会与镇农业服务中心签订土地流转合同，再由镇农业服务中心与业主签订流转合同。在控制土地价格上，严格按照市、县文件精神，每亩租金以1000斤当年小麦收购保护价为参考，切实保障了农民权益。

四是积极引导，强化监督管理，积极提供服务。在农作物种植方面，对于已流转的土地，社区引导监督村民只种植粮食作物，不种植其他各类经济作物。同时，强化服务理念，积极做好农村土地承包纠纷案件的调查处理工作，既让经营业主放心，又让普通群众满意。

第二节　改善新型农村社区基础设施

基础设施，按照世界银行的定义指的是"永久性的成套工程构筑、设备、设施和它们所提供的为所有企业生产和居民生活都共同需要的服务"。新型农村社区基础设施建设指的是，在新型农村社区范围内提供的保证社区居民生产生活需要的服务设施，主要包括交通设施、农田水利设施、给排水设施、能源设施、邮电通信设施、环保设施和防灾设施等。当前,要大力改善新型农村社区基础设施,提升新型农村社区治理成效。

一、新型农村社区基础设施状况

新型农村社区基础设施的供给水平和供给结构是衡量居民生活质量的一个主要标准,改善新型农村社区的基础设施就是从根本上改善社区居民的生产生活方式。目前,在包括公共基础设施在内的公共产品方面,我国城乡居民的差距越来越大。农村居民在实现温饱以后,对生活水平、生活环境有了更高层次的需求,而农村地区现有的基础设施远远不能满足他们的需要。因此,新型农村社区发展与治理不仅要满足社区居民的基本生活需求,还要通过基础设施的建设,逐步提高他们的生活品质。

改革开放以来,我国农村基础设施不断改善,但是,与人民群众的要求相比,与农村物质文化发展的状况相比,还有所落后,甚至已经成为解决"三农"问题的主要障碍。新型农村社区建设的推进极大地改善了我国农村地区基础设施的落后面貌,使广大人民群众的生产生活条件得到了明显提高,村容村貌得到了明显改善。比如,小庄新型农村社区重视基础设施建设,取得了一定的成绩。在对小庄新型农村社区居民进行调查的192份有效问卷中,有关"您对所在社区基础设施建设(如供水、供气、供电等)是否满意"的问题,56人对社区基础设施建设表示非常满意,占有效样本的29.2%;130人对社区基础设施表示基本满意,占有效样本的67.7%;6人感觉满意,占有效样本的3.1%;没有居民对社区基础设施建设表示不满意(见图7-1)。

图7-1的数据充分说明,小庄新型农村社区在发展过程中,高度重视社区基础设施建设,积极为每位社区居民提供便利服务,得到了新型社区居民的高度肯定。他们的基本经验是:牢牢把握社区"六通、五改、两建设"[①]这个关键,推动新型农村社区基础设施提档升级,实现新型农村社区快速发展。

但是,就大部分农村村落而言,基础设施还非常落后,如道路"下雨'水泥路',晴天'扬灰路'"的状况非常普遍。即使是新型农村社区,

---

① "六通"是指通路、通电、通水、通气、通广播、通电视,"五改"是指改厕所、改厨房、改圈舍、改校舍、改卫生所,"两建设"是指建设农民的公共活动场所和文化活动场所、建设垃圾处理场所。

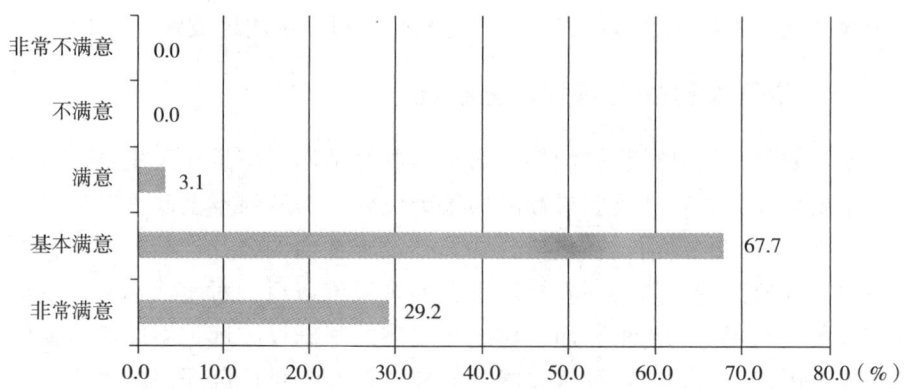

图7-1 小庄新型农村社区居民对所在社区基础设施建设是否满意的调查情况

社区基础设施的建设也普遍落后于社区主体工程的建设，有的新型农村社区，甚至在农民搬进住宅楼后，相应的水、暖、气等配套设施还没有安装到位。所以，新型农村社区建设要加大对社区基础设施的投入比重，提供相应的社区配套设施，改善社区居民的生产生活环境，促进新型农村社区持续、稳定、健康发展，具体来说，最重要的是要注重以下几个方面：

一是道路与交通设施。道路与交通设施建设一直是困扰农民生活和农村发展的首要问题。在部分农村地区，至今仍有一些乡镇和村庄不通公路，交通条件极为落后。有的道路虽然得到了硬化，但是硬化质量较差，有的还是沙石路。桥涵设施简陋，工程质量标准低。有的新型农村社区，在建设过程中虽然考虑了道路与桥涵，但是不通公交车，社区居民出行不便。总而言之，社区的道路设施与城市相比还存在较大差距，这严重影响了社区居民的生活质量，制约了新型农村社区的进一步发展。道路的硬化和美化、交通设施的配建对于新型农村社区发展至关重要，要大力推进农村道路建设特别是新型农村社区道路建设，其建设布局不仅要考虑方便社区居民的出行，还要考虑城乡一体化的均衡发展。

二是农田水利设施。农田水利工程对于农业发展至关重要。长期以来，大部分地方对农村农田水利设施投入不足，有的地方虽然已经进行了一定的投入，但是由于没有建立建设农田水利设施的制度机制，缺乏资金进行维修和更新，导致现有的农田水利设施不能满足农业发展的需要。遇到水旱洪涝灾害时，农田水利设施投入不足，农业生产就会遭受严重损失，因此，新型农村社区建设必须充分考虑农田水利设施建设，投入资金、建立机制，从根本上增强农业抵御自然灾害的能力。

三是给排水设施。过去，农村地区的饮水主要依靠河水、井水等自然水源，但随着经济的发展，一些地方的水污染问题逐渐显现出来，饮水安全问题也成为农村地区的焦点问题之一。据中国水网统计报道，到目前为止，我国仍有3亿多农民没有安全放心的水可以饮用。在新型农村社区建设中，让社区居民喝上干净、安全的水是一项十分艰巨的任务。要从制度保障和资金投入方面加强新型农村社区水资源保护，建立社区自来水厂、供水管网、给排水设施和污水处理设施，切实保障社区居民用水便利与安全，有条件的地方要争取实现城乡一体化供水。

四是能源设施。过去，绝大部分农民将秸秆和薪柴当作燃料，污染严重，使用不便。随着经济的发展和农民收入的增加，农民群众也渴望能够用上便宜清洁的新能源。但是，长期以来，我国农业科技水平较低，煤气、太阳能、风能等新能源的应用在农村地区还未能推广。在一部分农村地区，甚至连电力的应用都得不到保障，有的地方不得不分区段、分时段供电，更谈不上其他能源。新型农村社区建设，要充分考虑能源设施的配建和完善，将水、电、暖、气统一规划，从根本上改善新型农村社区居民的能源消费结构。

五是邮电通信设施。随着信息化时代的到来，现代信息科技对人们日常生活中的影响越来越明显，但是我国部分农村地区，网络化、信息化建设却比较落后，有的连电话也没有通，有的地方虽然通了电话，但是信号弱、质量差，更谈不上互联网等新兴电信设施。新型农村社区的"新"，一个重要的特征是电信网络设施的"新"，没有邮电通信设施，农村地区就谈不上发展，更谈不上信息化和现代化。因此，在进行新型农村设施建设时，要优先考虑邮电通信网络建设，使新型农村社区实现信息化。只有新型农村社区实现了信息化，才能使社区居民有机会接受新思想、发现新信息、实现新发展，最终达到农业现代化。

六是防火防灾设施。防御灾害是每个国家和地区都面临的重要问题。过去，我国农村地区最容易遭受自然灾害并且受灾程度非常严重。由于缺乏减灾防灾设施，一旦遭遇灾害就会造成大量人员伤亡和重大经济损失。有关数据显示，我国每年因遭受各类灾害所导致的人员伤亡和房屋倒塌有80%以上发生在农村地区。社区建设要充分考虑防灾减灾，社区要选择建在不容易发生灾害的地方，进行防灾减灾工程建设，尤其要考虑防火、防风、防震、防汛、防风沙、防地面沉降、防空等方面。同时，要建立健全科学的、可操作性强的灾害预测系统和防治系统，动员和依靠全部力量减少甚至避免伤亡和损失。

二、改善新型农村社区基础设施

基础设施是新型农村社区存在和发展的重要前提，如果不改善基础设施，那么新型农村社区建设也就失去了意义。新型农村社区建设离不开基础设施，其首要任务就是改善基础设施，应积极采取措施改善新型农村社区的基础设施。

第一，改善农村基础设施，要拓宽供给渠道，实现多元化供给。改革开放以前，我国农村的基础设施建设主要以集体为主，只能提供简单的农田水利设施。改革开放以后，尤其是实行家庭联产承包责任制以来，农村基础设施建设主体日趋多元。过去，政府部门是我国农村社会各项事务的主导，也是农村地区基础设施的唯一提供者，受经济发展水平的限制，其对农村基础设施的投入明显不足。随着改革开放的深入发展，我国经济结构中的二元分化模式越来越明显，导致城乡基础设施的供给模式也呈现二元分化的趋势。在这种趋势下，城乡差距越来越大，尤其是农村税费改革以后，我国县乡财政特别是乡级财政匮乏，导致对农村基础设施的投入后继乏力。

随着经济的迅速发展，我国农村的面貌也发生了巨大改变，新型农村社区建设已经成为国民经济中一个新的增长点，地方政府层面乃至国家层面对新型农村社区的关注越来越多，各级政府对新型农村社区的投入也相对越来越集中。但是，对于新型农村社区建设而言，资金投入巨大，经济周期长，经济效益低，对于可支配资金非常短缺的基层政府来说，必须多方采取措施增加对新型农村社区建设资金投入的有效供给，这就要千方百计地拓宽社区基础设施的供给渠道，打破过去由政府提供基础设施的单一模式。在河南省许昌市，很多市政工程如水、燃气、电等就已经采用PPP模式进行了投入，河南省许昌市建安区二郎庙新型农村社区，在前期建设中也采用了BT[①]模式。

---

① BT是英文Build（建设）和Transfer（移交）的缩写形式，是指政府利用非政府资金进行非经营性基础设施建设的融资模式，一般用于政府先期筹集资金进行建设后期再进行偿还的工程建设项目。

第二，改善农村基础设施，要完善供给决策机制，实现民主决策和民主监督。目前，我国新型农村社区基础设施的供给基本上"自上而下"，由政府部门进行决策和实施。但是，政府部门在进行决策时，更多的是考虑新型农村社区在整个地区的布局、上级的意见建议和社区建设的资金来源、经济效益等，这就会产生政府决策与社区居民实际需求之间的落差。河南省许昌市建安区二郎庙新型农村社区在建设中就较好地处理了这个问题，在社区建设之初，五女店镇政府的意见是拆除旧村建设新村，遭到了全体村民的一致反对，村民们提出意见说旧村离主干道较远，基础设施建设难度大，新型农村社区建成后生活不便。五女店镇政府及时采纳群众的意见，决定另辟新址进行建设，将新村建在了国道旁。在新型农村社区建设中，五女店镇政府的意见是，新型农村社区要加速建设、加速搬迁，争当河南省新型农村社区建设的排头兵。但是村民们提出意见说，燃气管道还未能进村入户，等到村民搬迁以后，再安装难度大。五女店镇政府采纳了村民的意见，加快供气管道的施工进度，较好地处理了社区建设中的矛盾，实现了新型农村社区建设中的民主决策与监督。二郎庙新型农村社区建设的范例告诉我们，进行新型农村社区基础设施建设，要积极排查和了解社区基础设施情况，对一些关键性的、群众反映较多的问题，早发现、早解决。要经常性地进行民意调查，从中了解群众的真实需求，在此基础上决定社区基础设施建哪些、如何建、何时建，真正使社区基础设施建设服务于民。

第三节 提升新型农村社区公共服务水平

党的十八大报告指出："要围绕构建中国特色社会主义社会管理体系，加快形成政府主导、覆盖城乡、可持续的基本公共服务体系。"这对我们提升新型农村社区公共服务水平提出了要求，使构建全民共建共享的社会治理格局从而为新型农村社区提供更好的公共服务资源，就成为我国当前发展的重要任务之一。

推进新型农村社区快速发展的关键是推进城乡基本公共服务均等化，这要求新型农村社区要建设与城市水平相当的各类配套设施，保证新型农村社区居民在农村也同样能够享有和城市水平相当的服务。当前，新型农村社区公共服务具有非竞争性、非排他性的特征，包含教育、医疗、文化等方面，要求以政府为主体进行投入。政府在进行新型农村社区建设时，不能以简单地盖盖楼、修修路把村民集中到一起作为目标，而是要以加强社区公共服务体系建设为先导和抓手，在各个方面缩小城乡公共服务水平的差距。

一、建立并完善新型农村社区公共服务中心

我国农村村级服务中心是为满足农村居民多层次需求而构建的农村村级服务平台，大多数利用农村闲置资源建立。近些年来，随着农村中小学生的减少，大量农村学校合村并点，教学场所闲置，有的被改造成了农村村级服务中心。这些服务中心设施简陋，条件较差，不符合新形势下新型农村社区发展的需要。近几年，"各地纷纷在农村建立社区服务中心或公共服务站点，调配充实人力、物力和财力，大力推进新型合作医疗、基本养老、文化教育、就业培训等政府公共服务下乡，实现重心下沉和服务下延，着力打造社区'一刻钟'服务圈"。① 这导致社区服务中心和服务站点如雨后春笋，纷纷出现。相关数据显示，自2012年以来，我国城市和农村服务中心和服务站点的数量逐年增加（见表7-1）。

表7-1 2012~2014年我国城市和农村社区服务设施数量 单位：个

年份	社区服务设施合计	社区服务中心		社区服务站		其他社区服务设施	社区服务设施覆盖率（%）
		城市	农村	城市	农村		
2012	188225	13298	3098	54774	22591	99464	27.69
2013	255682	12669	5550	58270	44446	133794	37.4
2014	296454	15171	7310	59775	54513	158636	43.4

资料来源：项继权，王明为. 农村社区建设：发展态势与阶段特征[J]. 青海社会科学，2015（2）：1-8.

另据统计，截止到2017年10月，全国各省（区、市）共建成社区服务中心23414个，其中农村社区服务中心8332个；成立社区服务站137337

---

① 卢璐，许远旺. 新型农村社区建设的逻辑与方向[J]. 社会主义研究，2012（3）：60-64.

个，其中农村社区服务站71360个。① 由此可见，近几年来，随着经济的迅速发展，社区服务中心发展迅速，但是，与城市社区相比，农村社区服务中心不仅数量较少，而且发展缓慢，还远远不能满足新型农村社区发展治理形势的要求。

为改变这种局面，近几年来，各地在建设新型农村社区的同时，纷纷加强和健全新型农村社区服务功能，将大量与农民日常生产生活密切相关的公共服务逐步向新型农村社区下沉，逐步提升新型农村社区公共服务设施覆盖率。比如，小庄新型农村社区在社区公共服务设施建设上做足功夫，加大资金和人力资源投入，取得了明显成效。截至目前，小庄新型农村社区已建成总面积为1807.8平方米，集党员活动室、社情民意恳谈室、文化活动室、老年活动室、图书阅览室、社区卫生室、便民服务中心、社区旅游服务中心、物业管理中心、治安室、监控室、消防室、村民会议室、两委办公室、库房、村民旅游协会、社区超市、就业服务及远程教育室等为一体的社区公共服务中心一处，新建共计5800平方米的停车场三处，新建星级公厕三处，新建土族盘绣艺术馆和旅游商品销售商铺各一处，新建社区医务点一个，安装监控安防系统一套，安装具有民族特色太阳能路灯108盏，全面完成了天然气主管线埋设工程，目前正在实施社区办公用房及农户天然气入户工程（见图7-2）。

新型农村社区服务中心属于公共服务机构，具有非营利性质，坚持"依法、公开、高效、便民"的原则，一般设在新型农村社区内部。新型农村社区服务中心主要是提供一系列便民利民服务，及时帮助居民解决所遇到的困难，同时及时了解和反映社情民意，维护社区和谐稳定。新型农村社区服务中心坚持"一站式"服务理念，便捷高效地为社区居民办理各种服务事项，大大提高了新型农村社区治理绩效。"一站式服务"模式下，在社区服务中心"所有的问题基本都可以解决或者由社区服务中心工作人员代办，社区居民本身没有必要亲自再找其他政府机关办理服务"②。

二、加强新型农村社区文化建设

"社区是进行一定的社会活动、具有某种互动关系的和共同文化维系

---

① 民政部官网，http://www.mca.gov.cn/article/sj/tjjb/qgsj/201708/201708021559.html.
② 项继权，王明为. 农村社区建设：发展态势与阶段特征[J]. 青海社会科学，2015（2）：1-8.

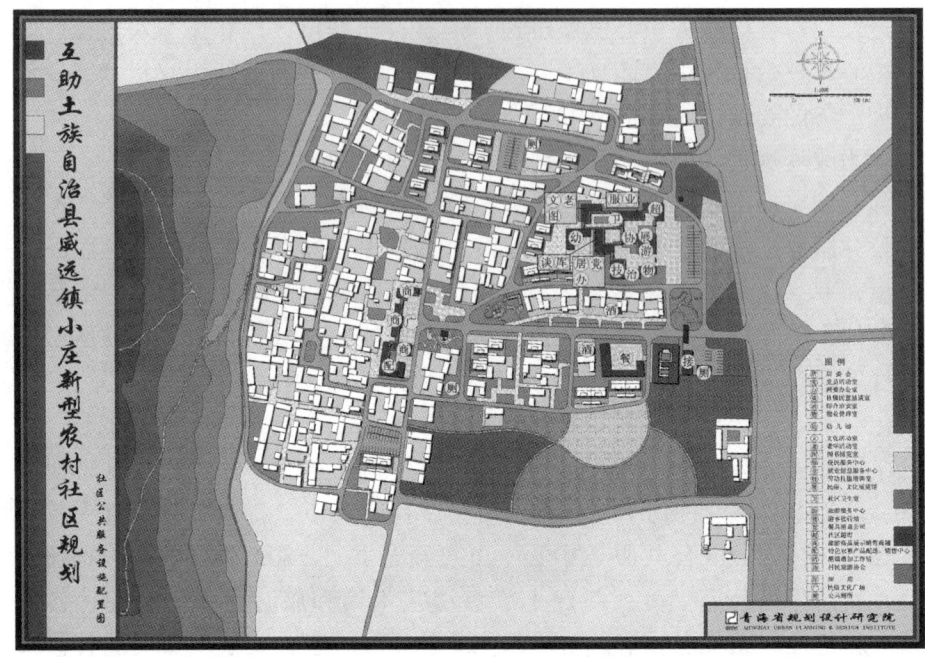

图7-2　小庄新型农村社区中心区公共服务设施规划

资料来源：《互助土族自治县威远镇小庄新型农村社区规划说明书》。

力的人类群体及其活动区域。"① "共同文化"是一个社区的基本内涵，对于社区的形成和发展具有指标意义。新型农村社区文化，主要是指新型农村社区居民在长期共同生活中逐渐形成的思想观念和意识、生产生活方式等精神现象的总和，是新型农村社区居民之间相互联系的精神纽带，也是形成社区凝聚力和社区精神的重要源泉。新型农村社区作为一个基本社会单位，本身承担着政治、经济、文化、社会和生态五大基本功能，所以，加强文化服务建设是新型农村社区治理应有之义。

改革开放40年来，我国物质文明建设和精神文明建设两者发展极不平衡，这一点在新型农村社区建设中表现得尤为明显。有的新型农村社区在建设不重视文化建设，偏重社区外观、建筑等具有形象性的东西而忽略社区文化等具有内涵性的东西，再加上一些传统的非物质文化遗产日趋衰

---

① 郑杭生. 社会学概论新修[M]. 北京：中国人民大学出版社，2003：272.

落,导致社区居民缺乏丰富多彩的文体活动,居民文化生活非常单调。河南省许昌市建安区二郎庙新型农村社区就存在这种情况,在社区规划之初,他们没有重视文化娱乐设施建设,在村民搬迁以后,他们也没有重视文化娱乐活动的开展,导致村民在社区生活只能玩玩手机、看看电视,广大社区居民不太满意。在对二郎庙新型农村社区调查所回收的286份有效问卷中,有关社区居民对"所在社区文化建设怎么看"的结果显示:28人认为社区文化建设"很好,很完善",占有效样本的9.8%;208人认为社区文化建设"一般,有待进一步完善",占有效样本的72.7%;50人认为"不好,基本没有",占有效样本的17.5%(见图7-3)。

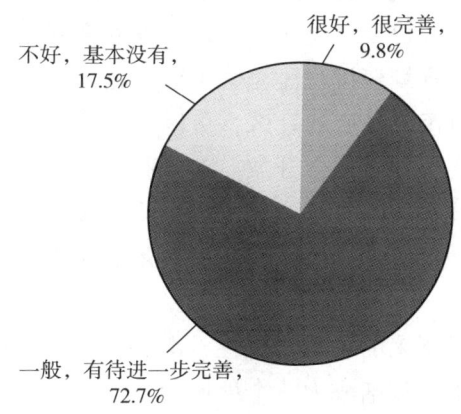

图7-3 二郎庙新型农村社区居民对社区文化建设意见调查

图7-3的调查数据说明,社区在文化建设方面还需要进一步加强。据了解,二郎庙新型农村社区制定社区规划时,没有论证考虑成熟即着急上马,留下了许多隐患,建设资金不到位、社区设计不合理、硬件设施不健全,各项工程进度难以按照时间节点保质保量完成,居民意见很大。但新型农村社区的软硬件设施建设关系到社区居民生活是否便利、舒适,新型农村社区的文化建设关系着整个社区的精神面貌,因此,在后期的整改中,二郎庙新型农村社区积极筹措资金加强整个社区的公共服务建设,尤其是对文化设施进行完善,确保村民在搬迁之后住得放心、生活舒心、感觉暖心。

加强新型农村社区文化建设,不仅是满足新型农村社区居民精神文化生活需求的要求,而且也是社会转型期对新型农村社区建设的基本要求。

加强新型农村社区文化建设不仅是一个单纯的文化问题,而是一个关系到整个国家未来发展的重大问题。新时期的社会发展需要较高科学文化素质的农民,只有在新型农村社区培养有文化、有道德和有技术的新一代农民,才能够培育社区精神,形成社区特色文化,增强社区凝聚力,进而培育整个社区的人文精神,在整个社区弘扬社会主义核心价值观。笔者总结新型农村社区文化建设方面的经验教训,领悟到加强新型农村社区的文化建设要牢牢把握住以下几个方面:

一是要大力完善新型农村社区文化服务设施。新型农村社区居民的文化生活,比如看电视、看网络新闻、读书看报、参加体育健身活动等都离不开文化服务设施的建设。我们要大力推进文化惠民工程,保障电视和网络等通信设施在社区的普及,投入资金建立农家书屋、图书阅览室和社区居民活动室等。社区规划建设,要充分考虑文化体育设施建设,并预留进一步发展的空间。有闲散场所的社区,可以提档升级,打造行政区划内区域性的文化娱乐中心,并对社会开放。对于我国贫困地区、边远地区,国家应继续开展脱贫攻坚战略,对这些地区实行政策倾斜、资金倾斜,加大对他们的支持力度,促进老少边穷地区基本文化服务设施的建设。

二是要继承和发扬新型农村社区优秀民间文化。优秀的民间文化是经过长时间的积淀传承下来的具有地域性、继承性、人文性的东西,往往经过口口相传与渲染加工逐渐成为一个地域的文化印记,属于非物质文化范畴,最终成为人们联系感情、连接乡愁的精神纽带。优秀民间文化对于推进新型农村社区文化建设具有十分重要的作用,它们传承了乡村文脉,有利于增强农村社区的吸引力和凝聚力。新型农村社区文化建设,要注意继承和发展优秀民间文化,加大对一些乡村文化能人和传承人的保护和培养,使非物质文化发扬光大。

三是要多方构建平台大力开展文化活动。要充分利用大家喜闻乐见的形式,在新型农村社区开展丰富多彩的文化活动。比如,可以在传统节日、约定俗成的集市日及一些地方特有的纪念日组织新型农村社区居民开展文化娱乐活动。在这方面,河南省新密市金泽苑新型农村社区是一个典型代表,他们按照高标准建立了一个老年健康主题公园。建园以来,每天都有许多老年人在公园里使用健身器械进行多种形式的健身活动。社区管理者充分利用这个平台,组织开展了老年运动会,开展了象棋、书法、艺术、绘画等比赛活动,取得了良好效果。自2016年社区建成至今,已组织社区居民运动会两次、社区书法大赛一次以及社区艺术展三次,并在社区艺术展的基础上建设了社区"艺术之家"。

四是要积极开展文化"三下乡"服务活动。目前,虽然新型农村社区发展迅速,但是,城乡之间依然存在较大差距,新型农村社区在很多方面依然落后于城市。要缩小这方面的差距,就要大力开展送图书报刊下乡、送戏下乡、送电影下乡等系列活动,促进新型农村社区文化事业的繁荣发展。

三、办好新型农村社区基础教育和职业能力培训

当前,农村地区教育存在两大严重缺陷:基础教育落后和职业教育缺乏。一方面,随着经济社会的发展,我国社会逐步老龄化,适龄入学儿童逐年减少,这在农村表现得非常明显。农村地区的青壮年外出打工,很多学龄儿童随父母在城市小学入学,导致农村小学适龄入学儿童大幅度减少。在河南省许昌市建安区,全县16个乡镇均出现人数不足十人的小班,小班的出现不是因为要进行优质的小班教育,而是因为缺乏适龄入学儿童。教师人数的减少,加上教师素质不高等问题导致农村基础教育的落后。另一方面,我国是一个制造业大国,急需大量的制造业人才,而制造业人才需要职业教育来培养。但是,我国过去普遍不看好职业教育,认为普通教育培养的是白领,职业教育培养的是蓝领,普通教育培养的人才面宽,而职业教育培养的人才面窄,导致无论城市和农村,一窝蜂地追求普通大学教育。在部分农村,学生如果没有机会接受普通大学教育,宁可退学打工也不愿意接受职业教育,这是一个严重的误区。对于农村教育的两大缺陷,采取有力措施尽快解决非常重要。

一是要努力办好新型农村社区基础教育。新型农村社区存在留守儿童已经是一种普遍现象,他们的成长和发展不仅关乎社区的稳定和发展,而且关乎社会公平。目前,城乡差别尤其是城乡教育差别还存在,并且这一现象在短期内无法得到改变。农村中留守的孩子是教育上最为弱势的群体,他们不能接受城市的优质教育,他们的父母又没有能力将他们带到城市去走读,面对农村教育质量日益下降的局面,他们不知所措。为了整个社会的教育公平,政府要努力采取措施改变这一状况,尤其是在建设新型农村社区这一重大历史机遇面前,要下定决心,抓住机遇,一举解决这一难题。在此方面,河南省许昌市建安区二郎庙新型农村社区就做得很好,他们在规划新型农村社区时,在社区内规划了一所小学。小学基础设施建

设方面，无论是教室桌椅还是运动场所都比照城区小学的标准配备建设；教师配备方面，抽取了全镇最优质的教育资源，并由县教体局统一调配部分支教老师，使二郎庙新型农村社区小学一举成为一流的农村小学，软硬件设施不亚于城区小学。

二是要积极建立新型农村社区学校青少年宫。过去，青少年宫这个名词在农村未传播开来，即便在城市，也不是每个学校都有青少年宫。但是，这并不代表农村地区学校不需要开展素质教育的青少年场馆。建设新型农村社区的一个重要目标是要实现城乡一体化发展，城乡一体化首先是教育的一体化，而要实现教育的一体化，就要将青少年开展素质教育的场所逐步向农村拓展。2011年，中央文明办、财政部、教育部启动实施了"十二五"乡村学校少年宫项目建设计划。到2016年，中央财政共安排35亿元专项彩票公益金，在全国建成了12000所乡村学校少年宫。"十三五"时期，我国还将新建8000所乡村学校少年宫，以贫困农村地区为建设重点。到2018年，实现国家贫困县90%以上的乡镇都有1所乡村学校少年宫，中央支持建设的乡村学校少年宫要覆盖56%以上的乡镇。① 在新型农村社区的建设过程中，许多地方结合"十三五"规划，一体规划了新型农村社区学校青少年宫，相信在"十三五"期间，我国农村学校的青少年宫建设将迎来一个发展机遇期。

三是要建立职业能力培训机构。职业能力，指的是通过职业技术教育，使受教育者获得某种职业或生产劳动所需要的职业知识、技能和职业道德的教育。现代新型农民的一个显著特征就是拥有职业能力。在新型农村社区，居民虽然在身份上发生了转变，但其综合素质和就业能力并没有得到根本性的改变，其根源在于文化素质和技术素质普遍偏低，这一点不仅影响了他们进城务工，而且不利于整个农村社会的稳定。"没有文化，会受苦；不懂技术，要受穷；不善经营，就亏本。"② 要想使新型农村社区居民成为现代新型农民，必须建立职业能力培训机制，提高社区居民的职业能力和技术水平。在这一方面，青海省互助县小庄新型农村社区的做法就具有典型性，他们专门对农民进行职业技能培训，针对不同职业能力需

---

① 教育部：全国将新建8000所乡村学校少年宫[EB/OL].[2016-07-10]. http：//edu. sina. com. cn/l/2016-07-10/doc-ifxtwihp993256. shtml.

② 罗康友. 做有文化懂技术会经营的新型农民[EB/OL].[2015-12-01]. http：//www. enshi. gov. cn/2015/1201/183180. shtml.

求邀请不同层次、不同专业的培训机构来小庄新型农村社区上课，还组织农民到外地进行学习交流，提高了小庄新型农村社区居民的职业能力素质。目前，小庄新型农村社区设立了全国实用人才培训基地一处，举办了"土菜"烹饪培训班、从业人员礼仪培训班，培训人员达到 300 余人次。当前，小庄新型农村社区内有 80% 左右的就业人口从事旅游及其相关产业，这些人员都得到了培训。对小庄新型农村社区进行问卷调研统计分析，在问及"所在社区是否组织过免费的专业技术培训"时，192 份有效居民问卷样本中 122 人认为社区经常组织各种类型技术培训，所占比重为 63.5%；55 人认为社区较少组织各种技术培训，所占比重为 28.7%；15 人认为没有组织过技术培训，所占比重为 7.8%（见图 7-4）。

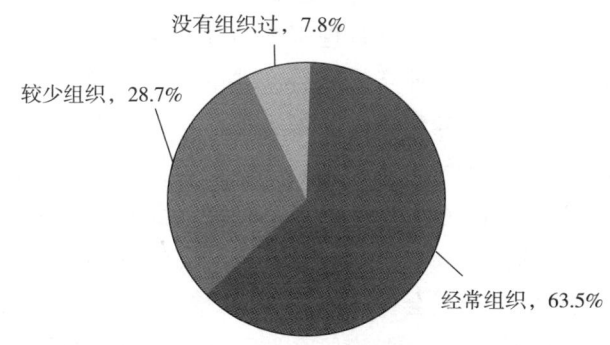

图 7-4 小庄新型农村社区组织专业技术培训的情况

四、搞好新型农村社区医疗卫生服务

医疗卫生服务是新型农村社区公共服务体系的重要组成部分，关系到每一位社区居民的生命健康。过去，与城市相比，农村医疗水平较差，导致农民看病不愿意到农村医疗机构，出现"城市医院人满为患，农村医院门可罗雀"的局面。另外，虽然绝大多数农村居民参加了新型农村合作医疗保险，但是新型农村合作医疗保险在报销医药费的程序上及报销比例和额度的设置上仍然存在一些不足，如报销手续繁琐、报销比例低且周期太长，只管大病不管小病，只管常见病和多发病而不管低发病等。

近几年来，各级政府已经多方采取措施对医疗卫生体制进行改革，如卫生服务人员下沉基层，推进医疗卫生机构市场化、社会化及医疗服务机构保持社会公益性等。特别是新型农村社区建设时都配套建设了医疗服务机构,提升社区医疗机构的软硬件水平,多方采取措施引进高水平高素质的医护人员等,从而保障了每位新型农村社区居民的生命健康。针对新型农村合作医疗存在的一些不足,各级政府积极出台相关政策,简化报销程序,提高报销比例,扩大新型农村社区居民可以报销的疾病种类,尤其是提高在基层就医的报销比例,让社区居民不出社区就能够享受到优质、安全、便捷的医疗救助,逐渐缩小了与城市医疗卫生保障之间的差距。

五、完善新型农村社区社会保障体系

"新型农村社区社会保障体系是我国农村社会保障体系的一个重要组成部分,而且是最终落实和托底的基础部分,它以新型农村社区为主体和载体,为新型农村社区居民提供管理服务,并多渠道筹集资金,在社区成员享受法定基本保障、单位补充保障后,基本生活仍然发生困难时给予托底保障,发挥其管理、服务和托底保障功能。"① 新型农村社区治理的关键就是要维护社区每一位居民的切身利益,要让他们"进得来、留得住、过得好",不断健全新型农村社区社会保障机制。目前,我国已经建立起世界上覆盖人群最多的社会保障制度,保障水平稳步提高……2020年我国将全面建成覆盖城乡居民的社会保障体系。②

然而,我国新型农村社区保障体系并不完善,社会保障覆盖范围较小且项目偏少、资金投入不足和保障水平较低等问题还比较突出。据有关资料显示,"我国占全国人口近70%的农民只享用全部社会保障费用的11%,而占全国人口30%的城镇居民却占用全部社会保障费用的89%"③。随着农村"空心化""老龄化"现象加重,"空巢老人"越来越多,新型农村社区的养老保障却越来越成为社区保障体系最重要、最急需关注的一个环节。过去,新型农村社区老年人养老保障主要是依靠家庭和土地,这不仅给居民家庭带来了沉重的经济负担和人力负担,而且使许多老年人的生活得不到妥善的照顾,尤其是一些年龄较大、健康状况不是很好的老年人,他们往往很难得到周全、专业的照顾。

---

① 喻新安,刘道兴. 新型农村社区建设探析[M]. 北京:社会科学文献出版社,2013:325.
② 人社部:努力到2020年全面建成覆盖城乡居民社保体系[EB/OL]. [2016-11-18]. http://mini.eastday.com/a/161118105737462.html.
③ 李守经. 农村社会学[M]. 北京:高等教育出版社,2000:98.

新型农村社区建设在很大程度上考虑到了社区居民的养老保障，在河南省许昌市建安区二郎庙新型农村社区，不仅规划有"五保"老人公寓，而且社区居民能够在不劳动的情况下通过流转土地获得固定的收入，如租金、国家各项粮食惠农补贴等。在青海省互助县小庄新型农村社区，社区管理委员会在居民养老方面发挥了组织的作用。通过对社区居民周密细致的调查摸底，保证社区居民每一个人享受应有权益，确定了社区符合条件的低保户对象共有14户59人，确保符合低保条件的居民应保尽保。

六、建立新型农村社区生产性服务机构

新型农村社区居民受地域的限制，对国家政策、农业科技和市场信息的获取和了解不多，这不仅影响了农业生产的发展，还使社区居民的科技意识、市场意识、产业化意识不强，导致整个农村经济发展水平较低。解决这一问题的关键是建立新型农村社区生产性服务机构，为社区居民提供各种生产性服务。

所谓生产性服务机构，是指为保持生产过程的连续性，促进技术进步、产业升级和提高生产效率提供保障服务的行业机构。农业生产性服务机构是为农业生产服务的机构，主要指与农业科技、金融等相关联的农业服务性组织。建立生产性服务机构，就是要广泛建立农业科技服务中心、金融服务站、农村土地流转机构和农民专业合作社等，积极培育一批社区科技信息服务人员，为新型农村社区居民提供适时、准确、有用的农业信息和农业科技。

第四节 打造新型农村社区美丽环境

环境是新型农村社区的一个基本要素，社区环境是否良好对社区居民的生存和发展有着重要影响，新型农村社区建设必须高度重视社区环境建设。基于农村社区的状况，社区环境建设重点应包括社区风貌的整治和社区垃圾的处理两个方面。

一、新型农村社区环境风貌整治

"保护环境是保护生产力，改善环境是发展生产力。"新型农村社区的

发展首先要从改善生活环境开始。长期以来形成的城乡聚落形态,使农村村庄建设缺少科学规划,建设具有很大的盲目性和随意性。总体而言,在农村,人们没有意识到保护生态环境的重要性,造成了有新房没新村的现象。因此,新型农村社区必须要加强环境风貌整治。

第一,转变思想观念。虽然近几年来各地纷纷采取行动进行环境整治,但是收效不明显,没有从根本上解决存在的问题。广大农民群众在搬进干净整洁的新型农村社区之后,有的人没有进行思想观念的转变,还保留着原来的一些生活陋习,导致新型农村社区仍然存在"脏、乱、差"的情况。地方政府部门和新型农村社区管委会要加强生态环保理念的宣传、环境卫生理念的宣传,通过标语口号、电子屏幕、村规民约等形式,引导社区居民自觉主动地维护社区环境,逐渐改变社区居民的生活方式和行为习惯,使他们充分发挥主人翁作用,打造环境友好型新型农村社区,实现人与自然和谐发展。

第二,抓住治理重点。在新型农村社区,首先应治理社区道路系统和绿化系统。有的社区道路宽畅,但是却成为群众的晒粮场,有的社区绿化系统完善,但是不久就被破坏殆尽。新型农村社区要加大宣传力度,必要的情况下要采取一定的治安手段和法律手段,维护社区环境秩序。其次应进行建筑美化。因为种种原因,新型农村社区建成以后仍保留有原先的一些建筑,对于那些破败不堪、参差不齐的建筑要统一进行修葺,修葺时既要考虑现代化的美感,又要注意凸显乡村特色。

第三,重视科技下乡。要想彻底改善农村的落后面貌,必须重视科技在环境卫生整治中的作用。2014年12月12~14日,由农业部美丽乡村创建办公室等四个部门联合主办的"美丽乡村环境保护与治理研讨会"在天津召开,成立了以农业部环境保护科研监测所为牵头单位,中国农科院、中科院等22个单位为理事的"美丽乡村建设技术创新联盟",联盟的主要作用是为美丽乡村建设提供重要智力支持和技术保障。由此可见,科技已经逐渐成为新型农村社区环境发展的重大推动力,利用科技加强美丽乡村建设已经上升到国家层面。

在社区通过环境整治由"脏、乱、差"转变为美丽乡村方面,青海省互助县小庄新型农村社区是一个典型。小庄新型农村社区建设以前,村里大多数是传统民居,民居最初没有规划,散落在社区各处,建筑破败不堪。威远镇启动小庄新型农村社区建设后,首先进行了住宅建设规划,本着居民自愿的原则，采取整治、搬迁重建两种方式进行改造。根据规划，拆迁了5户民居，拆迁农户已于2014年5月全部搬入新居。在社区风貌整治上，他们下大决心，加强投入，对影响社区环境风貌的农户房屋进行了外立面及内部改造，使其与整个社区风貌相符。社区改造以来，共拆除影响社区风貌的厕所、猪圈70处，残垣断壁64处，清理柴草、沙堆等131处；改造墙体外立面3万多平方米、农户大门70个、墙裙800多平方米；建成具有民族特色的大门及本康各1座；对临街窗户进行了花窗安装及改造；完成了农户屋面喷涂、屋面换瓦及屋脊改造；完成了社区主路两侧台阶式花池建设及社区绿化，让社区旧貌换新颜。通过改造，社区建成了以土木结构为主的庄廓式四合院住宅，住宅院内正中有正方形的小花园，花园中心部位有嘛呢旗杆，靠主房的园墙顶部设有藏炉。对新型农村社区内住宅用地与民俗旅游业用地统一布置，居民住宅配备了农家乐、农家宾馆等旅游服务设施。

通过环境整治，小庄新型农村社区提升了社区自身的魅力，吸引了越来越多的游客来到小庄新型农村社区参观旅游，社区环境得到了广大群众的认可。在调研获得的192份有效问卷中，有关"您对您所在社区目前的环境卫生情况评价"的问题，56人对社区环境卫生情况表示非常满意，占有效样本的29.2%；108人表示满意，占有效样本的56.2%；28人表示一般，占有效样本的14.6%；0人表示基本不满意和非常不满意（见图7-5）。

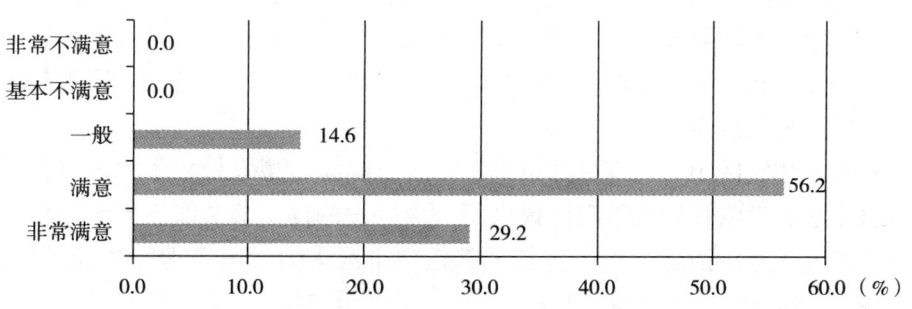

图7-5 小庄新型农村社区居民对社区环境卫生的评价

二、垃圾"四化"处理

垃圾处理问题向来都是关系环境建设的大问题。过去，城市垃圾一般运到农村进行填埋，农村垃圾则随地扔，导致农村垃圾遍地、污水横流。随着新型农村社区建设的推进，农村对环境建设方面有了更高的要求，传统的垃圾处理方式已经到了要彻底转变的时候。然而，整治社区环境"脏、乱、差"的状况，绝非一朝一夕之功，任务艰巨，必须要下大力气抓好。

一是推动垃圾"无害化"处理。在社区道路两侧和广场周围放置美观耐用的果皮箱，解决社区居民日常乱扔垃圾问题；在社区建设垃圾收集点和垃圾转运站，做好垃圾的回收和处理，保持社区环境整洁；垃圾收集点和垃圾转运站，要做到防雨防渗漏，配置环卫工人和环卫车辆专门清理垃圾，将产生的垃圾转运到处理垃圾的地方，做到社区内每天无垃圾残留，杜绝脏、乱、差现象的发生。

二是推动垃圾"资源化"处理。实行垃圾分类，实现再生资源回收再利用，既是当今世界垃圾处理的一种趋势，也是当前我国经济社会发展的现实需求。当前，新型农村社区的居民大多数还没有垃圾分类处理的意识，政府要引导社区居民认识到垃圾分类处理的意义；在社区设置垃圾箱时，应同时设置两类垃圾箱并做好标识，方便社区居民分类丢弃垃圾；垃圾处理中心进行垃圾处理时，还要进行处理前垃圾分类，通过各种措施提高垃圾利用率。

三是推动垃圾"减量化"处理。新型农村社区管委会要加大对垃圾处理的监管力度，引导社区居民尽量少产生垃圾，保持社区良好卫生习惯。

四是推动垃圾"低成本化"处理。目前，新型农村社区垃圾处理问题日益严重，垃圾处理成本费用比较高，增加了新型农村社区财政负担。因此，一定要积极采取措施，特别是大力发展科技，通过提高垃圾回收利用率，降低处理成本。

在具体实践中，河南省许昌市建安区二郎庙新型农村社区和青海省互助县小庄新型农村社区给我们提供了垃圾处理的样本。二郎庙新型农村社区组织专人集中清运垃圾，将其全部送到市区火力发电厂进行焚烧发电，实现了变废为宝。小庄新型农村社区结合社区实际情况，积极探索推行"公司+农户"的市场化垃圾清运模式，每户每年收取一定的垃圾处理费用，由垃圾清运公司统一处理，实现了市场化运作。同时，实施社区保洁工程，聘请保洁员，进行责任区划分，把每条巷道、每户家庭门口的区域落实到相应的保洁员，初步形成了以保洁员为主、全体社区居民共同参与的环境卫生保洁管理模式。

结　语　推进中国特色新型农村社区治理的现代化进程

中共十八大以来，以习近平为核心的党中央领导集体提出了"实现中华民族伟大复兴"的中国梦。中国梦，其根本目标是"两个一百年"：到2021年中国共产党成立100周年之际，中国全面建成小康社会；到2049年中华人民共和国成立100周年之际，中国达到中等发达国家水平，实现中华民族的伟大复兴。中国梦的理论基础是中国特色社会主义理论体系，制度基础是中国特色社会主义制度，动力基础是不断增强人民群众的幸福感。中国梦的具体表现是国家富强、民族振兴、人民幸福。中国梦的实施手段是政治、经济、文化、社会、生态文明五位一体建设。本书认为，积极推进新型农村社区建设，是中国当前在全面建成小康社会的基础之上，实现城乡一体化发展，实现"两个一百年"奋斗目标的必经之路；是在中国特色社会主义社会进行的理论创新和实践创新；是中国实现国家富强、民族振兴，从而实现人民幸福的现实路径；也是中国进行五位一体建设，实现国家治理现代化的重要指标。可以说，积极推进新型农村社区建设，既是推进国家治理现代化的需要，更是实现中国梦的需要。

当前，虽然我国的经济得到了迅速发展，国家综合实力和综合竞争力得到了迅速提高，人民群众物质文化生活水平得到了极大提升，但是，我国农村生产力发展仍然比较落后，城乡二元结构的基本经济形态依然没有得到有效转变，"三农"问题依然没有得到根本解决，在农村进行各项体制机制改革与创新仍然是我们面临的重要任务。新型农村社区就是在这样一种深刻变革的背景下出现的，它的出现既是经济规律的必然，也是我们党和政府不断探索创新的结果。在我国，新型农村社区的兴起、发展和治理有其长期性、复杂性和特殊性，我国农村相对于城市长期落后，各种体制机制依然在制约着农村的发展，再加上我国地域广大，各个地区的新型农村社区的实际情况都不相同，呈现的问题和矛盾也不一样，这就决定了新型农村社区建设与治理没有任何模式可以套用，还要经历一个长期的探索过程。同时,在我国,农村问题绝不仅仅是发生在农村的问题,而是包含着城市与农村关系的重大课题,农村每一项政策的制定与执行、每一次变革的推进与成败,莫不与城市紧密关联,这就决定了通过新型农村社区的发展,实现城乡一体化不是一蹴而就的事情。

新型农村社区建设在成功与失败的交织中踯躅前行,历经中华人民共和国成立以前对乡村建设的初步探索、中华人民共和国成立以后我国农村进行彻底变革、改革开放后我国农村迎来的跨越发展和社会主义新农村建设,在当下取得了一系列成果,感受着国内学界非理性的褒扬赞叹之声。然而,新型农村社区的建设与治理中,存在很多问题人们必须重视和反思,比如新型农村社区规划和建设与经济发展水平脱节,盲目大干快上、一哄而起;新型农村社区治理目标不明确、治理主体不完善、治理方式未创新、治理绩效不理想;新型农村社区治理法律上没依据、理论上未突破、实践中无经验、管理上出问题等。因此,本书认为,基于新型城镇化这样一个背景,在国家治理现代化的语境之下,对新型农村社区这样一个新生事物进行全面剖析具有重大意义。本书在分析新型农村社区的理论基础、发展历程及治理实践的基础上,全面回顾了我国新型农村社区发展的历史根源、现实路径、推进过程,并以河南省许昌市建安区二郎庙新型农村社区和青海省互助县小庄新型农村社区为例,从新型农村社区的治理目标、治理主体、治理方式和治理绩效四个方面对当前新型农村社区治理取得的成绩和存在的问题进行了全景展示,目的在于推进中国特色社会主义新型农村社区治理的现代化进程。

党的十八届三中全会正式提出了"推进国家治理体系和治理能力现代化",指出要运用治理的方式来解决我国现代化进程中遇到的各种问题和挑战。从某种意义上,"国家治理体系和治理能力现代化"这一概念是继我国工业、农业、国防和科学技术四个现代化之后的"第五化",它对于推进我国社会现代化进程具有重要的理论意义和实践意义。在庆祝中国共产党成立95周年大会上,习近平总书记指出,要"坚持马克思主义的指导地位,坚持把马克思主义基本原理同当代中国实际和时代特点紧密结合起来,推进理论创新、实践创新,不断把马克思主义中国化推向前进"[①]。

---

① 习近平在庆祝中国共产党成立95周年大会上的讲话 [EB/OL]. [2016-07-02]. http://cpc.people.com.cn/n1/2016/07021/c64093-28517655.html.

结　语　推进中国特色新型农村社区治理的现代化进程

"国家治理体系和治理能力现代化"就是基于近几十年来我国进行改革开放的经验教训而进行的理论创新和实践创新，也是基于新型农村社区建设的成与败、得与失而进行的理论创新与实践创新，这种创新是一种反思性思考，它直指新型农村社区的兴起给城乡二元结构带来的冲击。马克思说："城乡关系一改变，整个社会也跟着改变。"[①] 新型农村社区的出现就是城乡关系改变的一种激烈形式。长期以来，我国的乡村都依附于城市，然而，随着经济社会的发展，我国已经处于全面建成小康社会的关键时期，而实现全面小康社会的关键是实现城乡统筹发展，新型农村社区建设就为当前破解城乡统筹发展这一难题提供了有利契机。

党的十八届三中全会明确指出："坚持走中国特色新型城镇化道路，推进以人为核心的城镇化，推动大中小城市和小城镇协调发展、产业和城镇融合发展，促进城镇化和新农村建设协调推进。"这是中央首次在正式文件中提出"促进城镇化与新农村建设协调推进"。新型农村社区建设是新型城镇化体系的基础层级，它和新型城镇化一起，构成了中国特色社会主义道路的重要组成部分，同时也是实现我国经济繁荣发展、社会安定和谐、实现中华民族伟大复兴中国梦的根本途径。在我国，推进新型农村社区治理现代化，既体现了国家宏观战略，与整个国家发展大局相关，又具有微观意义，与广大人民群众的幸福相连。积极推进新型农村社区治理现代化与推进国家治理现代化具有目标上的一致性，实现新型农村社区治理现代化是实现国家治理体系和治理能力现代化的根本基础，只有积极推进新型农村社区治理体系和治理能力的现代化，才能破除城乡二元结构所带来的不利影响，促进城乡一体化发展，实现国家治理现代化。我们也相信，随着"国家治理体系和治理能力现代化"的不断发展和"城镇化与新农村建设协调推进"的不断深入，新型农村社区建设必将取得更大的成功。

本书由于部分资料采集难度大，有些统计数据和案例分析还不是很全面准确，再加上笔者理论水平和能力有限，所以对新型农村社区治理这一课题的把握还有待进一步深入。笔者在以后的学习和工作中，将会继续把这个课题作为研究的重点，不断进行完善。笔者也怀着虔诚而恭敬的心，希望通过这一选题的提出和研究，抛砖引玉，有更具建树的理论成果出现，为我国新型农村社区治理提供更富建设性、创新性的理论参考。

[①] 马克思恩格斯选集（第1卷）[M].北京：人民出版社，1995：157.

附　录　我国新型农村社区治理调查问卷

您好！非常感谢您能在百忙之中参与我们的问卷调查。为了调查新型农村社区建设和治理的相关情况，了解其对广大居民生活的影响，我们开展此次问卷调查，希望得到您的支持和帮助！无需填写姓名，所有答案只用于统计分析。请按照问卷的题目顺序来填答，以免漏答。请在符合您意向的选项上划"√"。

1. 您的性别：
   A. 男　　　　　　B. 女
2. 您的年龄：
   A. 18 岁以下　　B. 19~25 岁　　C. 26~45 岁　　D. 46 岁以上
3. 您的文化程度：
   A. 大学及以上　　B. 高中或中专　　C. 初中　　D. 初中以下
4. 您的目前月收入情况：
   A. 低于 1000 元　　　　　　B. 1000~3000 元
   C. 3000~5000 元　　　　　　D. 5000 元以上
5. 您家庭收入的主要来源是：
   A. 务农　　　　　　B. 家庭经营收入
   C. 外出务工　　　　D. 土地租金、土地征用补偿款等收入
   E. 其他来源收入
6. 您对新型农村社区相关政策和措施了解吗？
   A. 非常了解　　B. 不太了解　　C. 仅仅听过　　D. 不了解
7. 您认为您的村庄适合建设新型农村社区吗？
   A. 合适　　　　B. 不合适　　　C. 不知道
8. 您认为您所在的新型农村社区整体规划怎么样？
   A. 非常好　　　B. 一般　　　　C. 不好
9. 您所在社区的农业发展是否已经实现现代化？
   A. 已实现　　　B. 没有　　　　C. 不清楚

10. 您感觉您现在的生活幸福吗？

　　A. 幸福　　　　B. 不幸福　　　　C. 没变化　　　　D. 说不清

11. 您认为建立新型农村社区后，您家经济收入比之前是好了还是差了？

　　A. 好多了　　　B. 好一点　　　　C. 差不多　　　　D. 差一点

　　E. 差多了

12. 您对现在的住房情况是否满意？

　　A. 非常满意　　B. 基本满意　　　C. 不满意　　　　D. 说不清

13. 如果您所在社区的居民是通过搬迁入住，您认为对旧房的拆迁补偿合理吗？

　　A. 非常合理　　B. 较为合理　　　C. 合理　　　　　D. 不合理

　　E. 非常不合理

14. 您是否愿意搬入新型农村社区楼房？

　　A. 愿意　　　　B. 不愿意　　　　C. 不确定

15. 您对您所在社区管委会的工作是否了解？

　　A. 非常了解　　B. 部分了解　　　C. 完全不了解

16. 您觉得当地政府对你们搬迁入住是否关心？

　　A. 很关心　　　B. 比较关心　　　C. 一般

　　D. 不太关心　　E. 说不清

17. 您对所在社区基层党组织的服务和作风是否满意？

　　A. 满意　　　　B. 基本满意　　　C. 不满意

18. 您是否参加过社区居民委员会选举？

　　A. 参加过　　　B. 没有

19. 您所在社区是否实行事务公开？

　　A. 实行了　　　B. 没有实行　　　C. 不知道

20. 您认为目前社区治理方面存在的问题主要是什么？

　　A. 政府投入资金不足

　　B. 社区管委会工作效率有待提高

　　C. 社区党员没有起到带头模范作用

　　D. 没有发动社区居民参与社区治理

21. 您认为新型农村社区建设对本镇的发展重要吗？

　　A. 非常重要　　B. 不重要　　　　C. 无所谓

22. 您认为新型农村社区建设过程中需要解决的首要问题是什么？

    A. 资金的保证   B. 规划的制定   C. 居民的配合

23. 您认为新型农村社区治理的关键在哪里？

    A. 居民素质的提高   B. 优化居住环境

    C. 培育新型产业   D. 增加资金投入

24. 您对您所在社区目前的状况最不满意的地方在哪里？

    A. 社区规划不合理   B. 环境卫生条件差

    C. 配套设施不完善   D. 农具没地方放

25. 您对新型农村社区前景的看法是什么？

    A. 政府努力建设，成果指日可待

    B. 有不少问题未解决，需要很长一段时间，但会成功

    C. 目前尚未看到任何太大改变，对此信心不足

    D. 不是很清楚

26. 您觉得新型城镇化过程中农民最关注什么？

    A. 拆迁征地补偿收入   B. 基础服务设施

    C. 公共服务设施   D. 社区环境卫生

    E. 社区居民就业

27. 您平时出行的交通方式是什么？

    A. 私家车   B. 公交车   C. 摩托车

    D. 电动车   E. 其他

28. 您觉得目前您所在社区的交通状况如何？

    A. 非常方便   B. 较方便   C. 不方便

29. 您所在社区是否组织过免费的专业技术培训？

    A. 经常组织   B. 较少组织   C. 没有组织过

30. 平时闲暇时间您主要做什么？

    A. 看电视   B. 打牌、打麻将   C. 看报纸杂志   D. 其他活动

31. 您对您所在社区基础设施建设（如供水、供气、供电等）是否满意？

    A. 非常满意   B. 基本满意   C. 满意

    D. 不满意   E. 非常不满意

32. 您对您所在社区公共服务设施建设（公园、图书馆等）怎么看？

    A. 很好，很完善   B. 一般，有待进一步完善

C. 不好,基本没有

33. 您平时获取各类信息的主要途径是什么?

A. 电视、电脑、手机等　　　　B. 社区宣传栏

C. 社区广播　　　　　　　　　D. 与人交谈

34. 您对国家的涉农政策是否了解?

A. 非常了解　　B. 比较了解　　C. 较少了解　　D. 不了解

35. 您是否满意您所在社区的文化娱乐设施建设情况?

A. 是　　　　　B. 否　　　　　C. 其他

36. 您所在社区是否会进行一些社区文化活动?

A. 从来没有　　B. 偶尔会有　　C. 比较多

37. 您对您所在社区目前的环境卫生情况是否满意?

A. 非常满意　　B. 基本满意　　C. 一般

D. 基本不满意　E. 非常不满意

38. 您认为社区环境问题主要是由哪些原因造成的?(可多选)

A. 政府不够重视环保　　　　　B. 人们的环保意识差

C. 政府没有重视环境教育　　　D. 环保部门没有很好的运作

39. 您对您所在社区的医疗卫生状况(医保、看病、医药费等)是否满意?

A. 非常满意　　B. 满意　　　　C. 不满意　　　D. 很差

40. 您觉得搬进社区之后日常生产生活是否方便?

A. 方便　　　　B. 没有影响　　C. 不方便

41. 您原来居住的村子在拆迁过程中是否发生过暴力拆迁事件?

A. 是　　　　　B. 否　　　　　C. 不清楚

42. 新型城镇化过程中,您认为政府最应该做什么?(可多选)

A. 提高农民收入

B. 发展社区产业

C. 大力投资发展农村教育、文化、卫生事业

D. 加强社区基础设施建设

E. 整治社区面貌

F. 其他

43. 您觉得新型农村社区给您带来的最大便利是什么?(可多选)

A. 文化娱乐设施完善　　　　　B. 就医方便

C. 环境优美 D. 生活便利

44. 您觉得新型农村社区会对农村带来哪些不好的影响？（可多选）

A. 邻里淡漠 B. 乡村文化习俗消失

C. 乡村单调，缺乏特色 D. 农民居住不适应

45. 您认为您所在社区的治理成绩有哪些？（可多选）

A. 经济获得高速增长 B. 居民生活水平质量提高

C. 基础设施和基础产业大大加强 D. 居民综合素质提高

我们的调查结束了，再次感谢您的帮助！如果您对新型农村社区治理还有其他的想法和建议，欢迎您写在这里！谢谢！祝您生活越来越好！

参考文献

中文著作

[1] 本书编写组. 党的十八届四中全会《决定》学习辅导百问[M]. 北京：党建读物出版社，2014.

[2] 本书编写组. 深入学习贯彻党的十八大精神 农业农村有关重大问题研究[M]. 北京：中国农业出版社，2013.

[3] 本书编写组. 中国共产党第十八次全国代表大会文件汇编[M]. 北京：人民出版社，2012.

[4] 蔡禾. 社区概念[M]. 北京：高等教育出版社，2005.

[5] 陈广胜. 走向善治[M]. 杭州：浙江大学出版社，2007.

[6] 陈萍. 具有中原地域特色的新型农村社区形象设计建设体系战略研究与实证分析[M]. 北京：中国水利水电出版社，2015.

[7] 邓启明. 基于循环经济的现代农业研究[M]. 杭州：浙江大学出版社，2007.

[8] 邓小平文选（第1卷）[M]. 北京：人民出版社，1994.

[9] 邓小平文选（第2卷）[M]. 北京：人民出版社，1994.

[10] 邓小平文选（第3卷）[M]. 北京：人民出版社，1993.

[11] 丁元竹. 社区的基本理论与方法[M]. 北京：北京师范大学出版社，2009.

[12] 方江山. 非制度政治参与——以转型期中国农民为分析对象[M]. 北京：人民出版社，2000.

[13] 费孝通. 江村经济——中国农民的生活[M]. 北京：商务印书馆，2002.

[14] 费孝通. 乡土中国[M]. 南京：江苏文艺出版社，2007.

[15] 费孝通. 乡土中国 生育制度 乡土重建[M]. 北京：商务印书馆，2012.

[16] 谷中原, 吴晓林. 农村社区建设与管理[M]. 北京：北京大学出版社, 2012.

[17] 谷中原. 农村社会学新论[M]. 武汉：武汉大学出版社, 2010.

[18] 郭瑞萍. 我国农村公共产品供给制度研究[M]. 北京：中国社会科学出版社, 2008.

[19] 韩永进. 新的文化自觉[M]. 北京：文化艺术出版社, 2008.

[20] 贺雪峰, 范瑜. 村民自治的村庄基础[M]. 西安：西北大学出版社, 2002.

[21] 贺雪峰. 乡村社会关键词：进入21世纪的中国乡村素描[M]. 济南：山东人民出版社, 2003.

[22] 贺雪峰. 乡村治理的社会基础[M]. 北京：中国社会科学出版社, 2003.

[23] 贺雪峰. 新乡土中国（修订版）[M]. 北京：北京大学出版社, 2013.

[24] 贺雪峰. 新乡土中国[M]. 桂林：广西师范大学出版社, 2003.

[25] 胡锦涛文选（第1卷）[M]. 北京：人民出版社, 2016.

[26] 胡杨. 精英与资本——转型期中国乡村精英结构变迁的实证研究[M]. 北京：中国社会科学出版社, 2009.

[27] 黄平. 乡土中国与文化自觉[M]. 北京：生活·读书·新知三联书店, 2007.

[28] 黄晓勇. 中国民间组织报告（2011~2012）[M]. 北京：社会科学文献出版社, 2012.

[29] 江泽民文选（第1卷）[M]. 北京：人民出版社, 2006.

[30] 江泽民文选（第2卷）[M]. 北京：人民出版社, 2006.

[31] 江泽民文选（第3卷）[M]. 北京：人民出版社, 2006.

[32] 金太军. 村庄治理与权力结构[M]. 广州：广东人民出版社, 2008.

[33] 雷喜斌, 陈宜安. 乡镇文化建设[M]. 北京：中国农业出版社, 2007.

[34] 黎昕. 新型农村社区建设研究[M]. 武汉：华中科技大学出版社, 2015.

[35] 黎昕. 中国社区问题研究[M]. 北京：中国经济出版社, 2007.

[36] 李长健. 中国农村社区发展研究[M]. 北京：法律出版社，2013.

[37] 李培林. 村落的终结：羊城村的故事[M]. 北京：商务印书馆，2004.

[38] 李守经. 农村社会学[M]. 北京：高等教育出版社，2000.

[39] 李文良. 中国政府职能转变问题报告：问题、现状、挑战、对策[M]. 北京：中国发展出版社，2003.

[40] 李小云，赵旭东，叶敬忠. 乡村文化与新农村建设[M]. 北京：社会科学文献出版社，2008.

[41] 李熠煜. 农村社会组织和社区管理[M]. 湘潭：湘潭大学出版社，2014.

[42] 李增元. 村民自治到社区自治：农村基层民主治理的现代转型[M]. 济南：山东人民出版社，2014.

[43] 梁漱溟. 梁漱溟全集（第二卷）[M]. 济南：山东人民出版社，2005.

[44] 列宁选集（第1卷）[M]. 北京：人民出版社，1995.

[45] 列宁选集（第2卷）[M]. 北京：人民出版社，1995.

[46] 列宁选集（第3卷）[M]. 北京：人民出版社，1995.

[47] 刘晔. 乡村治理的结构性变迁，革命后社会的政治与现代化，复旦政治学评论第一辑[M]. 上海：上海辞书出版社，2002.

[48] 娄成武，孙萍. 社区管理[M]. 北京：高等教育出版社，2003.

[49] 卢福营等. 冲突与博弈——乡村治理中的博弈[M]. 上海：上海交通大学出版社，2006.

[50] 陆学艺. "三农"新论：当前中国农业、农村、农民问题研究[M]. 北京：社会科学文献出版社，2005.

[51] 罗平汉. 农业合作化运动史[M]. 福州：福建人民出版社，2004.

[52] 罗中枢，王卓. 公民社会与农村社区治理[M]. 北京：社会科学文献出版社，2010.

[53] 共产党宣言[M]. 北京：人民出版社，1997.

[54] 马克思恩格斯全集（第30卷）[M]. 北京：人民出版社，1995.

[55] 马克思恩格斯全集（第1卷）[M]. 北京：人民出版社，1956.

[56] 马克思恩格斯全集（第20卷）[M]. 北京：人民出版社，1971.

[57] 马克思恩格斯全集（第21卷）[M].北京：人民出版社,1957.
[58] 马克思恩格斯全集（第23卷）[M].北京：人民出版社,1972.
[59] 马克思恩格斯全集（第27卷）[M].北京：人民出版社,1972.
[60] 马克思恩格斯全集（第2卷）[M].北京：人民出版社,1957.
[61] 马克思恩格斯全集（第31卷）[M].北京：人民出版社,1972.
[62] 马克思恩格斯全集（第3卷）[M].北京：人民出版社,1960.
[63] 马克思恩格斯全集（第40卷）[M].北京：人民出版社,1982.
[64] 马克思恩格斯全集（第42卷）[M].北京：人民出版社,1979.
[65] 马克思恩格斯全集（第46卷：上[M].北京：人民出版社,1979.
[66] 马克思恩格斯文集（第1卷）[M].北京：人民出版社,2009.
[67] 马克思恩格斯文集（第2卷）[M].北京：人民出版社,2009.
[68] 马克思恩格斯文集（第5卷）[M].北京：人民出版社,2009.
[69] 马克思恩格斯文集（第9卷）[M].北京：人民出版化,2009.
[70] 马克思恩格斯选集（第1卷）[M].北京：人民出版社,2012.
[71] 马克思恩格斯选集（第2卷）[M].北京：人民出版社,2012.
[72] 马克思恩格斯选集（第3卷）[M].北京：人民出版社,2012.
[73] 马克思恩格斯选集（第4卷）[M].北京：人民出版社,2012.
[74] 资本论（第1卷）[M].北京：中国社会科学出版社,1983.
[75] 资本论（第2卷）[M].北京：中国社会科学出版社,1983.
[76] 资本论（第3卷）[M].北京：中国社会科学出版社,1983.
[77] 马社香.农业合作化运动始末：百名亲历者口述实录[M].北京：当代中国出版社,2012.
[78] 毛泽东选集（第1卷）[M].北京：人民出版社,1991.
[79] 毛泽东选集（第2卷）[M].北京：人民出版社,1991.
[80] 毛泽东选集（第3卷）[M].北京：人民出版社,1991.
[81] 毛泽东选集（第4卷）[M].北京：人民出版社,1991.
[82] 潘维.农民与市场[M].北京：商务印书馆,2005.
[83] 秦晖.传统十论——本土社会的制度、文化及其变革[M].上海：复旦大学出版社,2003.
[84] 仝志辉.乡村关系视野中的村庄选举[M].西安：西北大学出版社,2002.
[85] 仝志辉.选举事件与村庄政治[M].北京：中国社会科学出版

社，2004.

[86] 万小艳．乡村治理与新农村建设：湖北秭归杨林桥社区建设与治理的实践探索[M]．北京：知识产权出版社，2011．

[87] 王先明，郭卫民．乡村社会文化与权力结构的历史变迁："华北系村史学术研讨会"论文集[C]．北京：人民出版社，2002．

[88] 王霄．农村社区建设与管理[M]．北京：中国社会出版社，2008．

[89] 王振海，王慧存．新视角下的政治——关于社区发展的专题研究[M]．北京：中国社会科学出版社，1995．

[90] 王振海等．农村社区制度化治理[M]．北京：中国海洋大学出版社，2005．

[91] 文公直．中国农民问题的研究[M]．上海：三民书局，1929．

[92] 吴理财等．当代中国农民文化生活调查[M]．北京：知识产权出版社，2011．

[93] 吴毅．乡村中国评论[M]．济南：山东人民出版社，2008．

[94] 吴毅．小镇喧嚣——一个乡镇的政治运作的演绎与阐释[M]．北京：三联书店，2007．

[95] 习近平谈治国理政[M]．北京：人民出版社，2014．

[96] 项继权，王绍寅，何长缨．"温州新政"：社区重建与治理转型[M]．北京：中国社会科学出版社，2012．

[97] 项继权．集体经济背景下的乡村治理[M]．武汉：华中师范大学出版社，2002．

[98] 肖剑忠．农村文化建设调查与思考[M]．南昌：江西人民出版社，2008．

[99] 肖唐镖．多维视角中的村民直选[M]．北京：中国社会科学出版社，2001．

[100] 辛秋水．中国村民自治[M]．合肥：黄山书社，1999．

[101] 熊培云．一个村庄里的中国[M]．北京：新星出版社，2012．

[102] 徐永祥．社区发展论[M]．上海：华东理工大学出版社，2001．

[103] 徐勇，徐增阳．流动中的乡村治理[M]．北京：中国社会科学出版社，2003．

[104] 徐勇．乡村治理与中国政治[M]．北京：中国社会科学出

社，2003.

[105] 徐勇．中国农村村民自治[M]．武汉：华中师范大学出版社，1997.

[106] 杨贵华．转型与创生："村改居"社区组织建设[M]．北京：社会科学文献出版社，2014.

[107] 于建嵘．岳村政治——转型期中国乡村政治结构的变迁[M]．北京：商务印书馆，2001.

[108] 于显洋．社区概论[M]．北京：中国人民大学出版社，2006.

[109] 俞可平．治理与善治[M]．北京：社会科学文献出版社，2000.

[110] 俞可平等．中国公民社会的兴起与治理的变迁[M]．北京：社会科学文献出版社，2002.

[111] 喻新安，刘道兴．新型农村社区建设探析[M]．北京：社会科学文献出版社，2013.

[112] 张厚安．中国农村村级治理——22个村的调查与比较[M]．武汉：华中师范大学出版社，2000.

[113] 张厚安．中国农村基层政权[M]．成都：四川人民出版社，1992.

[114] 张静．基层政权：乡村制度诸问题[M]．上海：上海人民出版社，2007.

[115] 张鸣．乡村社会权力和文化结构的变迁（1903~1953）[M]．南宁：广西人民出版社，2001.

[116] 张鸣．乡土心路八十年——中国近代化过程中农民意识的变迁[M]．上海：三联书店，1997.

[117] 张泉等．城乡统筹下的乡村重构[M]．北京：中国建筑工业出版社，2006.

[118] 张晓山等．中国农村改革30年研究[M]．北京：经济管理出版社，2008.

[119] 张英洪．农民公民权研究[M]．北京：九州出版社，2012.

[120] 张玉林．流动与瓦解：中国农村的演变及其动力[M]．北京：中国社会科学出版社，2012.

[121] 赵勤，周良才．社区管理[M]．北京：中国劳动社会保障出版社，2007.

[122] 赵树凯. 农民的政治[M]. 北京：商务印书馆，2012.

[123] 赵旭东. 权力与公正：乡土社会的纠纷解决与权威多元[M]. 天津：天津古籍出版社，2003.

[124] 郑欣. 乡村政治中的博弈生存[M]. 北京：中国社会科学出版社，2005.

[125] 中共中央编写组. 中共中央关于全面深化改革若干重大问题的决定[M]. 北京：人民出版社，2013.

[126] 中共中央文献研究室编. 十八大以来重要文献选编[M]. 北京：中央文献出版社，2014.

[127] 中共中央文献研究室编. 十七大以来重要文献选编（上，中，下）[M]. 北京：中央文献出版社，2013.

[128] 中共中央文献研究室编. 十一届三中全会以来重要文献选读（上，下）[M]. 北京：人民出版社，1987.

[129] 中国（海南）改革发展研究院编. 中国农民组织建设[M]. 北京：中国经济出版社，2005.

[130] 钟敬文. 民俗学概论[M]. 上海：上海文艺出版社，1998.

中文期刊

[1] 曹承忠，孙素芬，罗长寿. 我国现代农业发展研究[J]. 安徽农业科学，2008（2）.

[2] 曹文宏. 民生政治：民生问题的政治学诠释[J]. 社会主义研究，2007（6）.

[3] 陈家喜，刘王裔. 我国农村空心化的生成形态与治理路径[J]. 中州学刊，2012（5）.

[4] 陈荣卓，刘亚楠. 共建共享：十八大以来农村社区治理机制的优化路径[J]. 社会主义研究，2016（4）.

[5] 陈文. 政党嵌入与体制吸纳——执政党引领群众自治的双向路径[J]. 深圳大学学报（人文社会科学版），2011（4）.

[6] 陈锡文. 加快发展现代农业[J]. 求是，2013（2）.

[7] 崔立群，刘红. 论农村社区保障之于农民社会保障权的实现[J]. 湖南社会科学，2013（5）.

[8] 崔玉丽. 农村社会组织培育发展机制的构建与完善[J]. 农村·农

业·农民（B版），2014（12）.

[9] 党国英. 中国乡村自治：现状、问题与趋势[J]. 江苏社会科学，2004（4）.

[10] 党晓虹. 虚置与重构：乡规民约的当代困境及未来走向析论[J]. 理论导刊，2016（8）.

[11] 邓彩霞，张子敬. 农村社区防灾减灾能力建设研究[J]. 甘肃农业，2013（22）.

[12] 邓秀新. 现代农业与农业发展[J]. 华中农业大学学报（社会科学版），2014（1）.

[13] 丁志刚. 论国家治理能力及其现代化[J]. 上海行政学院学报，2015（3）.

[14] 丁志刚. 论国家治理体系及其现代化[J]. 学习与探索，2014（11）.

[15] 董颖鑫. 社会变迁与乡村治理转型——基于村民自治对乡村典型政治影响的分析[J]. 求实，2013（8）.

[16] 冯骥才. 古村落不能再毁了，乃中国文化的根系所在[N]. 人民日报（海外版），2011-09-16.

[17] 甘信奎. 新农村社区建设模式及政策推进[J]. 江汉论坛，2009（2）.

[18] 龚维斌. 韩国新村运动评析[J]. 国家行政学院学报，2006（4）.

[19] 郭影帆，高平，郭熙. 统筹城乡背景下社会保障问题研究[J]. 江西社会科学，2009（8）.

[20] 何立伟. 现实的神话（放歌60年）[N]. 人民日报，2009-09-12（8）.

[21] 何士青. 通过法治面向民生法治[J]. 政治与法律，2008（5）.

[22] 何烨. "美丽乡村建设技术创新联盟"成立[N]. 农民日报，2014-12-24（8）.

[23] 贺爱琳，贺晓斌. 农村社区建设的障碍分析与路径选择[J]. 井冈山学院学报（社会科学版），2008（1）.

[24] 贺雪峰. 论半熟人社会——理解村委会选举的一个视角[J]. 政治学研究，2000（3）.

[25] 贺雪峰．农村家庭代际关系的变动及其影响[J]．江海学刊，2008（4）．

[26] 贺雪峰．熟人社会的治理[J]．中国农业大学学报（社会科学版），2009（2）．

[27] 贺雪峰．乡村治理研究的发展[J]．贵州社会科学，2007（6）．

[28] 侯峰．社区基层党组织是建设和谐社会的重要保证[J]．理论界，2010（4）．

[29] 胡锦涛．坚定不移沿着中国特色社会主义道路前进　为全面建成小康社会而奋斗[N]．人民日报，2012-11-09（2）．

[30] 黄辉祥．"民主下乡"：国家对乡村社会的再整合——村民自治生成的历史与制度背景考察[J]．华中师范大学学报（人文社会科学版），2007（5）．

[31] 姜晓萍，吴菁．国内外基本公共服务均等化研究述评[J]．上海行政学院学报，2012（5）．

[32] 金姗姗，卢福营．村民自治：中国特色的农村基层群众自治制度[J]．浙江师范大学学报，2008（1）．

[33] 景东辉，景旭辉．新农村建设中乡镇政府机构改革：影响因素与实现路径[J]．江西农业大学学报（社会科学版），2010（3）．

[34] "居民幸福感研究"课题组．居民幸福感影响因素及提升途径研究[J]．中国井冈山干部学院学报，2014（3）．

[35] 李靖．中国首个"村级市"挂牌背后[J]．时代青年：悦读，2012（7）．

[36] 李增元，宋江帆．"企业推动型"农村社区治理模式：缘起、现状及转向[J]．甘肃行政学院学报，2013（2）．

[37] 李增元．农村社区建设：治理转型与共同体构建[J]．东南学术，2009（3）．

[38] 林阿妙．农村社会组织发展面临的困境及对策[J]．陕西行政学院学报，2014（3）．

[39] 蔺雪春．当代中国村民自治以来的乡村治理模式研究述评[J]．中国农村观察，2006（1）．

[40] 刘清华，李元桥．基于统筹城乡试验区重庆市农村新社区建设的探讨[J]．贵州农业科学，2009（8）．

［41］刘伟．村落解体与中国乡镇治理的路径选择［J］．中国行政管理，2014（5）．

［42］刘文俭．新型农村社区与特色产业园区共建模式研究［N］．青岛日报，2013-06-23.

［43］刘志宏，李钟国．城镇化进程中少数民族特色村寨保护与规划建设研究——以广西少数民族村寨为例［J］．广西社会科学，2015（9）．

［44］卢璐，许远旺．新型农村社区建设的逻辑与方向［J］．社会主义研究，2012（3）．

［45］栾俪云．社区建设与核心价值体系［N］．光明日报，2012-08-13.

［46］洛平．群众就业是根本——六论强力推进新型农村社区建设［N］．洛阳日报，2012-03-16.

［47］麦婉华．留住乡愁，乡村价值的重塑与再发现［J］．小康，2015（4）．

［48］潘晟．土地改革需打破城乡二元结构［N］．上海金融报，2013-09-06.

［49］钱克明，彭廷军．关于现代农业经营主体的调研报告［J］．农业经济问题，2013（6）．

［50］邱海雄，黄嘉文．效用论、互动论与幸福感：解读中国的"幸福悖论"［J］．安徽师范大学学报（人文社会科学版），2014（1）．

［51］任晓莉．新型农村社区建设中出现的问题与对策探讨［J］．中州学刊，2013（4）．

［52］盛清才，田园．新时期乡镇法治政府建设研究［J］．中州学刊，2013（7）．

［53］孙迪亮．农村社区社会组织参与提供社区公共服务的现状考察与长效机制构建［J］．天津行政学院学报，2015（3）．

［54］孙立平．走向积极的社会管理［J］．社会学研究，2011（4）．

［55］孙中华．我国现代农业发展面临的形势和任务［J］．东岳论丛，2016（2）．

［56］唐萍．城镇化背景下新型农村社区建设的目标诉求与路径探析［J］．云南行政学院学报，2013（6）．

［57］王海光．城乡二元户籍制度的形式［J］．炎黄春秋，2011（12）．

[58] 王敬尧, 宋哲. 中国农村政策与中国农村研究：影响力考察[J]. 吉林大学社会科学学报, 2011 (5).

[59] 温家宝. 中国农业和农村的发展道路[J]. 求是, 2012 (1).

[60] 温铁军, 孙永生. 世纪之交的两大变化与三农新解[J]. 经济问题探索, 2012 (9).

[61] 习近平. 百舸争流, 奋楫者先[N]. 新京报, 2014-03-06.

[62] 习近平. 加大推进新形势下农村改革力度, 促进农业基础稳固农民安居乐业[N]. 人民日报, 2016-04-29 (1).

[63] 向德平, 申可君. 社区自治与基层社会治理模式的重构[J]. 甘肃社会科学, 2013 (2).

[64] 项继权, 王明为. 农村社区建设：发展态势与阶段特征[J]. 青海社会科学, 2015 (2).

[65] 项继权, 王明为. 新型城镇化与乡村治理转型[J]. 求实, 2016 (10).

[66] 项继权. 从"社队"到"社会"：我国农村基层组织与管理体制的三次变革[J]. 理论学刊, 2007 (11).

[67] 项继权. 中国农村社区及共同体的转型与重建[J]. 华中师范大学学报（人文社会科学版）, 2009 (3).

[68] 徐方正, 周庆行. 新型乡镇治理机制的研究——基于民主发展的不均衡性和治理的有效性分析[J]. 行政论坛, 2010 (3).

[69] 徐令义. 建设美丽乡村 扮靓美丽中国[N]. 学习时报, 2014-09-01.

[70] 徐晓军. "四化同步"发展新型城镇化：主要困境及推进路径[J]. 江汉大学学报（社会科学版）, 2015 (1).

[71] 许爱花, 甘诺. 转型社会中农村社区治理困境及对策[J]. 青海社会科学, 2011 (6).

[72] 闫丽萍. 关于乡村基层治理的几点思考——基于深化乡镇政府机构改革的视角[J]. 东岳论丛, 2013 (11).

[73] 颜德如. 以新乡贤推进当代中国乡村治理[J]. 理论探讨, 2016 (1).

[74] 颜慧娟. 民生法治：十八大以来农村社区治理创新的法治保障研究[J]. 社会主义研究, 2016 (4).

[75] 燕继荣. 中国的社会自治[J]. 中国治理评论, 2012（1）.

[76] 杨雪冬, 陈雪莲, 刘铎. 构建与公共参与扩大相适应的乡镇治理机制[J]. 当代世界与社会主义, 2010（4）.

[77] 尹成杰. 关于建设中国特色现代农业的思考[J]. 农业经济问题（月刊）, 2008（3）.

[78] 于建嵘. 如何提高乡村基层治理能力[J]. 国家治理, 2015（41）.

[79] 俞可平. 衡量国家治理体系现代化的基本标准——关于推进"国家治理体系和治理能力的现代化"的思考[N]. 南京日报, 2013-12-10.

[80] 岳中文. 我国农村社会组织培育发展浅析[J]. 学理论, 2014（28）.

[81] 张红宇. 美丽乡村建设要留住乡情乡愁[J]. 人民论坛, 2016（34）.

[82] 张建军. 构建中国特色的乡村社会治理机制[N]. 农民日报, 2014-02-04.

[83] 张明新. 乡规民约存在形态刍论[J]. 南京大学学报（哲学社会科学版）, 2004（5）.

[84] 张明艳, 田卫民, 孙晓飞. 农村社区公共服务设施建设：问题与对策[J]. 理论与改革, 2013（4）.

[85] 张尚仁. 《道德经》"善治"的社会管理论[J]. 思想战线, 2012（2）.

[86] 张玉林. 大清场：中国的圈地运动及其与英国的比较[J]. 中国农业大学学报（社会科学版）, 2015（1）.

[87] 赵秀玲. 新世纪以来中国乡村治理研究概观[J]. 江苏师范大学学报（哲学社会科学版）, 2015（5）.

[88] 周斌. 公正视野下的我国农村基础设施建设探讨[J]. 农村经济, 2012（8）.

[89] 周庆智. 乡村治理转型：问题及其他[J]. 江西师范大学学报（哲学社会科学版）, 2015（6）.

[90] 周巍, 沈其新. 马克思市民社会理论与当代中国社会治理创新[J]. 甘肃社会科学, 2016（1）.

[91] 朱明鹏．农村环境的共治保护：例证乡规民约[J]．重庆社会科学，2015（5）．

[92] 诸凤娟．农民政治参与积极性与乡镇治理机制完善的关系研究[J]．中国特色社会主义研究，2010（3）．

国外译著

[1] [美] 裴宜理．华北的叛乱者与革命者（1845—1945）[M]．池子华，刘平，译．北京：商务印书馆，2007.

[2] [德] 滕尼斯．共同体与社会[M]．林荣远，译．北京：商务印书馆，1999.

[3] [法] 孟德拉斯．农民的终结[M]．李培林，译．北京：社会科学文献出版社，2005.

[4] [加] 伊莎白·柯鲁克，[英] 大卫·柯鲁克．十里店（一）：中国一个村庄的革命[M]．龚厚军，译．上海：上海人民出版社，2007.

[5] [美] 埃弗里特·M. 罗吉斯，拉伯尔·J. 伯德格．乡村社会变迁[M]．王晓毅，王地宁，译．杭州：浙江人民出版社，1988.

[6] [美] 埃莉诺·奥斯特罗姆．公共事务的治理之道——集体行动制度的演进[M]．余逊达，陈旭东，译．上海：三联书店，2000.

[7] [美] 杜赞奇．文化、权利与国家：1900—1942 年的华北农村[M]．王福明，译．南京：江苏人民出版社，1994.

[8] [美] 弗朗西斯·福山．国家构建——21 世界的国家治理与社会秩序[M]．黄胜强，许铭原，译．北京：中国社会科学出版社，2007.

[9] [美] 弗里曼，毕克伟，赛尔登．中国乡村，社会主义国家[M]．陶鹤山，译．北京：社会科学文献出版社，2002.

[10] [美] 韩丁．翻身——中国一个村庄的革命纪实[M]．韩倞，等译．北京：北京出版社，1980.

[11] [美] 李怀印．华北村治——晚清和民国时期的国家与社会[M]．岁有生，王士皓，译．北京：中华书局，2008.

[12] [美] 理查德·桑内特．公共人的衰落[M]．李继宏，译．上海：上海译文出版社，2008.

[13] [美] 罗伯特·E. 帕克，欧内斯特·W. 伯吉斯等．城市社会学[M]．宋俊岭，等译．北京：华夏出版社，1987.

[14] [美] 马克·赛尔登. 革命中的中国：延安道路[M]. 魏晓明, 冯崇义, 译. 北京：社会科学文献出版社, 2002.

[15] [美] 明恩浦. 中国乡村生活[M]. 陈午晴, 唐军, 译. 北京：中华书局, 2006.

[16] [美] 桑德斯. 社区论[M]. 徐震, 译. 台北：黎明文化事业股份有限公司, 1982.

[17] [美] 施坚雅. 中国农村的市场和社会结构[M]. 史建云, 徐秀丽, 译. 北京：中国社会科学出版社, 1998.

[18] [美] 西奥多·W. 舒尔茨. 改造传统农业[M]. 梁小民, 译. 北京：商务印书馆, 2006.

[19] [美] 詹姆斯·C. 斯科特. 弱者的武器：农民反抗的日常形式[M]. 何江穗, 等译. 南京：译林出版社, 2007.

[20] [美] 詹姆斯·N. 罗西瑙. 没有政府的治理[M]. 张胜军, 刘晓林, 等译, 南昌：江西人民出版社, 2001.

[21] 世界银行. 1994年世界发展报告：为发展提供基础设施[M]. 毛晓威, 等译. 北京：中国财政经济出版社, 1994.

国外原著期刊

[1] A. Walker. Social Planning：A Strategy for Socialist Welfare [M]. Great Britain：Basil Blackwell, 1984.

[2] Cater J., Jones T. Social Geography：An Introduction to Contemporary Issues [M]. London：Edw Amold, 1989.

[3] David Dessler. What's at Stake in the Agent-Structure Debate? [J]. IntemationaI Oiganization, 1989, 43（3）.

[4] Hart-Landsberg M., Burkett P. China and Socialism：Market Reform and Class Struggle [M]. New York：Monthly Review Press, 2005.

[5] James S. Fishkin. The Voice of People：Public Opinion and Democracy [M]. New Haven：Yale University Press, 1995.

[6] Joel S. Migdal, Atul Kohli, Vivienne Shue, et al. State Power and Social Forcesi Domination and Transformation in the Third World [M]. New York：Cambidge University Press, 1994.

[7] J. N. Rosenau, E. O. Czempeil. Governance without Government：Order

and Change in World Politics [M]. Cambridge: Cambridge University Press, 1992.

[8] Kelliher, Daniel. Peasant Power in China: The Era of Rural Reform, 1979-1989 [M]. New Haven: Yale University Press, 1992.

[9] Lester M. Salainon, Odus V. Euiott. The Tools of Government: A Guide to the New Governanco [M]. Oxford: Oxford University Press, 2002.

[10] O'Brien Kevin. Rightful Resistance: Contentious Politics in Rural China [M]. New York: Combridge University Press, 2006.

[11] Rhodes R. Understanding Govemance: Policy Networks, Govemance, Reflexivity and Accountability [M]. Buckinghamr: Open University Press, 1997.

[12] Robert Nisbet. Power and Community [M]. New York: Oxford University Press, 1962.

[13] Rosenbaum A. L. State and Society in China: The Consequences of Reform [M]. Boulder: Westview Press, 1992.

[14] Salamon Lester M. Partners in Public Service: The Scope and Theory of Government-Noprofit Relations [M] //Walter W. Powell. The Nonprofit Sector. New Haven, Conn: Yale University Press, 1987.

[15] Susan L. Shirk. The Politieal Logie of Eeonomie Reform in China [M]. Berkeley & LosAngeles: University of Califomia Press, 1993.

后 记

本书是在我博士学位论文的基础上修改而成的。在攻读博士期间，我国新型城镇化建设在全国如火如荼地开展，并取得了一系列的成绩，但同时，新型农村社区治理的诸多问题也渐渐显现，给"三农"问题与社会稳定带来了现实挑战。只有实现我国新型农村社区的良好治理，才能实现农村社会全面和谐发展。新型农村社区治理问题引起了我浓厚的学术兴趣，我感到有必要从学理上对我国新型农村社区治理进行系统探讨。我的这一想法立即得到导师的肯定与支持，是此选题成为我博士论文的选题。

在本书即将付梓之际，回首昔日求学和工作时光，心中感慨万千。

首先，衷心感谢我的导师丁志刚教授。从论文选题、资料收集、建立框架、构思行文、反复修改到最终定稿，无不包含着导师的精心指导和心血智慧。在论文写作过程中，丁教授不断督促与指导，论文才得以顺利完成。正是在丁教授端正严谨的学术态度指引下以及多年来的悉心栽培、谆谆教诲与严格要求下，我始终不敢懈怠、潜心求学、奋力向上。

其次，衷心感谢兰州大学马克思主义学院王维平教授、王学俭教授、刘先春教授、张新平教授、马云志教授、杨恕教授、倪国良教授等诸位老师对我的授业和指导。他们深厚的理论底蕴、独到的理论视角、创新的思维方法、广阔的学术视野，使我深受教益。他们对我的选题提出了宝贵意见，给予了极大的宽容与鼓励。在此，还要衷心感谢我的硕士生导师谢俊春教授，感谢他一直以来在学业和生活上对我的严厉教导和关心帮助，使我能够不断前行。

再次，衷心感谢河南财经政法大学马克思主义学院的诸位领导、同事和朋友们，他们在工作和生活中给予我的支持与帮助、关心与鼓励，使我不断进步。

最后，衷心感谢我的家人。他们在我读博期间给予无限的爱与鼓励、默默无言的支持和付出，这些成为我学习和生活的坚强后盾。他们的无私包容和理解支持给予我心灵的慰藉，成为我不断前进的动力。回望走过的路，心中唯有感激与感恩。

　　特别强调的是，本书在行文过程中参阅了许多专家学者的相关文献和研究成果，在此向所有参考文献的作者一并表示深深感谢。

　　岁月无痕，落笔有声。对我而言，这本书只是对我个人的一个学术交代，虽然本书顺利出版，但我没有感到一丝一毫的轻松，农村治理问题依然棘手，解决这些问题任重道远。由于本人理论素养和知识水平所限，书中失当之处恐怕在所难免，恳请学界前辈和同仁批评指正。

黄　蕾
2019 年 9 月于河南财经政法大学教科楼